清朝人物传奇

杨玉琴 —— 编著

© 团结出版社，2024 年

图书在版编目（CIP）数据

清朝传奇人物 / 杨玉琴编著 . -- 北京：团结出版社，2024.10
　ISBN 978-7-5234-0387-7

　Ⅰ.①清… Ⅱ.①杨… Ⅲ.①历史人物－列传－中国－清代 Ⅳ.① K820.49

中国国家版本馆 CIP 数据核字 (2023) 第 167033 号

责任编辑：周　颐
封面设计：紫英轩文化

出　　版：团结出版社
　　　　　（北京市东城区东皇城根南街 84 号　邮编：100006）
电　　话：（010）65228880　65244790
网　　址：http://www.tjpress.com
E-mail：zb65244790@vip.163.com
经　　销：全国新华书店
印　　装：天津泰宇印务有限公司

开　本：170mm×240mm　　16 开
印　张：12　　　　　　　　　　　字　数：200 千字
版　次：2024 年 10 月　第 1 版　　印　次：2024 年 10 月　第 1 次印刷

书　号：978-7-5234-0387-7
定　价：39.80 元
　　　　（版权所属，盗版必究）

百态人生的帝王

  天命大汗努尔哈赤 / 001
  集情感、政事、佛缘于一身的顺治帝 / 005
  雄才大略的康熙帝 / 010
  多才多情的乾隆帝 / 014
  走入历史转折处的道光帝 / 019

舞动政事的帝后

  善良敦厚的孝端文皇后 / 023
  名垂千古的孝庄文皇后 / 026
  名门之女孝贤纯皇后 / 030
  卓有政绩的慈安太后 / 034
  改写中华历史的慈禧太后 / 038
  亲笔签下退位诏书的隆裕太后 / 042

辉煌于疆场的武将

"大节有亏"的重臣洪承畴 / 045

雍正帝的左膀右臂年羹尧 / 049

被传为乾隆私生子的福康安 / 054

功高震主的"逆臣"鳌拜 / 057

倒行逆施食苦果的吴三桂 / 061

辅国谋政的能臣

清正廉洁的化身于成龙 / 066

历史上唯一的"罗锅"宰相刘墉 / 070

聪颖过人的才子学士纪晓岚 / 074

清朝贪官之首和珅 / 079

为政典范曾国藩 / 086

虎门销烟的民族英雄林则徐 / 092

被权势玩弄的亲王

助帝亲政的和硕郑亲王济尔哈朗 / 096

明哲保身的礼亲王代善 / 100

大野心家睿亲王多尔衮 / 104

"神力王"肃亲王豪格 / 108

一代贤明的怡亲王胤祥 / 114

恶贯满盈的太监

慈禧太后的心腹安德海 / 118

"九千岁"的大太监李莲英 / 122

最后一个总管太监"小德张" / 125

慈禧太后的二把手崔玉贵 / 129

掘银案的幕后太监苏德 / 132

聪明能干的寇连材 / 134

正直博学的才子

难得糊涂的郑板桥 / 138

"三百年来第一流"的龚自珍 / 142

睁眼看世界的魏源 / 146

冷眼观世的吴敬梓 / 150

中国书画第一人齐白石 / 154

知义多情的才女

秦淮八艳之首柳如是 / 159

名噪一时的歌伎李香君 / 163

才色双绝的董小宛 / 167

"惊为神女"的贺双卿 / 170

女性小说家顾太清 / 174

清高孤傲的寂寞美人吴藻 / 182

百态人生的帝王

天命大汗努尔哈赤

人物名片

爱新觉罗·努尔哈赤（1559—1626），后金政权的建立者，也是后金的首位可汗，清朝建立后尊为"清太祖"。他一生征战无数，战功显赫，威震天下。作为清王朝的开创者和奠基者，努尔哈赤展现出了非凡的军事才能和政治智慧，他的功绩对于清王朝的建立和发展，以及后来中国多民族国家的形成和疆域的奠定，都具有重要的历史意义。

人物风云

努尔哈赤出生在苏克苏浒河部的赫图阿拉，是女真部落的后裔，他的始祖命名部族为"满洲"。其实，要说起女真这个部落，那在历史上也是响当当的，也是专门出英雄的一个部族。历史上鼎鼎有名的完颜阿骨打就是女真人，虽然阿骨打是女真完颜部的人，跟努尔哈赤不是直系，但他也算是努尔哈赤的老祖宗了。岁月辗转，女真族在历史中跌宕起伏，历经千锤百炼，走过了南宋、元朝，来到了明朝。

嘉靖三十八年（1559），努尔哈赤的母亲喜塔腊氏足足怀胎十三个月才诞下他。努尔哈赤出生的时候，正是明朝最动乱的时候。当时明朝的皇帝是嘉靖帝，其实按照正统继位顺序是轮不到他的，但是因为他的前任武宗正德皇帝没有子嗣，而正德又是嘉靖的堂兄，因此选来选去，最后嘉靖当上了这个皇帝。尽管嘉靖做了四十多年皇帝，可是他却有二十多年的时间没有上朝，这直接加速了明朝末日的到来。也是在这个时候，努尔哈赤所在的女真部却正在迅速发展壮大。

虽然，"努尔哈赤"在回鹘文中是"光明"和"朝圣"的意思，但他的成长经历却不是那么的光明和温暖。在他十岁的时候，生母就过世了，继母纳喇氏对他也不好。没有家人给予的关怀和温暖，他便过早的独立起来了。为了养活自己，他经常跟小伙伴们一起到森林里挖人参、采蘑菇或者是打一些猎物，然后拿着这些东西到集市上卖，以获得维持生活所需的钱财。其中的曲折和艰难，对于少年的努尔哈赤来说都是磨砺。正是这段经历，让他迅速地成长起来，也让他从中学得一身好本领，尤其是在骑射方面更是难得一见的能手。同时，在参加贸易的过程中，他受到了汉族文化的影响，还认识了汉字和蒙古文。这在当时来说，那可是先进的文字和文化，这就为努尔哈赤打开了一扇了解更广阔世界的大门，大大增长了他的见识，开阔了他的视野，为他日后统一女真各部、建立后金政权奠定了基础。

明朝的万历十一年（1583），李成梁调集军队攻打古勒寨。在攻破古勒寨之后，李成梁的军队开始了血腥的屠城，不幸的是，努尔哈赤的祖父和父亲也未能幸免。不仅如此，努尔哈赤和他的弟弟舒尔哈齐也被俘，但是因为他们仪表出众、气度不凡，被李成梁的妻子放走。逃出后的努尔哈赤，在归途中遇到其祖父和父亲的旧部额亦都，其带的九个壮士发誓誓死跟随努尔哈赤。而努尔哈赤则依靠父辈遗留下来的十三副甲胄起兵，开始了统一建州女真各部的征途。虽然，努尔哈赤的愿望是远大的，但由于得不到其他人的认同，这就为他的征途平添了许多阻碍。于是，在回到建州后，他立即派人质问明朝为什么杀害其祖父和父亲，企图为自己起兵和培植势力找到一个合理的借口和理由。而明朝的态度也很明确，不仅归还了努尔哈赤祖父和父亲的遗体，还给他"敕书三十道，马三十匹，封龙虎将军，复给都督敕书"。这样一个身份，就给了努尔哈赤安身立足的本钱,让他可以理所当然地培植势力,为其祖父和父亲报仇。

虽然复仇的过程并非一帆风顺,但努尔哈赤还是凭借着自己的力量一步步强大起来。他先是灭掉了哲陈部和完颜部,统一了建州女真本部。然后,又夺取长白山三部,即讷殷部、珠舍里部和鸭绿江部,将整个建州女真收入囊中。最后,父仇得报,努尔哈赤实现了他统一女真的愿望,可是他的步伐并没有因此而停下。在统一建州女真后,努尔哈赤开始有计划地在借助于明朝政府的力量继续扩张自己的势力。他表面上对明政府臣服,以此来取得明政府的信任。万历十七年(1589),他还被任命为都督佥事,在女真各族中可是占据着举足轻重的地位。暗地里,努尔哈赤一手抓政治,一手抓经济,让女真在他的手中逐渐兴盛起来。

随着努尔哈赤对东北大部分地区的控制,以及与蒙古各部落结盟的完成,他拥有了足够的实力和信心与明朝对抗。于是,努尔哈赤在公元1616年于赫图阿拉称汗,建立后金政权,建元"天命",显示出誓取天下霸业的雄心壮志。两年后,努尔哈赤发布了讨明檄文"七大恨",并昭告天下,正式宣告发动对明朝的战争。此后的数月,努尔哈赤兵锋指处,所向无敌。他的这一举动给明朝政府带来极大震动,满朝皆乱。但明朝作为一个大国,虽然表面已经腐朽,但其根基还是相当雄厚的。很快朝廷便开始筹措兵力,大张旗鼓地发动了征剿后金的战争。

公元1619年,明朝集全国之力开始回击努尔哈赤。明朝希望能够速战速决,一举击败努尔哈赤,并重新掌握在辽东的主动地位。可是,希望很快破灭,他们没有想到在他们看来很不起眼的努尔哈赤会如此的强悍,由于战前准备不足、战略战术错误、战斗力低下等原因,最后以完败惨淡收场。这场战役在历史上被称为"萨尔浒之战"。这一战以后金的全胜而结束,它在很大程度上改变了明朝与后金双方力量的对比,明朝军事力量遭到严重削弱,后金的实力则大大增强。可以说,正是这场战役的胜利奠定了清朝开国的根基。

努尔哈赤在萨尔浒大战胜利后,趁着明朝政府还没有缓过劲儿的时候,他又瞄准了东北的军事政治中心沈阳和辽阳。他这边步步紧逼,明朝那边也是人心惶惶,社会动荡不安。为了挽救败局,明朝政府任命熊廷弼为辽东经略出关征讨努尔哈赤。

熊廷弼是湖广江夏(今属湖北武汉)人,他出任辽东经略后,先是安定民心，严肃军纪。然后，对勇敢作战的将领加以奖赏，对临阵脱逃者加以严惩，并亲自祭奠阵亡官兵等等，这一系列措施使得辽东形势逐渐地稳定了下来。平定了纷乱的局面后，熊廷弼开始着手加紧训练士卒，并且采取稳固防守的办法来遏制努尔哈赤的步步紧逼。

努尔哈赤在得知熊廷弼出任辽东经略后，深知此人非比寻常，是具有雄才大略的人。因此，他避其锋芒，没有轻举妄动的继续发动大规模进攻，而是采用迂回蚕食的策略，利用小股部队发动袭击，以此对明朝军民进行骚扰，闹得明朝军民不堪其扰。与此同时，努尔哈赤还整肃军队，静待时机，为发动进一步大规模战斗做各种准备。但是，由于熊廷弼防守稳固，训练有效，军队战斗力得到加强，努尔哈赤一时间无法找到进攻的突破口，使得明朝与后金双方进入对峙阶段。这个局面最后因为熊廷弼遭弹劾而被迫去职回乡后才打破。这一次，努尔哈赤知道机会来了，怎能轻易放过。养兵千日，用兵一时。因为精心准备已久，努尔哈赤所率领的军队就如猛虎出闸，虎虎生威，一举攻占了沈阳。然后，兵锋一转，继而攻破了辽阳。至此，辽河以东地区尽为后金所得。

沈阳、辽阳相继失陷后，明朝政府意识到撤换熊廷弼是一个多么愚蠢的决定。于是，重新起用熊廷弼用来抵御后金进攻，可是为时已晚，努尔哈赤兵势已经势不可挡，大局已定。熊廷弼成为明军兵败的替罪羊，最后含冤而死。他死后，努尔哈赤更是没有了阻碍，辽东一带均纳入其麾下，实力更加强盛。

占领辽东后，努尔哈赤积极地采取多项措施稳固统治，但此时的他怎么也不会想到，他的宿命对手即将到来。这个对手是谁？他就是弃笔从戎、千里走单骑的袁崇焕。袁崇焕，字元素，广西人。要说他这匹千里马还真是多亏了身为兵部尚书的孙承宗，正是孙承宗这个伯乐慧眼识人，提出让袁崇焕抵御后金军的进攻，才让明朝守住了江山。

袁崇焕果然不负众望，他到任后，积极地采取防御策略，仔细的视察和研究地形，购置当时最先进的军备，苦练士卒，最重要的是修建了宁远城作为固守的据点。经过大力的整顿后，明军战斗力得到了很大的加强，其面貌大为改观。可是，他再给力，朝廷不给力也没有辙。明朝政府最后竟然想撤军，放弃关外人民土地。袁崇焕却没有听令，因为他知道一旦失去山海关外防守屏障，后金的大军就会立即大举攻入，后果将不堪设想。最后，他亲自率领军民独守宁远孤城。

公元1626年，努尔哈赤率领着他的八旗军队一路奔驰而来，渡过辽河，扫平宁远周围的城镇，最后将宁远城围得像个铁桶，两个生死宿敌在宁远城进行了历史性的会面。一边，强敌兵临城下，袁崇焕毫不惧色，从容应战。另一边，努尔哈赤面对袁崇焕的严密防守，发动了猛烈进攻。可是，这一次明朝军队所展现的顽强战斗力让努尔哈赤的军队损失惨重，更何况袁崇焕还拥有强大威力的西洋大炮，这也让努尔哈赤首次尝到了失败的滋味。他屡次想方设法地攻城，皆被挡回。看到如此情况，努尔哈赤知道一时间是无法取得胜利了，为了保存兵力，无奈只好暂时退兵，袁崇焕以此取得了宁远保卫战的胜利。

不过，让人没有意料到的是，在此战七个月后，努尔哈赤突然驾崩了。他的突然离世，让人很迷惑，历史上关于他的死因也争论不休。不少人都认为他的死是因为努尔哈赤在宁远之战中受伤所致，但是这种说法却缺乏文献资料的证实，我们也只能存疑。

无论历史真相如何，努尔哈赤所做的贡献都是不可磨灭的，他创立满文，建立八旗制度，这两项对满族社会均产生了深远影响。努尔哈赤作为当时杰出的政治家和军事家，可谓是叱咤风云的伟大人物。现在，我们说他伟大，不仅仅是局限在民族内部，而是站在历史的角度上来看。他统一女真，使得满族迅速发展壮大，为清朝统一全国奠定坚实的基础。他建立了清朝，开创了一个崭新的时代，这个时代在中国历史上留下了浓墨重彩的一笔，时间长达近三百年，中国的皇朝制度在此期间达到了鼎盛。努尔哈赤，他不愧为天命大汗！

集情感、政事、佛缘于一身的顺治帝

人物名片

顺治帝（1638—1661），清朝第三位皇帝，即清世祖福临。公元1644—1661年在位，因其年号为顺治，故被称之为"顺治帝"。他出生在朝代更替、江山动荡之时，于朝中权臣的斗争中登上了皇位，在清王朝平息战乱、一统河山后全力治国，革故鼎新，巩固了清王朝的统治。顺治帝福临一生为国鞠躬尽瘁，同时也深陷于儿女情长之中，更与佛教结下了不解之缘。但不幸的是，他年纪轻轻就结束了自己的帝王生涯，留给世人无尽的谜题。

人物风云

顺治帝福临的登基颇具偶然性。崇德八年（1643）八月十四日，清太宗皇太极驾崩后，朝中势力各怀鬼胎，为继承人的甄选僵持不下。皇太极的长子肃亲王豪格和皇太极的弟弟睿亲王多尔衮呼声最高，在这两个阵营中，豪格继位名正言顺，因为他同时手持两黄旗的兵权，多尔衮、多铎、阿济格三兄弟拥有两白旗的支持，而且战功卓著，双方剑拔弩张，看来势必要争个你死我活。正当一场流血冲突将要发生的时候，睿亲王多尔衮想出了拥立先帝第九子福临继位，然后由自己和郑亲王济尔哈朗共辅国政的提议。多尔衮的这个计谋可谓高明至极，既可以使两黄旗大臣无话可说，也笼络了济尔哈朗手下镶蓝旗的人心。两红旗礼亲王代善本没有争权之意，自然附议，而且福临的生母庄妃又是先帝最宠爱的妃子，最重要的一点是，因福临年幼，而作为辅国大臣的他就能够成为朝政的真正把持者。朝中的众人自然知道他的心思，但不管怎么说，总比他和豪哥僵持不下甚至火拼起来的强，所以多尔衮的这一方案也算是可了朝中众人的心。而福临也在这样的安排下，阴差阳错地登上了皇位。

福临即位第二年改元顺治。十月初一在天坛举行了开国典礼，封多尔衮为摄政王。此时福临尚且年幼，多尔衮权势并加，威比天子，在朝中有恃无恐，擅权专断，霸权专横，虽没有登上皇位，但实际上朝野中无人不知他才是当时大清真正的掌权者。顺治帝在北京登基后，多尔衮进一步出兵统一全国。清军先后剿灭李自成领导的农民军和南明弘光帝盘踞江南的势力，并血洗扬州。被胜利冲昏头脑的他还下令在全国推行"剃发令"，要知道，汉人崇尚"身体发肤，受之父母"的孝道观念，现在却突然要依照满族的发式习惯将前额的头发全部剃掉，人们又岂能甘愿？于是，"剃发令"激起了始料未及的全国抗清斗争，清政府镇压了好久才逐步平息。

顺治七年（1650）十一月，摄政王多尔衮出猎坠马受伤后卧床不起，次月去世。此时天下初定，福临步入少年，他饱读诗书，骑射皆精，关心治国用兵之道。多尔衮死后，朝中大臣纷纷上奏追讨多尔衮生前谋权篡位、压迫朝臣的滔天罪行，福临虽然年幼，但多尔衮一直以来的恶行他都看在眼里，于是便下令对多尔衮掘墓鞭尸，既可以出口恶气，也给了朝中那些有野心的朝臣们极大的震慑。多尔衮死后为生前的罪行付出了代价，落得个众人唾弃、尸骨无存的下场，而14岁的福临此时也真正成了一国之主。

顺治帝一直努力地学习修身治国之道，逐渐摆脱了先辈们的草莽之气，他不再主张"以武治国"，转而以"文教"为治国之本。为了消除多尔衮摄政时期实行弊政的恶劣后果，也为了获得天下民心，顺治帝决定采取措施缓和民族矛盾，以笼络民心。

首先他采用招抚为主的怀柔政策对待反清势力，后又对拒不招安的战场逐一进行击破。当时滇、桂、川、黔几省被李定国等势力分据，江、浙、闽、粤一带被郑成功的水师占领，清军讨伐极其吃力。因此，顺治帝认为集中兵力于一处战场，才是赢得胜利、一统河山的当务之急。八旗劲旅虽善于骑射、精于陆战，但郑成功的数千艘船只盘踞在厦门附近的港湾河口，它们像洪水猛兽一样，令清兵无从下手。顺治帝一方面下令极力招抚郑成功，集中兵力对付西南战场；一方面任命洪承畴为五省经略，负责西南部战争。他下令对各地农民武装，不管其人数、罪行，只要真心改悔、主动投诚，便全部赦免，并由当地政府安置。

顺治帝还给予了他任命的五省经略洪承畴决定地方文武官员升迁和进兵时机的大权，并准许其遇到紧急情况可以"便宜行事，然后知会"。洪承畴对皇帝的意图心领神会，他谋略过人，又十分熟悉西南地形，不久便先控制了湖广，继而控制了西南。而郑成功此时仍在坚持抗清，顺治帝得知后，下令对郑军大力清剿。面对强大的清军，郑成功节节败退，在极其复杂的形势下，退守厦门，反倒意外驱逐了荷兰殖民者，收复了台湾，帮清王朝完成了统一。

顺治帝深深知道治理国家必须以民生为首要任务。多尔衮当政时实行"圈地令"，虽然声称只是圈荒地给贵族与官兵，事实上不论土地是否有主，一律强占，多少百姓因此被官兵夺去了土地家园，无以为生。而由于一直以来战争不断，官兵们的土地一直无人耕种，使得国家生产力低下，国匮民乏。顺治便下令各地官员将以前所圈土地归还原主，还下令鼓励各地努力开荒耕地，以耕地面积收成作为各地官员的升迁条例，并且免除了民间繁重的赋役，颁布了《赋役全书》公告天下，这些政策获得了老百姓的肯定，赢得了民心。

顺治帝一生经历动荡变迁无数，但不得不提的还是他与佛教的缘分。如果说顺治帝悉心治理国家是为了社稷大业，是一份责任，那么，他对佛事的崇尚，则实在是心向往之。

身为一朝天子，万人之上，顺治帝也许是孤独的，尽管他是皇帝，他也需要一种慰藉自己心灵的力量与意念。关于顺治与佛教结下的不解之缘，还要从一件事说起。当时有一个人在禅门造成了不小轰动，临济寺著名的禅僧玉林通琇年仅23岁就做了湖州报恩寺住持，实属罕见。这件事传到顺治帝耳朵里，对佛事心怀向往的他便派人几经周折费尽力气地将玉林通琇请到宫廷讲法，待遇优厚，礼数至至。当时顺治帝常常到玉林通琇的住所佛堂请教佛法，玉林通琇作为佛门弟子，自然想借天子的威名发扬佛教，便极力以佛教影响顺治，还为顺治取了法号叫"行痴"。顺治觉得在佛学里找到了慰藉心灵的信仰和力量，他常常被玉林通琇讲佛讲得异常欢喜，不仅赐给他丰厚的赏赐，还先后御封他"大觉禅师"和"大觉普济禅师"的称号。据传，顺治帝一次在浙江宁波天童寺甚至对住持说："朕猜想朕的前身一定是个僧人，所以现在一见佛家寺院，就不想再回到宫里了。要不是怕皇太后惦念，我早就出家了。"

顺治帝虽心系佛教，但红尘之事却也不能免俗。早在14岁时，他就被太后和多尔衮安排迎娶了亲王吴克善的女儿博尔济吉特氏为皇后，并且轰轰烈烈地举行了婚礼。但皇后入宫丝毫没有给顺治帝带来幸福美满的婚姻，这个刻薄奢靡的女人最后甚至没能逃脱被废后的噩运。

顺治帝一生最宠爱的妃子是董鄂氏。董鄂氏曾给顺治帝生了个儿子，子凭母贵，顺治帝还一度想立其为太子，但不幸的是，孩子生下三个月还没取名就夭亡了。失去了心爱的骨肉，董鄂氏因忧伤过度，不久也玉殒香消，仅仅陪伴顺治帝四年就匆匆离去了。先是没了儿子，后又失去了宠爱的妃子，面对这双重打击，顺治帝陷入了无法摆脱的痛苦之中。按照当时清朝定制，皇帝及太后之丧，臣工奏事将使用蓝笔批本，以 27 天为限，皇后之丧即无此制。而董贵妃死后，顺治帝竟然用蓝笔批本长达四个多月。顺治不能再与心爱的妃子共度余生，悲痛至极，只能以种种殊遇来对待死去的董鄂氏，同时也宽慰自己。他甚至亲手为董鄂妃书制了洋洋洒洒几千字的《御制董鄂后行状》，追忆与董颚妃朝夕相处的日子里的种种甜蜜恩爱。太后见顺治帝这般心如刀割、难以自拔，便同意将董鄂氏追封为孝献皇后。所以，如果剥去皇帝的外衣，顺治帝实在可谓是一位痴心汉。

人死不能复生，尽管顺治帝无比怀念，并以各种特殊待遇对待逝去的爱妃，却仍然没有使他悲痛的心情得到安慰。可怜一代天子为情所困，情绪日益消沉，本来就虚弱的身体也一天不如一天。

顺治十八年（1661）正月初二，顺治自知大限将至，立太子便成了眼前的当务之急。皇太后一直用心栽培皇三子玄烨。顺治帝还派人征询了宠臣的意见，也与太后相同，于是顺治帝招来众臣宣诏，立皇三子玄烨为太子，由几个异姓的功臣索尼、苏克萨哈、遏必隆、鳌拜四人共同辅政。

关于顺治帝最后的归宿，历来说法不一，常见的有以下两种：

第一种说法：出家为僧

话说顺治帝身边有了董鄂氏之后，对于知书达理、美貌才情俱佳的董鄂氏甚是宠爱。可惜好景不长，董鄂氏因为丧子之痛，身体每况愈下，早早便撒手人寰。爱妃的死给顺治帝带来了无可弥补的伤痛，他万念俱灰，只一心念佛，不理朝政。虽然皇太后及群臣苦口婆心，劝其念及江山社稷，但也没能改变顺治帝出家的决心。不久，顺治帝就成了五台山一个修行的和尚，朝廷对外诏告天子福临因病身亡。一代君王顺治皇帝，远离红尘喧嚣，晚年就这样在寺庙的青灯古佛陪伴下度过。

第二种说法：死于天花

董鄂氏病逝后，顺治帝念念不忘，无法自拔。许是因思念生病，顺治帝染上了可怕的天花。天花是传染性很强的疾病，死亡率非常高，在医术落后的古代，简直可以说是必死无疑。

不久，当大臣们向顺治皇帝请安时，已经知道他身染重病了，这一消息传开后没几天顺治皇帝就驾鹤西去，无论王公大臣和寻常百姓都不相信这个事实，或者也正因如此，后来的史料记录才会有顺治帝出家的说法。

顺治帝作为一代君王，一举一动都决定着江山的变化，关于他传奇的一生、可歌可泣的爱情以及与佛教的不解情缘，都已尘封在逝去的历史里，不可重现却无比耐人寻味。

雄才大略的康熙帝

人物名片

康熙帝（1654—1722），即清圣祖玄烨，清朝第四位皇帝。公元1662—1722年在位，谥号"仁皇帝"，庙号"圣祖"，乃顺治皇帝的三儿子。因其年号为康熙，故称"康熙帝"。康熙幼时登基，在位61年，是中国历史上在位时间最长的皇帝。他平定朝廷上下、边疆内外的动乱，一生勤勉为政，正直为民，文韬武略，开创了"康乾盛世"，巩固了祖先留下的江山基业，扩大了大清王朝的版图，是一位英明的君主和伟大的政治家。

人物风云

康熙帝玄烨登基时年仅八岁，他是顺治皇帝的第三个儿子，是顺治帝与他的汉族妃子佟氏所生。但由于顺治一心宠爱董鄂氏，一心想立宠妃董鄂氏所生的四皇子为太子。使得玄烨的生母佟氏备受冷落，玄烨也不被重视。后来四皇子不幸夭亡，加上祖母孝庄皇太后严加教诲、一心栽培玄烨，坚持立他为太子，顺治帝便在病重之时立下玄烨为太子的遗诏。

玄烨登基后，由孝庄皇太后辅佐，按照顺治帝的遗诏，由索尼、苏克萨哈、遏必隆和鳌拜四位大臣辅政，太后也一心教导玄烨为国为民，继承祖先基业。

起初大臣们忠贞不贰，一心辅导朝政，但慢慢地，鳌拜就开始野心扩张想要专政了。

鳌拜是镶黄旗人，拥有显赫的门第，他心狠手辣、老谋深算，加上朝中群臣权力斗争的倾斜，鳌拜很快就掌握了局势，变成了一人专政。他不仅重演多尔衮圈地的手段，还残害朝中反对他的大臣。鳌拜在朝中党羽众多，朝臣侍卫多半受他控制。年轻的康熙眼看着鳌拜把持朝政、只手遮天，却力不从心，于是便暗地里打起了主意。康熙信不过宫中侍卫，便从各个王府挑选亲王子弟组成善扑营，日日令其摔跤弄拳、舞枪弄棒，没过多长时间，他们个个练得武艺高强。鳌拜以为皇帝年少贪玩并不放在心上，却不知年少的康熙已把他引入圈套，暗地里还制定了捉拿鳌拜的计划。在做好充分准备后，他召鳌拜单独进宫议政，毫无疑心的鳌拜刚进殿便被早已埋伏好的少年侍卫们一举捉拿，成为阶下囚。随后经过审讯，顺治帝将鳌拜定下30条罪行，念其有功免去死刑，但余生将在牢狱中度过。随后，康熙下达谕令重理朝政，清除鳌拜的影响，鳌拜的党羽们也受到了惩治，被陷害的朝臣也得以昭雪。

年少的康熙在剔除权臣的计谋中展现了过人的才智与魄力。智除鳌拜之后，朝权便完全落入康熙手中，于是，他便开始了自己的治国大业。

康熙亲政之后，马上就开始着手清理江山隐患，他时刻提醒自己，应当尽快解决三藩、河务、漕运的问题。明朝降将吴三桂、尚可喜、耿仲明三个藩王分别盘踞在云南、广东、福建三个省区，是康熙的心头大患。三个藩镇的头领各怀鬼胎，蓄谋造反，康熙深知此乃国家的大威胁，于是力排众议，不顾朝中大多廷臣反对，下令撤藩。

康熙十二年（1673）冬，吴三桂叛乱，各地党羽纷纷响应，一时间四处告急。康熙马上下令出兵平息战乱，下令全力攻打叛军头子吴三桂。吴三桂军战斗力不及，在康熙周密的部署下仓皇落败。吴三桂此时匆忙地修建简陋的皇宫，自立为帝，但他和他的儿子只做了几个月的土皇帝，便一命呜呼了。叛军在清军的猛烈攻势下连连溃败，兵败如山倒，历时八年的三藩之乱终于被平定。

眼见三藩之乱平定后，康熙帝片刻不想停息地决意收复当时由郑成功孙子郑克塽统治的台湾。当时台湾政局动荡，郑氏集团光辉不再，康熙任命郑成功旧部施琅任福建水师提督率水师收复台湾。康熙二十二年（1683）七月，施琅率领两万多名官兵，230多艘战船，直捣澎湖，怎料初战失利，过后，施琅进行了短期整顿，修改了策略，与郑军展开了决战。此战郑军主力几乎全军覆没，康熙下令招抚了残余败将，台湾回归祖国怀抱。康熙还派遣了兵力驻守台湾，全力促进台湾发展。

17世纪，沙俄侵略东北，康熙又开始寝食难安了。在沙俄政府无意和解，加进侵略后，康熙下令武装讨伐，到康熙二十二年（1683），黑龙江流域中下游地区的沙俄侵略者已基本肃清。

康熙依然没有放弃和沙俄侵略者余下部分的和解谈判，在沙俄无意和解后，康熙下令彭春大将军率领英勇的藤牌军夹击沙俄占领城池，沙俄军大败，后残军虽又卷土重来，但很快也被肃清。康熙二十八年（1689），沙俄第二次侵略同样失利。九月七日，俄国同意和解，双方签署了著名的《尼布楚条约》。在这之后，康熙立即着手平定漠西厄鲁特蒙古准噶尔部头领噶尔丹制造的动乱，噶尔丹占领了青海和新疆天山以南的广大地区，并且与沙俄势力勾结谋反，在康熙帝规劝无效的情况下，英勇的康熙帝毅然决定亲征塞北，指挥大军进攻噶尔丹。八月，噶尔丹军布下自以为坚不可摧的"驼城"战阵，谁知清军人马直杀得叛军横尸遍野，大败而逃。噶尔丹残兵败将突出重围，经过康熙二次亲征，全歼其军，平定了为时10年的噶尔丹叛乱，粉碎了沙俄的分裂阴谋，巩固了西北边疆。

为了清王朝的长治久安，圣明的康熙帝开始整治处置"国家毒虫"——腐败官吏。可悲地是，在当时的官场上，清廉者寥寥无几，康熙对于贪赃枉法的官吏深恶痛绝。山西巡抚穆尔赛、大学士勒德洪、湖广总督蔡毓荣等典型的贪官污吏都受到了康熙的严惩。与此同时，康熙还大力颂扬清官廉吏，如被康熙誉为"天下廉吏第一"的清官于成龙。他赈灾救民，气节高尚，当时江南在他的管辖下风气大好，他也深受百姓爱戴。康熙对他不仅大加赏赐，还亲自题字褒扬，后来于成龙去世，康熙还一度十分痛心，足见康熙对清官的器重。康熙坚持不懈地整顿官场风气，改变了某些地区和某些时期的官场面貌，但并没有在根本上改善官场中混浊的风气。

作为满族人，康熙深知解决民族矛盾是保证国家和谐的重中之重，于是他便从民族文化入手，全力笼络汉族知识分子，争取消除民间的反清情绪，以减少对清王朝的潜在威胁。

康熙知道人心的力量非常强大，于是他首先从亲近汉族传统和儒家文化入手,并且在招贤考试中故意放宽对汉族文人学士的要求,对他们十分迁就,百般照顾,以达到从感情上笼络汉族文人的心,并借助他们的名气影响社会民众的目的。

对于一些坚持对康熙的亲汉行为表示不屑和反抗的著名学者,康熙也百般迁就,即使是对于他们的不敬也尽量都宽恕。康熙固然英明,笼络了一大批人才为清王朝所用,但他作为满族人,对于汉族人的猜疑还是无法消除的。康熙时期发生了十几次文字狱。戴名世一案便确系康熙所为。戴名世整理记载了南明诸王的史事《南山集》一书,被告发为诽谤朝廷之书,戴名世被判凌迟处死,其整个家族中,男子满门抄斩,女子终身为奴,剥夺族人所有职衔,受到案件牵连的达300多人。

顺治在位时,对国家治理的各个方面都几乎考虑与顾及,在农业上,受当初圈地影响,加上战乱连连,广大农村还是满目疮痍,农民不得温饱,国家财政入不敷出,顺治决心整改。

鳌拜入狱后,康熙再次重申了永远停止圈地,要求将已圈土地还给农民的命令,其他阻碍农业生产的活动也被明令制止。同时,康熙也以各种奖励措施积极鼓励垦荒,促进了农业生产。

康熙还免去了许多省份的钱粮,总额达9000多万两白银。这些措施在一定程度上减轻了农民的负担,促进了农业生产。

康熙还修改了赋役制度,于康熙二十六年(1687)完成了《简明赋役全书》。康熙五十一年(1712)又对赋役制度进行重大改革以清除弊端,充分照顾到了农民们的各种情况。

康熙在兴修水利、发展治河和漕运上下了不少心血,并着重治理黄河、淮河和运河。康熙为了根治黄河,变水害为水利,倾注诸多心力,他任命水利专家靳辅和家陈潢进行大规模的治河工程,使得饱受水患之苦的州县土地重新可以耕种。为了更好地进行庞大的改造工程,康熙还不辞劳苦地亲自视察和参与钻研方案,经过长期努力,变水害为水利,使得运河两岸繁荣昌盛。

康熙倾注的众多心血,终究没有白费,后来收成增加,国库充盈,逐渐形成国富民强的局面。

康熙吸取历史教训，一生节俭，出行缩减大部分人数，减少寺庙修建费用。修缮宫廷时，也特别吩咐不必使用昂贵材料。康熙为政讲求实效，从不浮夸虚饰。他多次拒绝了臣下请求为他上"尊号"的提议，即使是大家为他的政绩建设举行大规模请上"尊号"活动时，他也断然拒绝。而且他还谢绝臣子们为他送寿礼，坚决反对他们奢侈浪费。

康熙六十一年（1722）十一月，康熙帝病逝，死后葬于清东陵景陵。

康熙帝一生勤恳，为国为民，全心理政，是一位不可多得的伟大君王。身为一代君王，自幼登基，大器早成，一生为巩固大清江山鞠躬尽瘁，奠下大清兴旺的根基，自己却简约朴素，实在值得后人思考与敬佩。

多才多情的乾隆帝

人物名片

乾隆帝（1711—1799），清朝第六代皇帝，公元1736—1796年在位，谥号"纯皇帝"，庙号"高宗"。因其年号为"乾隆"，历史上也称为"乾隆帝"。乾隆是雍正的第四个儿子，是雍正帝与孝圣宪皇后所生。他在位时期使大清王朝迎来了全盛时代。他一生励精图治，全力治国，为加强大清王朝的统一和国土稳定创下了丰功伟绩，是中国历史上又一位文治武功的优秀封建帝王。与此同时，他不仅仅是一代英明的帝王，更是一位多才多情的奇男子。

人物风云

1735年，当时还是皇四子的弘历按照雍正帝驾崩时的遗诏，在太和殿即位，第二年改元为"乾隆"。

乾隆那时还是个20多岁的青年，刚刚即位便遇上了叫人头疼的问题。当时，朝中分为以功臣鄂尔泰和张廷玉为首的两方势力，朝中大臣归于这两个派系下，双方明争暗斗。而两方势力为首的鄂尔泰与张廷玉又都功勋卓著，无法治罪，自雍正帝在位时就对此束手无策。乾隆即位后，不急不躁，首先明确表示自己痛恨私立党羽，其次对所有朝臣一视同仁，赏罚分明。不论是谁，有功即赏，有过即罚，对于朝中事务的探讨也不偏向于任何一方的意见，而是要询问许多人的建议，倘若发现有人欲盖弥彰虚假夸大，定严惩不贷。乾隆这样的处理态度便让朝中势力都不敢放肆，即使有势力对立，也都各自兢兢业业为朝廷效力。乾隆这一明智的处理方式，不但没有使朝廷因此乱了规矩，反倒更进一步地促进了朝臣们争相立功。

乾隆对待朝臣的态度是坚定明确的，赏罚分明，恩威并施。乾隆不吝褒奖，为国立功的可以加官晋爵，遇到将领胜利归来，乾隆还亲自在紫光阁宴劳。他还命画工为功臣们画像，按功劳大小排位，乾隆在位时期的将领多能英勇善战，这跟乾隆的英明慷慨是分不开的。乾隆是个儒雅风流的人，但睿智的他从来不轻易把权力放在他人手里。乾隆每天都到军机处理政，无论大小事情一一过问，毫不懈怠。乾隆对于有关朝权的事都十分敏感，他担心宦官通文墨后会像明代那样舞势弄权，危害朝政，所以他将教授宦官学文义的内书堂废掉。乾隆还命所有当差奏事的宦官全部改姓王，使人无法分辨，以避免宦官们相互勾结。他规定宦官们由内务大臣管理，凡在外面胡作非为的，立惩。他对后宫也严格规定，下令皇后贵妃只可理会六宫事，不得干涉朝政，当时的不少后宫妃子春风得意深得宠爱，但都没有人敢过于弄权。乾隆善于吸取历史教训，很好地消除了宫廷内部的权力斗争隐患。

乾隆在皇帝的位子上待了几十年，他对自己的武功是十分得意的，还亲自编写了《十全武功记》，命人建造碑亭，以满、汉、蒙、藏四种文字铭刻碑上，以昭示他的武功。这其中还包含了一些乾隆对自己在军事上的胜利成就沾沾自喜的心情。乾隆在位期间，大小战乱有许多，60年间，多次对边疆和属国进行征讨，这成了他政治生涯中极为重要的内容。清军总体经历了漫长而曲折的讨伐平定历程，多次对各地动乱用兵，虽损失惨重，但总算都取得了胜利。乾隆即位初期发生了苗族因土地问题爆发的大规模叛乱，他先后任命了张广泗等几位将领，对策略不合、平定无功的将臣是毫不留情严惩不贷的。他重用英明的将领，对动乱地区分等级力度来进行清讨，同时对动乱地区的人民采取安抚政策。乾隆十二年（1747），大金川首领萨罗奔和索诺木先后两次叛乱，清军花费了庞大的人力物力，用兵数年，却损失惨重，乾隆赐死了在第一次动乱中平反无功的讷亲张广泗，重赏了后来成功平反的傅恒与岳钟琪，在第二次动乱中损兵折将的阿尔泰同样被乾隆处斩。后来乾隆派遣阿桂将军出征，成功剿匪，叛军头目率家族投降，乾隆于是重封了阿桂将军。乾隆对待军将无论赏罚，可谓毫不手软。

乾隆二十年（1755），准噶尔部叛乱。乾隆命班第和归附的阿睦尔撒纳分两路向准噶尔部进攻。兵力孱弱的准噶尔军纷纷投降，清军兵不血刃便进入伊犁。南疆维吾尔族也纷纷摆脱了准噶尔的统治。叛军头目达瓦齐见势不妙，撒腿就逃，在乌什被维吾尔人民擒获，押解到了北京。按理说这样的罪行早已该被处斩，但乾隆只是痛斥了达瓦齐的叛国罪行，为了照顾民族关系而赦免了他的罪过，还封他为亲王，让他住在北京，好吃好住地招待着。后来，乾隆为了避免地方势力割据，就把厄鲁特四部封为四汗，各管所属。但是阿睦尔撒纳仗着自己当初平叛有功，一心想当总汗，乾隆当然没有答应他的要求，但是为了安抚他躁动的心，封了他双亲王，吃双份俸禄，但贪心的他毫不满足，于乾隆二十年（1755）发起叛乱，班底将军被杀。乾隆任命了兆惠为将军，一路讨伐，阿睦尔撒纳兵败逃亡，最后患天花病死在俄国边界，尸体被俄国人送了回来，这场叛乱就此平息。接着南疆又发生了以维吾尔族宗教首领大小和卓木霍集占兄弟发起的叛乱，乾隆派遣兆惠将军前往平反，后来又命驻守在乌鲁木齐的将军富德赴南疆增援，历史三个月的叛乱最后被平息。之后乾隆为了更好地治理当地，于乾隆二十七年（1762）在惠远城设伊犁将军，总辖新疆南北两路事务，从而加强了中央政府对新疆的统治。

乾隆年间，清廷与周边国家也有战事发生。乾隆曾命阿桂与云贵总督李侍尧与缅甸勘定边界，还向缅甸索要当初逃亡缅甸的叛军人物，缅甸慑于大清军威，经过一些商讨，乾隆也给了缅甸一些恩惠，并且下达暹罗，不可与缅甸刀枪相对。从此以后，缅甸和暹罗二国都臣服清朝，不敢轻易发动战争。乾隆二十六年（1761）八月，廓尔喀侵略军进犯西藏，烧杀抢掠，还将六世班禅遗留的金银财物、法器珍宝抢劫一空，西藏僧俗人民遭受了极大的灾难。乾隆刻不容缓地派遣福康安为将军攻击入侵的敌军，很快就将廓尔喀侵略军逐出西藏，乾隆感到西藏地方政府存在的不少弊端，便制定了后来著名的《钦定西藏章程》，加强了清朝中央政府对西藏地区的管辖。

乾隆在位期间，两平准噶尔，两定大小金川，定回部，靖台湾，服缅甸、安南，两服廓尔喀，他凭借清初发展起来的国力东征西讨，以英明独到的帝王气魄，使乾隆年间的清朝国势达到了极盛。

乾隆一心捍卫国家，他对当时已经叩响中国大门的西方殖民主义者有着很大的警惕心。当时清朝开四口与外通商，但许多外国商人与中国奸商勾结干一些违法牟利之事，乾隆便封了厦门、泉州、宁波三个通口，只留下广州给外商交易。他还命臣下制定了《防范外夷规条》，禁止外商在广州过冬；外商必须接受中国行商管束稽查；禁止外商雇用役使中国人；外商不得雇人传递信息；外商不得在广州自由出入等等。还规定许多货物不能出洋，外国人来中国要保商局担保等等，后来人们常说的清代的"闭关锁国"，也多指乾隆帝颁行的这些法令措施。

当时，英国人对华贸易量最大，占主导地位，后来英王派遣马戈尔尼以为乾隆皇帝祝寿为名出使中国，带来了天文、地理仪器、钟表、图像、军器、音乐、器皿等贡礼，但后来发生了一些文化冲突问题，乾隆要求英国使者行"三跪九叩"礼，而马戈尔尼等人认为不合英国礼俗，拒绝接受。乾隆就认为英使"妄自骄矜"，最后达成折中办法，许英使跪一膝行礼。当年农历八月十日正式觐见时，英使向乾隆帝呈递了表文，奉献了礼品，乾隆也厚赠了英王礼物。后来，英使提出要求扩大贸易，增加通商港口，允许英国人在广州居住，允许占用一小岛贮存货物，允许传教士在各省传教。乾隆为了维护中国的主权和尊严，断然拒绝了英国人的要求，英使便无功而返。乾隆十八年（1753）与乾隆六十年（1795），葡萄牙和荷兰分别派遣使者来访，乾隆对使者都颇为友好，但关于通商诸事只字不提。对待外国殖民者，敏感的乾隆十分小心翼翼。

但无论其功绩如何，爱新觉罗的子孙仿佛都对"文字狱"颇有兴趣，所以这位多情帝王在位期间也不能免俗。他大兴文字狱，竟将抄家、灭门看作是家常便饭，制造了多达130多桩的文字狱案，占整个清朝文字狱的80%。在这惊人的数字中，有47案的案犯被处以死刑，而文字狱的死刑不同一般，一旦处死就意味着凌迟、戮尸、男性亲族十五岁以上者连坐立斩等等。尽管其中好多是捕风捉影，但乾隆帝仍旧乐此不疲。

除此之外，乾隆还有对汉族知识分子的一系列笼络政策。乾隆在位期间召集名流学者编纂了大型典志书《续通典》《续通志》《续文献通考》与我国历史上最大的一部丛书——《四库全书》，在我国文化史上占有很重要的地位，但与此同时，乾隆对中国古代文化典籍也进行了大规模清查和销毁，造成了很大危害。乾隆同时笼络了许多文人学者，与他们关系良好，使他们埋头于学问，好免于他们参与国家政事的机会。

乾隆在位期间出了中国第一号大贪污犯，便是我们众所周知的和珅。

和珅本是个地位很低的差役，后来人生得意平步青云，骤升要职，成为乾隆身边的第一宠臣。他十分尽心地跟在乾隆身边侍奉乾隆，他口齿伶俐，办事干练，处处迎合乾隆心意，常常讨得乾隆格外高兴。和珅成为乾隆皇帝身边的大红人后，便为所欲为。他贪婪成性，利用职务私吞了大量财物，虽然受到很多大臣弹劾，但乾隆全然当成耳边风，甚至还把他当一家人，晚上一起在书房睡觉，还把自己的女儿嫁给和珅的儿子。这样一来，哪怕和珅再贪赃枉法，众人也只是敢怒不敢言。

乾隆对和珅的无比宠信，使得和珅更加有恃无恐，横行无忌。朝中大臣，也多是和珅党羽。他家中的积蓄比皇帝家里还多，一直到乾隆驾崩，和珅才立马被即位的嘉庆皇帝抄了家，并被赐死。和珅被抄家产达八亿多两白银，朝野上下无不震惊。当时还流行一句谚语："和珅跌倒，嘉庆吃饱。"

关于乾隆，比较著名的还有他和他的宠妃香妃的故事。传说，香妃倾国倾城，难得的是身有异香，进宫后受到了皇太后的喜爱和乾隆帝极大的宠幸。当然也有传说香妃被掳进皇宫的。她矢志守节，意图刺杀乾隆帝报仇，被皇太后赐死的悲剧结局。然而这些都不重要。我们需要知道的是，乾隆与他的父亲雍正大不相同，他一生多情，嫔妃众多，最宠爱的除了香妃还有宠冠六宫的容妃。

到了嘉庆四年正月初三，乾隆也终于走到了人生的尽头，享年八十九岁。

乾隆帝是一位多才而又多情的皇帝，也是文治武功都非常出色的君王，他执政的一生，使清王朝达到了巅峰盛世，实乃中华民族一代传奇人物。

走入历史转折处的道光帝

人物名片

道光帝（1782—1850），清朝第八代皇帝，谥号"成皇帝"，庙号"宣宗"。公元 1820—1850 年在位，因其年号为"道光"，历史上又称为"道光帝"。作为中国诸多封建君王中的一位，他鞠躬尽瘁，独掌朝权，事事亲为。虽然为国事尽心尽力，希望有一番作为，振兴国家，但最终以失败告终。

人物风云

嘉庆二十五年（1820），嘉庆皇帝驾崩，次子曼宁奉遗旨即位，第二年立为道光元年。道光登基后，胸怀大志，十分想有一番作为。想当初先祖东征西讨、戎马天涯打下了大清江山，如今朝廷众臣却是奢靡腐化，良好习性消失殆尽。想到这里，道光觉得眼前最重要的是从矫正人心风俗入手，倡导节俭，戒除奢靡，倡导淳朴的社会风气。他认为当朝为官的人如果为声色货利所诱，便会危害到朝廷上下。他要求为官从政者严格要求自己的身心，节俭处世，杜绝奢靡，体会一分一毫都乃民脂民膏，不可为利欲所迷惑。其实这在他当政时期是收效甚微的，但道光在这件事上的确是身体力行的，别的皇帝平时至少二十多样菜，道光觉得这样太过浪费，就要求最多只能做四道菜，有时甚至只要一道菜。道光这简朴的饮食习惯可真是苦了一直以来从皇帝铺张的御膳里捞油水的御膳房的官员们。有一次皇后生日，道光只命人宰了两头猪，用打卤面宴请群臣，搞得赴宴文武官员哭笑不得。还有一次大学士长龄平定回疆叛乱班师回朝，道光在万寿山玉澜堂摆宴庆功，可桌子上只摆了几样小菜，搞到群臣都不敢动筷，害怕饭菜因为人多一扫而光，就草草喝了两杯酒敷衍了事。道光倡导节俭的力度十分强盛，当他询问大臣平日的饮食花费时，群臣也捏造夸张的谎言来欺骗他好免于怪罪。道光在服饰上的节俭，在历代君王中也属罕见。他不穿内务府为他准备的华贵皮衣，觉得过于华丽花费太大。当时的内务府官员们都想在皇帝身上捞点油水，但道光皇帝简朴的作风让他们无从下手。道光服饰从不追求华美，连新衣都很少穿，裤子有些地方磨破了就打补丁。当时官员们深感道光节俭有加，便也都纷纷效仿，一时之间衣物打掌之风盛行。道光的节俭深入到细微之处，他不用40方的御用大砚台，就连御笔的毛也选用常见的羊毫。他躬行节俭，力戒奢靡，虽然表面上影响了一些人，但始终无法实现他当初"返本还淳"、重立祖宗盛世旧观的愿望，他雷厉风行地实施节俭之风，但并没有改善当时的衰败局势。

道光在位时，一心想要振兴江山基业，处处寻求国富民强之法，但外国列强还是破门而入，将大清王朝践踏在脚下。

中国历代都有一个捐纳制度，有钱就能买到官做，但最初只是授予虚衔，没有职权。自从嘉庆年间开始，国库日渐空虚，而国家处处需要巨大的开销。于是花钱买官的风气越来越盛行，不管是谁，只要有钱就能买到官做，其中不乏奸恶小人，花钱买官走马上任之后，便连本带利疯狂地搜刮民脂民膏，贪污贿赂，这一捐纳制度极大地加速了清廷吏治的腐败。道光充分认识到这一危机，便意图下旨杜绝捐纳之事。但朝臣多以国库空虚、开支巨大、入不敷出为由上奏反对。道光也深感此言不无道理，只好做出让步，下令各地捐纳之事需谨慎为之。虽没有杜绝这一风气，但道光对于花钱买官的人一直深感厌恶，严加防范。

道光也一直大力整顿腐败吏治，企望起弊振衰。他清楚地认识到，"官官相护""贿赂公行"是朝廷腐败的根源。所以对于澄清吏治，道光一直坚守不渝，即使是宗室贵族、皇亲国戚贪赃枉法，道光也一样毫不手软地严加惩治。

道光继位后，面对的最大也最致命的问题是鸦片的输入。自从英国人建立了东印度公司，开始对亚洲地区的资产进行掠夺和殖民活动之后，早期的中外贸易中，中国人是很受欢迎的。由于中国的丝、茶、陶瓷等商品深受西方人欢迎，所以贸易量巨大。而英国人运来的毛纺织品不合中国人的穿着习惯，因此无人问津。英国人当时不仅没有从中国的国库里挖走白银，反而每年要从海外运来大量银两补空。就在无法打开中国缺口的时候，英国资产阶级找到了鸦片这种精神药品，试图扭转中英贸易逆差，在精神与肉体上摧残中国人。自从鸦片进入中国之后一发不可收，转眼间便泛滥起来。就连海关与各级文武官员都袒护包庇鸦片走私，从中获取利益。道光对鸦片的可怕危害有深刻了解后，决心根治鸦片危机，于是他立即颁发了禁烟令以及鸦片贩卖治罪条例，严禁民间进行鸦片的种植与传播。由于惩治条例严格，加上施行力度强，初期的禁烟行动初有成效。但英国人丝毫不放松自己的鸦片侵华政策，在广州、澳门等港口盘查甚严之时，他们想方设法地以各种狡猾的方法走私鸦片进入中国。在中国政府吏治与军备的腐败下，演变成后来各国公然武力保护走私，使得中国的鸦片总量从道光元年（1821）的6000箱激增到道光十八年（1838）的四万余箱。不断泛滥的鸦片严重侵蚀着当时的中国人民，国库进一步亏空，百姓穷苦，一日不如一日。

眼看着国家越来越千疮百孔，鸦片蔓延迟早要毁了大清江山，道光忧心忡忡。后来还加重了对吸食者的刑事处罚力度，提出"吸烟论死"之说。道光先将一批吸烟官吏革职，同时诏令禁烟卓有成效的林则徐进京商讨禁烟大计。他们一起制定了《钦定严禁鸦片烟条例》，颁发全国施行。一时间禁烟活动如火如荼，举国上下热潮响应，让道光欣喜异常，以为国家多年顽疾终于要被根治。但事情远没有他想得那么简单，英国资产阶级为了维护鸦片贸易，悍然发动了大规模的侵华战争，大清帝国开始蒙受外国列强的剧烈打击。

自从林则徐在虎门大规模销烟之后，本以为清王朝禁烟之事是做做样子的英国商人们顿时乱了阵脚。在林则徐奉旨切断了中英贸易之后，英国人为维护鸦片贸易，掠夺清朝资产，于道光二十年（1840）五月派遣40艘军舰封锁了珠江水面，挑起了第一次鸦片战争。英军在广东停留之后，进犯福建，未能得手。转而进攻浙江，攻陷定海。后又北进至天津白河口。清军毫无抵抗之力，面对敌人的坚船利炮无从抵御，朝中一些奸臣为求早早结束战争，便散布谣言污蔑林则徐因销烟措施不当才引起英军进犯。道光耳听各种流言，难辨是非，对林则徐也开始有所怀疑。面对英军步步紧逼的威胁，他便将林则徐收押待审，意图以此暂缓英军进攻。

可怜清军上上下下，连一尊合用的大炮都没有，谈何抵御敌军。当时正值深秋，英军转而南下，奸臣琦善污蔑完林则徐，又以此向朝廷渲染自己退敌有方。眼见英军退兵，道光便更是深信不疑，认为是林则徐销烟不当才引此冲突。于是他命琦善为钦差，赴广东进行中英交涉。

琦善到广东后，一意媚外求和，想劝退英兵，报功邀赏。英军一面与清廷交涉提出过分要求，一面调兵遣将。琦善毫无战备，竟然答应了英军的所有要求，后来不等答复，英军就出兵进攻，并单方面发布所谓《穿鼻草约》，强占了香港。清廷上下当时一败涂地，国弱兵残，道光全无战意，只想一心求和，免得劳师动众。他意图派琦善赴广东引英军南下，以惩办林则徐来换得英国撤军。而一方面也在筹练军队，以应对英军的再次进攻。后来英军攻占沙角与大角炮台后，道光下令对英开战，征集各路大军17000余人开赴广东，意图扫清强敌。而奸臣琦善却一意阻挠。直到道光二十一年（1841）二月英军攻陷虎门，广东水师提督关天培及数百守军壮烈牺牲，此时广州城危在旦夕。道光派遣奕山前往平定，奕山毫无战意，与当年四月夜袭英军失败后，一路溃败，广州要塞尽失，奕山攻守无术，只得投降并签订了屈辱的《广州和约》，赔偿英国军费600万元，撤出广州城，率军屯驻离城60里以外。奕山战败不敢上报，谎称广州停战，此时昏了头的道光深信不疑，竟然还认为的确是林则徐等人当初办事不当引起事端，于是下令将林则徐、邓廷桢发配。就在奕山谎报军情后不久，英军接连攻陷了厦门定海、镇海、宁波等地，整片国土硝烟四起，百姓在列强的铁蹄践踏下忍辱偷生。

　　道光后来还派了吏部尚书奕经为武将军，侍郎文蔚、副都统特依顺意图夺回失地，也以失败告终。道光深感局势严重，心灰意冷，英军继续攻取乍浦、宝山、上海、镇江。道光走投无路只得派人赴南京议和。

　　道光二十二年（1842）七月二十四日，道光签订了中国近代历史上第一个屈辱的不平等条约《南京条约》，包括赔偿英军2100万元，割让香港，开放通商口岸，协定关税等。此时清廷已经全然破败，战乱加上列强掠夺，吏治腐败，清廷国库掏空，一败涂地，道光自感回天无力，只能默许官吏搜刮民脂民膏。在这样压迫民众的情况下，各地起义不断兴起，天下大乱。

　　道光三十年（1850）正月十四日，节俭一生的道光，在内忧外患、国家满目疮痍下，空有一腔伟大抱负，在祖先的土地上逝去，死后葬在河北易县北宁山墓陵。

　　可怜一代天子，因为这种种说不清道不明的原因，在历史的滔滔洪流中，将满腔热血终究空空洒落在地。

舞动政事的帝后

善良敦厚的孝端文皇后

人物名片

孝端文皇后（1599—1649），博尔济吉特氏，名哲哲，蒙古科尔沁贝勒莽古斯的女儿，皇太极的原配妻子。她出生于明朝万历二十七年（1599），在十五岁的时候，家族出于政治考虑让她嫁给了皇太极。清太宗时为国君福晋，正宫皇后，居于中宫。皇太极去世后，顺治帝登基，孝端文皇后被尊为皇太后。顺治六年（1649）病逝。她不论生前死后都享受着很高的地位，一生享尽荣华富贵。

人物风云

明朝末年，不只中原内部纷争，就连草原蒙古也是四分五裂。这时的蒙古也被分裂为漠西蒙古、漠北蒙古、漠南蒙古三大部。我们的孝端文皇后就来自于漠南蒙古的科尔沁部，那是一个美丽富饶的地方，孕育出了这位美丽的草原女儿。

当时，蒙古三大部只有漠南蒙古与后金接壤，也正是因为如此，后金也最先与漠南蒙古建立政治联系。漠南蒙古作为一个大部族，其中也分布了许多部落，如科尔沁、察哈尔、扎鲁特、喀尔喀等。其中，以察哈尔部最为强盛。而科尔沁部，地处嫩江流域，战略地位并不显著。为了改变部落局面，同察哈尔对抗，身为部落首领的莽古斯，就联合势力较强的叶赫部、乌拉部等九部，组成九部联军，使得科尔沁部落逐渐地兴盛起来。

说起哲哲和皇太极之所以能结成秦晋之好，还要源于莽古斯和努尔哈赤的不打不相识。当时，莽古斯联合九部联军合攻努尔哈赤，可没想到铩羽而归。努尔哈赤当时可谓所向披靡，金戈铁马。莽古斯一看，就知道大事不妙，建州兵强马壮，自己这些兵力犹如蚍蜉撼大树，便主动撤兵请盟，希望能联姻结好。努尔哈赤恩威并施，从长远利益出发，同意结盟修好。而联姻作为最快最好的结盟方法，就被两方提上了日程。这时，不仅努尔哈赤接连娶了两位科尔沁的姑娘，他的儿子们也不甘落后，相继娶了科尔沁的姑娘回家。

在此情况下，年方十五岁的哲哲，于明朝万历四十二年（1614）也挥别了养育她的父母，告别了美丽的科尔沁，踏上了联姻之旅。她嫁给了努尔哈赤的儿子皇太极。成婚时，努尔哈赤为了彰显诚意，还下令让皇太极亲自前往辉发扈尔奇山城迎接孝端文皇后的送亲队伍。之后，努尔哈赤还准备了宴席，举办了婚礼，场面极为隆重，可见他对此事的重视。

皇太极，哲哲的丈夫，在当时被称为四贝勒。他自幼从军，很是骁勇善战，颇得其父努尔哈赤的赏识。真正说起来，哲哲并非皇太极的第一位妻子，在她之前，皇太极还娶过两位妻子。不过，因为后金对蒙古各部的重视，使得哲哲的地位水涨船高，竟后来者居上。努尔哈赤去世后，皇太极被几个兄弟推举为汗，即后金国大汗。哲哲也因此由一个贝勒的福晋晋升为后金大汗的妻子，成为后金的"第一夫人"。1636年，皇太极在盛京称帝，正式改国号为清。与此同时，为了突出皇权至高无上的地位，皇太极还对后宫制度进行改组。他举行了册封大内五宫后妃典礼，册封哲哲为皇后，她也成了清朝第一位皇后。

哲哲身为皇后，后宫之主，自然是要主持后宫事务的。史书上有记载，哲哲仁淑端庄，能识大体，顾全大局，颇得贤名。当时，皇太极刚刚登基，正想提高皇权，建立起一整套强有力的宫廷礼仪的制度，贤惠的哲哲就积极辅佐皇太极做好后宫内部的事务。她治理后宫，讲究公平与和谐，与人诚心相待，宽厚仁慈。

皇太极的后妃人数可是不少,但是他的"后院"安静,没有出现什么争风吃醋的情况,多亏了哲哲的功劳。这让皇太极十分的满意,哲哲在此表现出了端庄、雍容大度的皇后形象。这让她在以后的十几年间,一直稳坐中宫。可是,也正是因为她的善良大度,让她看似精明十足,其实精明不足。因为,再正常的女人,看到自己的丈夫对自己的侄女儿宠爱非常,多少也会表现出些许不满,可是哲哲皇后却表现得十分得体、贤惠,还主动为其忙前忙后,唯恐皇太极不满意。不过,哲哲这样的贤惠,使得皇太极也对她爱屋及乌,哲哲的母族因此受到了很好的照拂。天聪年间,哲哲的母亲科尔沁大妃曾多次来朝,皇太极每次都是亲自前去迎接,以示尊重,并且每次的赏赐也非常的丰厚。她的父亲莽古斯虽然去世了,但还是被追封为和硕福亲王,并在他墓前立碑:封皇后母亲大妃为和硕福晋,命大学士范文程等人行册封礼。可以说,哲哲一家,因她而荣耀无比。

但令人遗憾的是,哲哲没有生下一个男孩儿。她先后为皇太极生下了三个女儿,而她的女儿们最后的结局也同她一样,走上了联姻的老路。她们带着她们的使命又回嫁到蒙古的各个名门望族,说起来荣耀,其实更多的是无奈。

1643年八月初九,皇太极在清宁宫病逝,庄妃的儿子,年仅六岁的福临继承皇位,这就是后来的顺治皇帝——清世祖。哲哲被尊称为孝端文太后,他的母亲庄妃尊为孝庄太后。这时候,清朝的都城迁到了北京,住进了紫禁城内。孝端文太后在此过了几年轻松自在的悠闲生活,直到顺治六年(1649)病逝,终年五十一岁。顺治帝为她举行了隆重的丧礼,以示哀悼。次年,她的梓宫运回盛京,与皇太极合葬在昭陵。雍正、乾隆时期还屡次为她增加谥号,称"孝端正敬仁懿哲顺慈僖庄敏辅天协圣文皇后",简称为孝端文皇后。

今天,孝端文皇后的谥宝和谥册还珍藏在故宫博物院,当我们看到这两件珍贵的文物时,仿佛又回到了三百多年前的那段历史岁月。

名垂千古的孝庄文皇后

人物名片

孝庄文皇后（1613—1688），博尔济吉特氏，名布木布泰，是蒙古科尔沁部贝勒寨桑之女，也是皇太极孝端文皇后的侄女，顺治帝的生母。明万历四十一年二月出生在美丽的草原上，十三岁的时候由哥哥吴克善护送到盛京，与努尔哈赤儿子皇太极成婚。说起她，那可是在清朝历史上占据着举足轻重的地位。她历经三朝，更是辅佐了顺治和康熙两代君主，是一位杰出的女政治家。她的存在如同定海神针一般，让清朝在风雨飘摇中逐渐走向昌盛，为康熙盛世的到来奠定了坚实的基础。

人物风云

孝庄此人，野史中有叫她大玉儿的，这种称呼在正史中并没有记载，现今更是多见于影视作品。历经几百年，孝庄还是经常出现各种影视和文学作品中，为我们的茶余饭后平添几多谈资。其实，真正的孝庄在皇太极生前，在后宫的地位并不显赫，甚至可以说是地位最低的一个。当时，后宫是她姑妈孝端文皇后在把持，而最受宠的是她姐姐海兰珠，也就是宸妃。后来，还是因为她凭借聪明才智劝降明朝败将洪承畴，使得她在政治上开始崭露头角，从而受到了皇太极的关注。她一共给皇太极生下一男三女，后来正是这个儿子在皇太极去世后登上了皇位，也因此改变了孝庄的一生。她凭借着非凡的胆识和超人的智慧，成为清初历史舞台上的一枝独秀，对中国历史的发展进程均产生了巨大影响。

要说起顺治帝登基，就不得不提到一个人，那就是多尔衮。这个人对顺治登基可是起到了关键性的作用，后世的人们更是把他和孝庄两个人联系起来，多加揣测。皇太极其实并不是只有福临一个儿子，他的长子肃亲王豪格，当时已经三十四岁，曾跟随父亲南征北战，势力庞大，可以说豪格继位更是名正言顺。此外，更有拥立努尔哈赤十四子睿亲王多尔衮，皇太极兄长镶红旗旗主代善和镶蓝旗旗主济尔哈朗的人，他们也是皇位的竞争人选。一时间，储君之位争得是天昏地暗，僵持不下。后来，还是多尔衮想到了一个折中的方案，就是立皇太极的皇子——六岁的福临嗣位，两黄旗天子亲兵的地位保持不变，使得剑拔弩张的气氛缓和了许多。于是，还是奶娃娃的福临被扶上了龙椅，改元顺治。

而睿亲王多尔衮对皇位也是觊觎已久，可他最后为什么会主动放弃这个大好机会呢？这让人多少有些想不通。其实，仔细观察，会发现所有的事情都会留下孝庄的活动痕迹。孝庄在幕后默默地为了自己的儿子谋划了许久，她虽然在之前不显山不露水的，之后虽小露锋芒，但那并不是她的全部。她深知豪格、多尔衮等人之间的矛盾，于是在权衡利弊，深思熟虑后，决定与多尔衮合作。孝庄把多尔衮召到宫中，以其好口才说服了多尔衮。于是，多尔衮从大清的根本利益出发，选择了福临，退出了竞争。通过此举，孝庄不仅把儿子推上了皇位，还化解了一场内战的发生，为满洲入关奠定了基础。母凭子贵，她也被称为孝庄太后。

孝庄虽然成功地说服了多尔衮，但是无疑是与虎谋皮。多尔衮从来不掩饰他对于皇位权力的渴望，虽然不能当皇帝，但是他可以掌控皇帝。皇帝年幼，作为摄政王，他掌握着大清军政大权，根本就如皇帝一样，就连顺治帝都要称其为"皇父"，出入宫廷，来去自由。一时间，朝堂上只知有摄政王，而不知有皇帝。而此时的孝庄，在这种情况下，也只能采取隐忍、退让、委曲求全的办法，避其锋芒。她不断地给多尔衮戴高帽、加封号，使得多尔衮更加的舒坦自由，以此不兴废帝自立之事。最后，孝庄迫不得已还以太后的身份下嫁给摄政王多尔衮。遇到重大的庆典，多尔衮还与顺治帝一起接受文武百官跪拜。不过，关于孝庄太后下嫁摄政王一事，史学界一直有争议，也是清史研究中的一大疑案。

史书上记载，孝庄最后并没有与皇太极合葬，与皇太极合葬的是孝端文皇后。民间也有记载，清末刊行的明朝遗臣张煌言的《张苍水集》，其中《建夷宫词》中有一首诗就是影射太后下嫁的。张煌言作诗的时间大概是顺治六七年间，当时清宫有两位太后，一位是正宫孝端文太后，那时候她已年近五十，是不可能嫁给三十多岁的多尔衮；而另一位就是孝庄文太后，她小多尔衮两岁，年纪正合适。以此看来，诗中所指的太后下嫁应该就是孝庄。但这只能算是一种推测，并不能作为史证。不过，从当时的情况发展来看，孝庄下嫁多尔衮也不是不可能。相信随着考古地进一步发现，我们终会等到真相大白的那一天。

不论太后有没有下嫁，多尔衮的结局都是以悲剧收场。为了手掌乾坤，殚精竭虑，可是却在一次出猎中坠马而亡，死于喀喇城。让人不能不感喟命运的安排。虽然多尔衮死后被追尊为"诚敬义皇帝"，并且用皇帝丧仪。但是，在顺治亲政还不到两个月的时候，就以多尔衮"谋篡大位"等罪状，削去其爵位，毁墓并撤去太庙牌位，籍没家产，多尔衮的党羽也受到清洗，朝堂内外重新地洗了一次牌。少年天子在母亲的辅佐下，开始读书、理政。顺治帝在大胆使用汉官的同时还开始整顿吏治，开创了清初政治新局面。

有人的地方就有江湖，就有争斗。朝堂那方刚唱罢，后宫这边接着唱起，这里当然也少不了孝庄太后。满蒙联姻，可以说是清朝的既定国策，身为皇家儿女不可避免地要遇上。顺治帝在继位后不久，孝庄就册立自己的侄女——蒙古科尔沁贝勒吴克善的女儿为皇后，打算在顺治皇帝亲政当年就举行成婚大礼。可是，顺治帝却不喜欢这位皇后，两人时常吵架，顺治不堪忍受，便以无能为理由提出废后，大臣们纷纷劝谏，可是顺治帝却十分固执己见。孝庄十分了解自己的儿子，知道事情已经没有转圜的余地，只好同意，将皇后降为静妃。虽然，这次的联姻十分的不成功，但是孝庄太后没有气馁，出于政治上的考量，她又为顺治帝选了一个蒙古女儿立为皇后。这次，顺治帝也不感兴趣。

要说他喜欢谁，当然是大名鼎鼎的董鄂妃了。当时，顺治帝对接连两位蒙古皇后都没有爱，却独独迷恋上了同父异母的弟弟博穆博果尔的福晋，这就是后来董鄂氏。董鄂氏是满洲正白旗，父亲鄂硕为内大臣，封三等伯。董鄂氏性格很温顺，不像草原女儿那样大大咧咧，还精通诗文，一言一行，举手投足间很有风采，这样富有个人魅力的女性自然深得顺治帝的喜爱。虽然顺治曾把她许配给博穆博果尔。但是，因为博穆博果尔经常从军出征，而董鄂氏又时常出入宫苑侍候后妃，与顺治帝两人日久生情，进而坠入情网。两人的事情很快被孝庄察觉到了，孝庄也采取了紧急措施，可是两人之间的感情却因为这些波折而变得更加浓烈炙热。最后，博穆博果尔羞愤自杀，在二十七天丧服期满后，董鄂氏就被接入宫中，被顺治帝封为贤妃，而后又晋封她为皇贵妃。此时，董鄂氏在后宫的地位仅次于皇后，不过顺治帝并不满意，因为他认为董鄂氏才是皇后的理想人选。他又开始琢磨着废后，孝庄当然不同意了，母子之间逐渐出现隔阂。但是也多亏了通情达理的董鄂氏从中斡旋，母子间才缓和许多。顺治十四年（1657）十月，董鄂妃产下一子，不过仅三个月，孩子就夭折了，丧子之痛让董鄂妃抑郁成疾。三年后，董鄂妃病故。对于深爱她的顺治帝来说犹如晴天霹雳，世界末日一样。遭此打击，顺治帝没过半年也因患痘症而逝。

孝庄虽然心痛儿子的去世，可是经历过大风大浪的她，此时就如同一根定海神针，稳住了大清的江山。按照顺治的遗嘱，由玄烨继位，年号为康熙。由四位忠于皇室的满洲老臣索尼、遏必隆、苏克萨哈和鳌拜辅政。孝庄太后以祖母的身份被尊为太皇太后。

顺治的眼光实在是不好，他所托非人。顾命大臣鳌拜很快在把持朝政中暴露出了其专横暴戾的本性，他看皇帝年幼无知，便广植党羽，排斥异己，俨然又是一个多尔衮再生。面对咄咄逼人的鳌拜，年幼的康熙无力抵抗，只有老将出马。孝庄太后采取了一系列措施，巩固了自己的地位，孤儿寡母的在后宫中也保留着一片天。玄烨八岁即位，十岁时生母佟佳氏就去世了，照看他的只有祖母孝庄太皇太后，祖孙两人之间的感情很好。孝庄努力地为他在夹缝中撑起一片天，康熙得以在安全的情况健康成长。孝庄不仅关心他的生活，就是学业上也要求得十分严格。在她的教导下，玄烨逐渐地拥有了一个未来杰出帝王所特有的特质和才能，为以后的发展打下了坚实的根基。在成长的这段岁月，他要拼命地学习，还要对鳌拜等朝臣百般忍让，这让康熙忍耐得十分辛苦。而孝庄太后也在有意识地用鳌拜来磨炼自己的孙儿。在她看来，鳌拜是康熙很好的磨刀石，刀不磨不锋，宝刀出鞘的那一刻就是鳌拜沦为踏脚石的时候。康熙的忍耐没有白费，他在麻痹鳌拜的同时，也在暗地里精心策划着自己的行动。最后，竟没有费一刀一枪，就收拾掉了权倾朝野的鳌拜及其同党。智擒鳌拜后，皇权重新回到了皇帝手中。康熙亲政后，孝庄更是放手让康熙理政，实践出真知。康熙逐渐地成为一个合格的帝王。清王朝也从动乱不安走向稳定，经济从萧条走向繁荣。清王朝在康熙朝形成第一个黄金时代——康熙盛世，也包含了孝庄太后的功劳和心血，可谓是劳苦功高。

孝庄太后生活十分俭朴，她不喜奢华，经常把节省下的银两拿出来犒赏出征的士兵。每逢荒年歉岁的时候，她还总是把积蓄拿出来赈济灾民，全力地支持和配合孙子的帝业。康熙对她是十分敬重，事事关心。康熙二十六年（1687）十二月，孝庄太后病危，康熙皇帝更是昼夜不离左右，亲手侍奉汤药，并亲率王公大臣们步行到天坛，祈告上苍，希望减少自己的寿命，以增延祖母寿数。然而，生老病死，自然法则，谁也不可改变，即使是身为帝王的康熙。孝庄太后最终以七十五岁的高寿走完了她的人生之旅，走得很安然。康熙皇帝给祖母上了尊崇的谥号"孝庄仁宣诚宪恭懿翊天启圣文皇后"。历史上鲜有如孝庄太后般的人物，她能辅佐两代帝王，可见其政治手腕之厉害，可是她又甘于在其身后，从来没有过走到台前的想法，因此说她是千古名后一点也不为过。

名门之女孝贤纯皇后

人物名片

孝贤纯皇后（1712—1748），又称孝贤皇后，富察氏，满洲镶黄旗人。乾隆帝的第一任皇后。她节俭贤德，深明大义，母仪天下，深得乾隆帝与太后喜爱。曾为乾隆帝生过两个儿子，乾隆帝一度想立为太子。但后都不幸夭亡，孝贤皇后悲痛至极，不久患病而死，乾隆帝怀念多年。

人物风云

孝贤皇后出生在满洲八大姓之一富察氏的一个官宦世家，属于名门之后。她所在的是满洲八旗中由皇帝亲统的上三旗首旗——镶黄旗，地位很高。她的祖辈为大清江山立下了不少功勋。她的祖先旺吉努曾经率族众归顺了努尔哈赤，追随其征战多年，战功赫赫。她的曾祖父哈什屯也在太宗时期因为军功官至礼部高官，她祖父米思翰也任过深受康熙器重的议政大臣，死后都被追赠为一等承恩公。她父亲当过察哈尔总管，两个伯父分别是三朝大学士和一品内大臣。孝贤皇后出生在这样的官族世家，从小就接受了良好的教育，无论文化、礼仪、修养都出类拔萃。端庄文静的她于16岁的时候被雍正选中指配给后来的乾隆帝弘历，乾隆帝即位后，于乾隆二年（1737）十二月册立她为中宫皇后。

乾隆帝与孝贤皇后夫妻两人相敬如宾，恩恩爱爱。孝贤主管后宫事务，她从不挥霍，十分节俭。她从不佩戴金玉首饰，觉得用金银线缝制荷包香包是暴殄天物，所以孝贤皇后帽子上插的只是草绒线花。有一次，乾隆帝告诉他祖父康熙帝御制的《清文鉴》一书中提到满洲旧俗有用鹿尾绒毛线缝制袖口的做法，于是孝贤皇后便每年都用芦苇绒毛代替金线为皇帝缝制香包。她的简朴与不忘本，使得乾隆对她又喜爱又尊敬。孝贤皇后孝敬公婆，极力做好为人之妇的职责。有一次乾隆生病后，为了听取医生意见静养百日不受干扰，孝贤皇后就搬到了皇帝寝宫外宫住，日夜服侍直至乾隆帝康复如初。孝贤皇后的贤淑使得皇太极与太后十分喜爱，双方关系也非常好。她对乾隆更是呵护有加，关心备至。

作为一个皇后，她主管后宫事务。在一堆争名夺利的女人群体里，孝贤皇后不偏心谁也从不袒护谁，深明大义，得到其他妃嫔的尊敬。作为一位皇后，她是非常完美的，既拥有高高之上的地位，也深得皇帝宠爱，同时还拥有管理后宫的卓越能力。但这样完美的孝贤皇后却遭遇了不幸的打击，这直接影响了她的一生。

孝贤皇后于雍正八年（1730）六月二十六日为乾隆生了一个皇子，雍正帝赐名叫"永琏"。这永琏天生就聪巧，深受父母及祖父母喜爱。乾隆元年（1736）七月初二日，乾隆将7岁的永琏秘定为皇太子。可是仅仅过了两年，9岁的永琏就因为患了寒疾夭折。这对乾隆帝和孝贤皇后打击巨大。乾隆帝只好将立永琏为太子的密旨取出，并追谥为"端慧皇太子"，于乾隆八年（1743）十二月十一日将永琏葬入了在遵化清东陵陵区西侧朱华山下为其修建的规制很高的端慧皇太子园寝。但即使是乾隆这样厚葬永琏，可怜的孝贤皇后作为一名母亲，失去了心爱的皇子，还是悲痛欲绝。孝贤皇后遭受的打击巨大，还因为她有可能在妃子们争权夺利的圈子里失宠。失去了立为皇太子的永琏，在这妃子个个争宠的宫廷里，她长期受宠甚至当上皇太后的可能就化为乌有了。

乾隆皇帝之所以立皇二子永琏而不立藩邸庶妃富察氏所生的皇长子永璜，还因为清朝四代皇帝都是庶出，没有一个是嫡皇后所生，所以乾隆想从他这一代开始就改变这种情况。孝贤皇后知道自己所生的永琏是深受皇上器重的，所以永琏的死不仅让孝贤皇后伤感至深，也让乾隆有一些怨愤。

永琏死时孝贤皇后27岁，幸运的是她还依然青春，生育力强，所以孝贤皇后还是借着希望从伤心中走了出来。乾隆十一年（1746）四月初八，永琏死后的第七年，孝贤皇后又生下了皇七子，乾隆帝与她都极其高兴。这皇七子聪慧机灵，乾隆帝十分宠爱，还给他赐了个暗寓承继宗社的名字"永琮"，聪颖的孝贤皇后领会到，看来乾隆是又想立她所生的皇子为太子了，因此心里感到无比慰藉。

可惜好景不长，永琮2岁时因为患天花，在乾隆十二年（1747）十二月二十九日的除夕深夜夭亡。这时的孝贤皇后已经将近37岁，已经不能再生育，她所有的希望都随着永琮的夭亡而消失殆尽了。第一个儿子立为皇太子后夭亡，好不容易挺了过来，盼星星盼月亮地苦盼了七年又再生下永琮，可仅仅两岁就早早去世，可想而知这对孝贤皇后打击有多大。这不仅仅是亲生骨肉的夭亡，还代表着她将母因子贵和当上皇太后的梦就破碎了，日后可能受尽冷落也难以预料。失去了一个宠爱的嫡皇后所生的皇子，乾隆帝也十分哀伤。他为永琮写了祭文，称赞了皇后的贤德，派大臣为永琮在遵化东陵的胜水峪万年吉地附近选址造了端慧皇太子园寝，将丧礼办得很隆重，既安慰了孝贤皇后，也抚慰了自己的不甘与心伤。

但即使是这样，面对这巨大沉重的打击，孝贤皇后整日郁郁寡欢，无法走出心理阴影，日渐憔悴。看着孝贤皇后这样的痛彻心扉，乾隆皇帝便一心想抚慰她令她开心。于是在乾隆十三年（1748）二月初四日过完元旦不久，奉皇太后偕孝贤皇后一起出游。队伍在二月二十四日到了山东曲阜游览了孔庙，还举行了释奠典礼，同时还去了孔林，到少皋陵、元圣周庙行礼致祭。五天后又去了泰山。三月初四到了济南游览趵突泉。怎料三月三十一日晚上，孝贤皇后就因为患了寒疾死在了山东德州境内的回京的船上。乾隆帝悲痛良久，本想带着孝贤皇后出来散散心，好抚慰她的丧子之痛，谁知道她竟然长眠在了这宫廷之外的土地上。乾隆帝忍着悲痛的心情命大臣先护送太后回京，自己留在山东料理后事。三月十四日，梓宫到了天津，皇长子永璜迎驾。三月十六日到了通州，朝臣聚集举哀行礼。戌刻到京城，满朝文武、公主王妃全部缟服跪迎，三月二十五日，孝贤皇后梓宫由其寝宫长春宫奉移到景山观德殿暂时安放。

由于两个皇子的夭亡，孝贤皇后遭遇了巨大的打击，终日忧愁，身体状况也因此越来越差，最终导致在外游途中悲痛忧郁地病死在了船上。

虽然关于孝贤皇后离奇猝死的说法不一，不过中国第一历史档案馆的清史专家刘桂林先生研究了大量史料证实孝贤皇后的确是因为患寒疾而死。

孝贤皇后的贤惠，也体现在死后乾隆皇帝对她的怀念。

乾隆十三年（1748）三月二十二日，乾隆帝不按照惯例由礼臣们拟字，而是亲自写了赐谥谕旨，赐谥"孝贤"，并给了孝贤皇后高度评价。嫡子的死与贤后逝世使乾隆帝悲痛到不能自已，脾气也变得暴躁。因此许多大臣官员都遭到斥责治罪。翰林院在翻译孝贤皇后谥文时出现一处错误，乾隆就斩了管翰林院的刑部尚书。祭礼时，供桌不干净，乾隆就处罚了光禄寺的几位官员。工部制作的孝贤皇后册宝比较粗陋，乾隆便将工部侍郎降职。有一位伯爵李坦多次在孝贤祭祀礼上都不来，乾隆便将李坦革职。当时每次重大的祭祀活动，乾隆都要求每位王公大臣都要参加。国丧期间百日不准剃发，乾隆一发现违规剃发的就下令处斩。当时的朝廷风声鹤唳，群臣处处如履薄冰，一不小心便会遭到处罚，就连皇亲国戚也不例外。皇长子永璜在孝贤皇后死后礼节不够周到，乾隆十分不满，严厉呵斥，还惩罚了他的各位老师。皇三子永璋也因为孝贤百日祭礼节未尽至而遭到乾隆斥责。

当时乾隆一改往日的宽容，对于朝廷各地存在的问题严加整治，如此这般，一部分原因就是乾隆因为孝贤皇后去世而心烦意乱，可见皇帝对其何其情深义重。

当时的乾隆裕陵尚未完工，孝贤皇后的灵柩无法按照惯例合葬在皇帝陵，只得暂时停放在静安宫殡宫。由于静安宫规模级别不够大，乾隆特地命人改建，扩大规模。并且将孝贤皇后生前亲同姐妹的哲悯皇贵妃和慧贤皇贵妃的灵柩也安放在一起，让她们一直相伴。裕陵竣工后，孝贤皇后梓宫要选个吉日移至裕陵。乾隆十七年（1752）十月二十二日，乾隆带领满朝文武皇眷参加孝贤皇后的入葬礼。当时孝贤皇后的地宫中，石雕佛物众多，豪华讲究史上罕有，足见乾隆对她的深厚感情。

当年孝贤皇后病死在山东途中，由御舟运回京城。乾隆帝便命人将大御舟费尽周折运回京城保存，这样的举动满是缅怀之情。

孝贤皇后死后，想着这温柔体贴的贤惠妻子不能再朝夕相见，乾隆常常感怀良久。他一直留着孝贤皇后生前用过的物品，睹物思人，寄托哀思。孝贤皇后生前的寝宫一直还遵照乾隆的意思保存着原来的陈设。孝贤皇后生前的顶冠和朝珠也供奉在长春宫，连续四十年乾隆都亲往凭吊。乾隆帝还为孝贤皇后写了一篇感人肺腑、真情之至的《述悲赋》，句句含情，珠珠含泪。

乾隆觉得，孝贤皇后的早逝都是因为连生两个皇子双双夭亡，所以深受打击，后来他写了一首诗，其中某些字句表达了他愿意不要皇子而保留孝贤皇后性命的意愿。乾隆每次看见跟孝贤皇后有关的物品和地点，或者每逢佳节，都对孝贤皇后倍感思念。几十年如一日，直到他86岁当上太上皇，每次到裕陵都酹酒并亲笔作诗悼念，还做成挂屏保存着。这样深刻、这样浓厚的感情，大概孝贤皇后在九泉之下也倍感欣慰。

一位温淑贤德的帝后，人生遭遇如此不幸，因悲痛忧郁而早逝。但有乾隆这样的深情，也算有了个美满的归宿。

卓有政绩的慈安太后

人物名片

慈安皇太后（1837—1881），钮祜禄氏，满洲镶黄旗人。俗称东太后，简称慈安，谥号"孝贞显皇后"。与慈禧太后同是咸丰帝的妃子，曾与慈禧共同垂帘听政，贤礼淑德，政治才能卓著，光绪七年（1881）逝世。

人物风云

慈安是满洲镶黄旗人，钮祜禄氏。她的祖辈都曾在朝廷任职，她的父亲穆扬阿曾是广西右江道，也因为这样的身家背景，慈安才被选入宫中。

慈安入宫后，在咸丰二年（1852）二月被封为贞嫔，是与英嫔（后来的玶常在）、兰贵人（慈禧）、丽贵人（丽妃）、春贵人等人同时入宫的，她们都是由秀女选中后入宫的嫔妃。慈安从小受到良好教育，无论是姿态气质和人品修养上都出类拔萃，她贤淑知礼，文思过人，因此受到咸丰帝的极大宠爱。慈安于咸丰二年（1852）二月被封为贞嫔后，连册封礼还没举行，就在三个月后又被封为贞贵妃。过了十三天，竟然又被立为皇后。这在美女成群，每个人都积极争宠的皇宫里实在是罕见的。当然，这也是因为慈安本身超群的容貌和人品。诸多史料里记载说她"工文翰，娴礼法，容色冠后宫"，还有说她"德、容、言、工俱全"。可见慈安的确是与众不同的。

慈安在成为皇后之后，也很好地扮演了一个温良恭俭让的贤内助角色，连咸丰帝都常常夸赞她。清朝祖制，后妃是不准干涉朝政的，当时的慈安很好地遵守了这一祖训。但除了尽心服侍夫君以外，对于皇帝的懈怠，深明大义的她从不愿袖手旁观。当时英法联军侵入北京时，咸丰帝逃到热河避暑山庄避难，面对国家的内忧外患，苦闷低落的咸丰帝亲手写了"且乐道人"四个字挂在宫殿内。看着咸丰帝这样消沉，慈安马上就坐不住了。她马上向咸丰进谏，力劝咸丰作为天子不可有此懈怠逸乐之心，咸丰于是就命人取掉了字。咸丰压力巨大，所以脾气暴躁，发起了脾气来常常会惩罚下人。慈安体谅咸丰，也怜悯下人，于是每当太监宫女们遭到无辜的谴责，她便出面讲劝咸丰要心平气和，还补偿遭罚的下人家眷，以表慰藉。这样贤善知礼的女人，当上皇后是当之无愧的。

慈安本是个一生伴君左右的贤内助，但咸丰十一年（1861）七月十七日，咸丰帝驾崩，她的人生境遇便开始发生急剧的变化。

咸丰死前下旨立了皇长子载淳为太子，命御前大臣载垣、端华、景寿，大学士肃顺和军机大臣穆荫、匡源、杜翰、焦祐瀛八人为赞襄政务大臣辅政。同时为了权力制衡，他分别授予慈安"御赏"印章和载淳"同道堂"印章，大臣所拟的旨要经过这两道章才可下发。当时的"同道堂"印章是在慈禧手里的，那么这样一来，两位太后便开始了共同掌权。

历史上因为慈禧的争权夺利声势浩大，让人多半以为慈安只是一个默默无闻的小女人形象。但事实并非如此，慈禧在政治上才能卓著，而慈安政德服人，在政治上是颇有建树的。

当时咸丰皇帝的遗命是让八位大臣辅政,由两位太后来进行相互制约。但八位辅臣仗着人多势众,认为两位太后又是女流之辈无可作为,就在朝中只手遮天,胡作非为。双方这样的矛盾冲突,最终引发了著名的"辛酉政变"。

这场政变是慈禧领导策划的,但慈安作为皇太后,在其中的作用也至关重要。当时深谋远虑的慈禧知道自己是因为生下皇子才当上皇太后,所以她费尽口舌将慈安劝说归到自己这一边。这样一来,朝中势力斗争就分成了两派。一派是两位太后和恭亲王奕䜣为首的皇族,一派是咸丰临终前任命的辅政大臣。当时的许多朝廷大事是要经过慈安的,也就因为这样,政变计划和局势发展才能按照如此的方向进行。

慈安在处理朝政上是有一手的。当时的她和慈禧还亲密配合,重用能臣为国效力。像奕䜣、奕譞、文祥、倭仁的重用,都是经过慈安考量并同意的。曾国藩、左宗棠、李鸿章等人也是在慈安的点头下才一步步为国效力的。而诛杀临阵脱逃的两江总督何桂清以及奸臣胜宝等等,也都出自慈安之意。这些人才的重用与责罚,使得同治年间出现了"中兴之象",为当时清朝的发展注入了不少新鲜血液,也扫清了一些障碍。当时的慈禧虽然与慈安共同垂帘听政,但野心巨大的她还是意图有一天能独揽朝权。慈禧身边的太监安德海仗着慈禧宠爱,肆无忌惮、胡作非为,连同治帝都恨他入骨。在同治八年(1869)八月,安德海获得慈禧许可秘密出宫后,得知消息的同治帝一意诛杀。由于慈安避开慈禧一意袒护,才使得这一个恶宦官被山东巡抚丁宝桢所杀,大快人心。事后慈禧大怒,但也不敢如何。同治十一年(1872),慈安还为17岁的同治立了贤淑的阿鲁特氏为皇后。当时的同治选择了慈安的意见,而没有听取慈禧选择凤秀之女富察氏为后。可见慈安在朝中大权在握,以德服人,影响力大且深受尊重,对当时的慈禧霸权有很大的制约作用。

慈安太后在政治上德才兼备,但好景不长,光绪七年(1881)三月初十日戌时,45岁的慈安太后在钟粹宫猝逝,使得慈禧开始了她的独权人生。

在史料的记载中,对于慈安的情况和死因是说法不一的。但慈安的确死得蹊跷,从生病到后事都不合常理。话说慈安一直身体健康,中年之身又不曾因年老体弱而多病。可就在三月初九患小病后第二天就去世了，实在令人费解。而大臣翁同龢得知的这一消息竟然是由宫中的两位杂役通知的。大臣们得知消息前往时，还被堵在乾清门，一直到日出才被召进宫。按照清朝惯例，皇帝太后等人病危前就当召亲臣进宫探望并交代后事，而慈安病重后，一切程序都没有进行，因此疑点众多。

对于慈安的死因，清廷官方自然是宣布因病而逝。而作为与慈安共同听政的慈禧太后，权势欲极强的她也常有与慈安闹翻的传闻，因此她自然会遭到人们怀疑，认为慈安是被她害死的。

民间传说中，有许多慈禧害死慈安的说法。据《崇陵传信录》《清朝野史大观》《述庵秘录》《十叶野闻》等书中记载，由于慈安爱吃小点心，所以常常随身携带。慈禧便在点心里放了毒药，慈安吃后，中毒而死。《清末权监李莲英》一书中记述，慈禧是命传膳太监途中在汤里下了药，慈安喝后中毒而死。但当时的宫廷御膳把关是很严格的，不仅有测毒银针，还由太监事先尝膳，因此种种说法也是疑点众多。《清朝野史大观》中记载慈禧是秘密命人为慈安开了错药而致死。一般药房要经过军机大臣与御前大臣审视，而大臣们在慈安死后第二天才看到药方，慈安生病当天的药房一个也没有。等等的类似说法还有很多。

虽然种种说法都不完全可信，但慈禧与慈安共同听政29年之久，慈安也跟慈禧基本站在同一立场上，这慈禧应该没有必要害死慈安。但纵观慈禧后来长年的专权独政与心狠手辣的手段，也不是完全没有可能。历史遗留的谜团是矛盾混乱的，清史专家徐彻先生经过大量考证研究，认为慈安是因为身体欠佳不堪操劳而引发脑出血致死的。

说不清道不明，人们分析猜测慈禧害死慈安的仇恨大概还有以下几点：

1. 慈禧为报慈安当初揭露她与某金伶人奸情之仇；
2. 慈禧为报慈安当初当着皇帝的帝面责令她之仇；
3. 慈禧为报慈安擅自下令杀害自己宠爱的太监安德海之仇；
4. 慈禧为报慈安责罚她与李莲英过度亲密之仇；
5. 慈禧为报东陵祭祀因地位高低争吵之仇；
6. 慈禧本就想除掉慈安独揽大权，但因慈安手中握有把柄。慈安在烧掉先帝生前制约慈禧的密诏后,慈禧再无威胁,因此下了毒手。

7. 慈禧为同治帝选妃欲立富察氏因慈安意见不同而落空,记恨在心。

慈安死后,慈禧开始一人垂帘听政,独揽朝权,站在了清朝统治的顶端。关于慈安太后的死,迷雾重重。但我们更应该关注的是这位太后的贤德和她在清朝外忧内患的年代里展现出来的出色的政治才能。

改写中华历史的慈禧太后

人物名片

慈禧太后(1835—1908),叶赫那拉氏,名杏贞,出生于叶赫部。她是咸丰二年被选秀入宫的,赐号兰贵人,后册封为懿嫔。四年后,她生下咸丰皇帝唯一的皇子载淳,也就是后来的同治皇帝,而被晋封为贵妃。之后,咸丰去世,载淳继位。她与慈安两宫并尊,称"圣母皇太后",徽号"慈禧"。在她掌权的四十七年间,清朝的政局极具动荡不安。她的一生充满了争议,但无疑是中国近代的重要政治人物。

人物风云

不管其身世如何,究其本身都让我们产生好奇。试想一个二十多岁年纪轻轻就守寡的女人,竟然统治清王朝达半个世纪之久,这究竟是一个怎样的人呢?

第二次鸦片战争时,侵略军攻占大沽,占领天津,直接威胁京师。清政府是一片忙乱,当八里桥战败的消息传到京城后,咸丰更是丢弃了龙椅,带着后妃、皇子和部分大臣仓皇逃亡去了,他将残局留给恭亲王奕䜣来主持。在承德行宫,咸丰皇帝因为过度忧劳而患病,慈禧就代咸丰批阅奏章,处理政事。之后,咸丰在承德行宫病逝,他的儿子载淳继位,为同治帝,皇后钮祜禄氏尊称为"母后皇太后",慈禧尊称"圣母皇太后"。按照咸丰皇帝生前的遗命,由顾命八大臣处理朝政。如果要下谕旨还要加盖两太后图章,方才可以发布,这就确定了顾命大臣与皇太后共同辅政的政治体制。

虽然这样的做法在一定程度上保全了皇权的集中，但是同样也存在着很大的弊端。它忽视了另外一个政治集团，那就是恭亲王奕䜣集团。奕䜣是洋务派的领头羊，他在清朝末年那也是叱咤风云的领军人物。他在咸丰当政时期并不受重视，长期被闲置不用，如北京城大多数的王公贵戚们一样，无所事事。不过，奕䜣与那些纨绔子弟不同，他是一个拥有谋略和见识的人，他虽然表面上无所事事，但是私底下却在积极培植自己的势力。辛酉政变前，他刚好被留守京师，处理议和善后的事宜。咸丰病逝以后，辅政大臣中虽然没有奕䜣，他也感到非常气愤，可是理智最终战胜了冲动，他暗中秘密联合了慈禧、慈安两宫太后，决定与她们联手发动政变。奕䜣在与慈禧密谈后，立即回到京城，加紧实施政变计划。奕䜣先是让自己的七弟醇郡王奕谭掌握北京的军队，奕谭此人不仅是奕䜣的弟弟，同时也是慈禧太后的妹夫。这样的关系掌握军队更加可靠，对奕䜣和慈禧来说都有保证。军权在握后，慈禧先带着小皇帝回到京城，留下八位辅政大臣陪着咸丰的灵柩回京。先期回朝的慈禧一回到京城后，就着手安排准备政变事宜。

一切准备就绪，就差东风一到，就能掀起狂风巨浪。恰好，有大臣上了一道奏折，他弹劾肃顺等辅政大臣专横跋扈，肆意妄为，请求慈禧太后垂帘听政，并令简亲王辅政。这些话可是句句都说到了慈禧的心坎里，她听得是非常高兴。借着这股东风，慈禧颁发了上谕，只见上面赫然有两枚鲜红的印章。这鲜红的印章结束了八大臣辅政之路，之后慈禧还赐死载垣、端华，肃顺也被推出午门斩首，剩下的五大臣也相继被治了罪，不成气候。这次政变被称为"祺祥政变"，也因这年是夏历辛酉年，也被称为"辛酉政变"。"祺祥"其实是八大臣为同治制定的年号，辛酉政变以后祺祥被弃用，改为同治。

辛酉政变后，慈禧终于实现了她的政治愿望，她与慈安一同垂帘听政，更加接近了清朝的权力中心。可是即便如此，也并不能说明她们是一个合格的政客。虽然，她们手里有了一些权力，可是毕竟她们长期处在后宫之中，所接触到的也无非时一些后宫女人们的争斗，再大了说也就是朝堂上的芝麻蒜皮的事情，真正走到政治核心后，她们才发现自身都非常缺乏政治经验。她们面对清政府的内忧外患，心有余而力不足。不过，好在两人还能够齐心协力、同心同德地共同治理国家。两人比较起来，慈禧显然要比慈安更具有政治家的特质，慈禧虽然没有上过学，但她才思敏捷，对一切问题常常有自己的独到看法。在与大臣们商讨政务时，也能够侃侃而谈，杀伐果断。看到慈禧的表现，一心想过安静日子的慈安就主动把所有的事情都推给了慈禧一人主持，自己乐得清闲自在。慈安交权后，慈禧起初还很尊重她，有什么大事还会通知一声。可是，随着慈禧的权力越来越大，她渐渐地对慈安表露出不满，越来越针锋相对。慈安虽然看起来随和，但作为曾经统领后宫的皇后，现今的太后，她虽不愿处理政事，但这并不代表着别人可以挑衅她的尊严，那边辅政大臣刚解决，这边两宫又开始了明争暗斗。不过，结果显而易见，慈安并不是慈禧的对手，几次"遭遇战"皆败下阵来，最终，在1881年4月7日突然去世。对于慈安的死因，直到今天仍然是个未解之谜。人们对她的突然死亡感到震惊，调查一番后无果，只能不了了之。不管慈安太后是因何而死，总之，她的去世进一步加强了慈禧在清政府中的统治地位。

　　光绪二十年（1894）十月初十是慈禧的六旬庆典，为了这次庆典，慈禧早在两年前就已经开始筹备了，并且派世铎和奕劻两人一同办理万寿大典。同时，还命令江南、苏州、杭州三个皇家织造部门准备彩绸十万匹，以备庆典之用。就在慈禧太后忙活着自己的万寿典礼时，隔海相望的一个岛国——日本，竟以朝鲜问题为借口挑起了中日战争。其实日本早就对中国觊觎已久，这次抓住了机会，一下子把战火烧到中国境内。战火初起，以慈禧为首的清政府还不以为意，慈禧原来干什么现在还干什么，一副悠哉游哉的模样。可是，没想到日本的战火一下子烧到旅顺和大连，两城失陷的消息传来，让慈禧的万寿庆典草草收场，这让慈禧非常不满，很不高兴。于是，她的这把怒火烧到了光绪皇帝的身上，她把光绪皇帝的宠妃——珍妃打了一顿，又发落侮辱了一番这股气才算顺了过来。可是，慈禧的怒火消了也不能解决清政府的外患。1895年2月7日，随着刘公岛的陷落，北洋水师的全军覆没，慈禧不得不派李鸿章前去日本议和。两个月后，李鸿章在日本签订了著名的丧权辱国的《马关条约》。条约一经签订，消息很快就传到北京，举国震动。因为此条约割地之广、赔款之巨，史无前例。全国的爱国人士和有志青年纷纷要求废约再战，可是政府不给力，首先就是慈禧太后的坚决反对。慈禧为了安稳，不顾朝野上下的一致反对，坚决执行不抵抗政策，割地赔款求和。这一条约的签订,开了丧权辱国的口子,之后,李鸿章又同俄国签订了《中俄密约》,希望能通过联合俄国抵制日本。可是此举非但没能够防止日本的侵略,反而丧失了东北的大量权益。

光绪看到国土沦丧,忧心忡忡。这个被慈禧囚禁了一生的皇帝,想为自己的国家做点儿什么,于是他想到了变法。如此,轰轰烈烈的戊戌变法运动就此揭开了序幕。可是,慈禧却发现光绪帝的变法从根本上触及了她的切身利益,所以这次变法遭到了慈禧的强烈镇压。最终,"戊戌六君子"在菜市口被斩首,光绪皇帝的所有变法也全部废除。光绪皇帝的最后挣扎也没有挽救清政府于水火之中,反而为他自己带来了麻烦。政变发生不久,慈禧就对外宣称光绪帝身体抱恙,企图进一步害死光绪帝。可能是老天也看不过慈禧的举动,对光绪帝格外地垂怜。此时山东爆发了义和团运动,慈禧忙着围剿义和团,就暂时把光绪帝放在了一边,让光绪帝得到了喘息的机会。

义和团提出了"扶清灭洋"的口号,深受迫害的广大劳苦大众深以为然,纷纷响应,一时间竟酿成全国之势。而与此同时,帝国主义侵略的脚步也进一步加快加深,慈禧开始感到惧怕。要说她这个人也是典型的"窝里横",对自己人横行霸道,可是一旦面对侵略者却胆小如鼠。慈禧一面大肆镇压义和团,又一面利用义和团来阻挡外来的侵略者,她想"刀切豆腐两面光",可是她的功夫不到家,最后功败垂成。八国联军以无可抵挡之势由大沽登陆以后,迅速占领天津。之后,八国联军一鼓作气又攻陷了通州。慈禧惊慌失措地接连五次召见军机大臣,可是最后只有刚毅、王文韶、赵舒翘入见,其他军机大臣见势不妙早已逃跑了,整个北京城陷入一片恐慌之中。慈禧见此,也决计出逃,她不能坐着等死。于是,慈禧带着光绪帝和大阿哥仓皇出宫,夺路西逃。

逃亡路上哪能如皇宫里舒服,他们饱尝了奔走之苦。慈禧到达西安后,就发布谕旨,将所有的责任过错全部推到了义和团的身上,同时下令各地督抚严厉镇压义和团。说她"窝里横"真的是一点儿也不冤枉,她不敢跟八国联军真刀真枪地打,只能寻一个软柿子捏捏。慈禧在西安待了一段时间,最后虽千辛万苦地回到了北京城,可是历史发展的潮流已经不是慈禧所能掌控的了。她虽然也进行了一系列的改革,可是她改革的力度太小,见识又太短,已经不能够跟上时代的发展。

慈禧站在权力的顶峰,她是成功的,可也是失败的。不过,死者已矣,作为同治、光绪两朝的实际统治者,最后也不过是棺椁一副,黄土一堆。她被葬在了定陵东普陀峪,世人称其为定东陵。

亲笔签下退位诏书的隆裕太后

人物名片

隆裕太后(1868—1913),即光绪帝的孝定皇后叶赫那拉氏,严格意义上可以说是中国封建王朝最后一位皇后。在成为隆裕太后,辅佐年幼末代皇帝溥仪的时间里,曾亲笔签下了皇帝的退位诏书,结束了中国两千多年的封建王朝帝制。

人物风云

自从清朝统治后,共有十位皇帝,从严格意义上来讲,中国历史上最后一位皇后是第九帝光绪的孝定皇后,也就是之后的隆裕太后。因为第十帝宣统帝溥仪三岁登基,在革命运动中的翻覆下只做了三年皇帝就退位了,当时年幼尚未大婚立后,后来虽有婉容皇后,但并不是真正意义上的皇后。

隆裕太后的故事要从她成为孝定皇后开始讲起。孝定皇后叶赫那拉氏,慈禧胞弟副都统桂祥之女,是慈禧娘家侄女。话说当时光绪十四年(1888),光绪帝已经18岁,风度翩翩。但当时的光绪还未成婚。顺治帝、雍正帝都是14岁成婚,嘉庆帝和同治帝17岁成婚,只有光绪到了18岁还迟迟没有结婚。慈禧很清楚婚龄这件事,只是嗜权如命的她担心光绪成婚后便理所当然要亲政,那么大权在握的她就要退居幕后了。当然,深谋远虑的慈禧10年前就安排好光绪的婚事,把未来皇后作为她把握权力的筹码。

慈禧10年前就准备好的筹码便是她的娘家侄女——未来的孝定皇后叶赫那拉氏。

慈禧巧妙安排过她这娘家侄女与光绪见面,但光绪帝看了一眼就老大不高兴。慈禧这一安排显然没有效果。但是为了权力,慈禧绝不是这样就放弃的人。况且从小在慈禧严厉管教下的光绪性格软弱,慈禧决定的事,他根本没有办法改变,只能任由摆布。慈禧想将自己的侄女立为皇后放在皇帝身边,这样他就有了一个最忠实可靠的耳目。光绪帝的一举一动她都能了解,为她的幕后掌权提供了很大的保障。

于是慈禧就于光绪十四年(1888)安排了一场空有其表的"选秀",可嫔妃人选早就由慈禧定好,光绪帝根本不能选择自己喜欢的江西巡抚德馨家的姐妹花,还差点反抗了慈禧。但是最后还是选定了孝定,于光绪十五年(1889)正月二十六开始操办婚礼。

在婚礼举办前月,一场大火将太和门、贞度门和昭德门焚为灰烬。在那个封建年代,大家纷纷认为这是不祥之兆。慈禧还下令颐和园工程除佛宇殿座外一律停止,以表示敬畏之意。

光绪十四年(1888)十月初五,慈禧下发懿旨宣布立后人选和理由。次年正月二十六宫里大张旗鼓地举办了隆重的婚礼,这一年光绪18岁,孝定21岁。

毫无意外,这门婚事最终是不如意的,婚后两人形同陌路。叶赫那拉氏皇后是慈禧的"后党"的重要成员,事事帮着慈禧,与光绪帝作对。本来两人的婚姻就毫无感情,这样一来几乎都要成了政敌。

慈禧太后专横跋扈,自私自利,为了霸权夺利,以自己的亲侄女为棋子,活生生毁了两个人的幸福,使其一生痛苦。光绪对孝定极度冷淡,只宠溺珍妃,而无才无德的孝定只能每天向慈禧诉苦,诋毁珍妃,后来珍妃冤死,孝定便被世人视为进谗者和帮凶。

孝定作为皇后,母仪天下,但她是缺乏政治才干的。光绪三十四年(1908)十月二十一日,光绪帝驾崩,次日,慈禧也薨逝了。3岁的宣统帝溥仪即位,孝定成为太后,徽号"隆裕",时年41岁的孝定想效仿慈禧垂帘听政,使自己大权在握,但她一个庸庸碌碌、无才无识的女子,远远不如慈禧手段卓著。慈禧临终前命溥仪生父载沣摄政监国,其中便有对孝定无才无德的顾虑。不过她也保留了一定权力,凡有重大事件,都要报由太后懿旨,然后施行。但心胸狭窄的隆裕由于不能全权涉政，便对摄政的载沣处处干预。

1911年10月10日，辛亥革命爆发，全国各省纷纷宣告独立，无力的清王朝统治眼看着即将土崩瓦解。当时被任命为内阁总理大臣的袁世凯，一面与革命党人谈判要求坐上共和大总统的位置，一面借助革命势力逼宣统帝退位。堕落的清廷乱成一窝蜂，毫无主见的隆裕太后只抱着宣统帝溥仪大哭。1912年2月12日，在袁世凯的优待条件承诺下，软弱无知的隆裕连发三道懿旨，宣布大清宣统帝退位，改制立宪共和体。第一道懿旨为"退位诏书"，宣布皇帝退位，上面附有袁世凯等11位各部大臣签字。第二道懿旨劝谕大清臣民。第三道懿旨公布《关于大清皇帝辞位之后优待条件》《关于满族待遇之条件》《关于满、蒙、回、藏各族待遇之条件》。

三道懿旨颁布下来，标志着满族大清王朝268年的统治结束，也标志着中国两千多年封建帝制社会的结束。隆裕太后成了这一历史性时刻的毫无荣耀的见证人。

根据退位前制定的《优待条件》，溥仪退位之后，仍然居住在紫禁城从乾清门往北的东西十二宫、慈宁宫、宁寿宫等处的内廷（后寝）区域，瞬间沦为清朝罪人，权力尽失，加上袁世凯的欺骗，隆裕太后一直到死都郁郁寡欢，终日忧愁在目。

1913年2月22日凌晨，年仅46岁的隆裕太后病死在长春宫。作为大清王朝的最后一位太后，她死时身边只有溥仪、内务府大臣世续，还有两三个宫女。当天，隆裕的尸体在皇极殿入棺。民国政府要求全国对隆裕太后的死下半旗志哀三日，许多军政要员也致电清室表示哀悼，并为隆裕举行了清式的皇后葬礼。当然，这也是新时代的革命军人对旧时代遗族最后的同情与慈悲。

1913年3月31日，溥仪尊谥隆裕皇太后为"孝定隆裕宽惠慎哲协天保圣景皇后"。

有趣的是，孝定皇后往西陵下葬，是从北京永定门火车站出发的。她是大清国首次乘火车谒陵的人员之一，也是死后唯一用火车运往陵园的皇后。

当然这一切都是过眼云烟，无论如何都改变不了隆裕生前的庸碌无为，改变不了她毫无建树的一生，更改变不了大清朝覆灭、封建帝制破碎的历史进程。

辉煌于疆场的武将

"大节有亏"的重臣洪承畴

人物名片

洪承畴（1593—1665），字彦演，号亨九，福建南安人。他生前不仅是大清的良将，其死后也享有盛誉，被赠少师，谥文襄，并且赐葬于京师。死后还被这样的尊崇，洪承畴应该是清朝的忠臣了，其实并不是。与其说他是忠臣，不如说是重臣。

人物风云

说起洪承畴，他在历史上的"复杂"程度可不亚于吴三桂。这主要跟他叛明投清有着分不开的关系，也正因如此，人们对他的评价也褒贬不一。可是，站在清朝的角度来说，他又是清朝开国重臣，对清朝的统一、社会的安定、经济的发展、民族的和睦起了十分重要的作用，这样来说他又是个功臣。那究竟是什么原因，让一个明朝皇帝所倚重的重臣轻易地叛变呢？这个人又有着什么样的故事呢？让我们回溯历史，一一看来。

洪承畴的出身是不错的，他是望族后裔，是武荣翁山洪氏的第十二代孙，属东轩五房，那也是书香门第。不过，到了他的曾祖父辈，家道就已经中落，生活过得并不富裕。到了他父亲洪启熙时，家境更加贫寒。父亲洪起熙是个秀才，性格稳重，在乡里享有孝名。他的母亲傅氏也是名门闺秀，因家境窘迫曾被疼爱她的父母接回娘家居住过一段时间，洪承畴就是出生在丰州锦田村外祖父傅员外家。

傅氏教子极严，洪承畴从启蒙初始就是在傅氏严厉的教导下成长起来的。他童年就入溪益馆读书，读书很用功。可是，由于家庭条件的关系，洪承畴并没有享受到多少读书时光，他十一岁时无奈地辍学了。辍学之后的他，每天在家帮助母亲做豆干、卖豆干，以维持家计。每日清晨，洪承畴就要把做好的豆干装好，然后走街串巷地叫卖。当时，西轩长房才子洪启胤在水沟馆办了一个村学，洪承畴喜欢读书，每次卖豆干时总是上这边溜一趟，有时还会按捺不住的在学馆外听课。时间一久，洪启胤就发现了这个总来偷听的洪承畴，把他叫过来一考较，发现他极有天赋，而且还抱负不凡，遂起了爱才之心。打听到洪承畴家里的境况后，更是免费收他为徒，洪承畴终于又重新返回了课堂，拿起了他心爱的书本。在读书之余，他还如饥似渴的博览群书，因为他发现书里的世界更加有趣，更加广阔，让他能够暂时忘记世事的艰难。《史记》《三国志》《孙子兵法》《资治通鉴》等书都被他认真的研读过，并且还做了不少的笔记。看过大量的书籍后，他立下了治国平天下的愿望，还为了这个愿望而奋斗了终身。他在水沟馆愉快地度过了五年时光，之后他又到了泉州城北学馆读书。万历的四十三年（1615），此时洪承畴23岁。这年，他赴省参加了乡试，考中了第19名举人。第二年，他又赴京会试，捷报发来，考中二甲第17名，赐进士出身，洪承畴就此走入仕途。

洪承畴最开始是在刑部供职，曾先后任刑部的主事、员外郎、郎中等职。在刑部任事六年后，因为其才学被朝廷所器重，所以擢升为两浙提学道佥事、江西兵备道按察副使。天启七年（1627），任陕西督粮道参政。之后，洪承畴的官运可谓是一路亨通。崇祯三年（1630），洪承畴被任命为延绥巡抚，征剿农民起义军。崇祯四年（1631），三边总督杨鹤被罢官入狱，洪承畴继任陕西三边总督，于陇东晋西追剿义军。崇祯七年（1634），由于洪承畴在治军上的不凡表现，朱由检让他再任陕西三边总督，以功加太子太保、兵部尚书衔，总督关外五省军务，成为明朝镇压农民起义的主要军事统帅。崇祯十一年（1638），洪承畴率兵于潼关南源大破起义军，李自成败走商洛山中。十年之间，洪承畴转战北国沙场，战功彪炳，他为明王朝立下了汗马功劳。洪承畴也因此成为明末重臣，被皇帝倚重，百姓信赖。正当洪承畴还在为明王朝殚精竭虑的时候，改变他一生的重大转折到来了。

原来，就在明王朝镇压起义军的时候，关外的皇太极继位了。满清觊觎中原已久，在皇太极继位后，进行了一系列的改革措施，使得清政权日益完善，国力军力都有了长足的增长。长久以来在山海关外的盘旋生活，让皇太极终于下定决心要攻克山海关和锦州，并拼尽全力地打通去往关内的道路，继而占领北京，将明王朝赶出历史舞台。

崇祯十三年（1640），皇太极率兵包围锦州，边关告急。洪承畴临危授命，被调任蓟辽总督，领陕西兵东上，与山海关的马科、宁远的吴三桂两镇合兵，互为犄角，共同抵御清军。可是，清军来势汹汹，锐不可当，塔山、杏山先后沦陷。为了挽救辽东的局势，洪承畴集合八总兵的兵马，共计十三万精锐军队，出山海关驰援宁远，与清军在锦州交锋。

皇太极围攻锦州，他的战略意图是通过长期围困使得明朝放弃锦州，从而就在明朝的关防上撕开了一道口子。作为军事统帅，洪承畴十分明了皇太极的想法，他为此也想到了应对之策。那就是且战且守，步步为营，令敌自困，然后解围，这样就能够暂时地解决了锦州危机。可是，愿望总是美好的，具体的实施起来却上令下行。洪承畴不想出战，可是兵部尚书陈新甲却别有用心极力主张速战解围，并派张若麟任监军，从中作梗，洪承畴束手束脚，一人难以支撑。再加上屋漏偏逢连夜雨，粮草这时又被劫了，前有强敌，后无援军，一时间军士斗志低迷。皇太极得知情况后，趁机出兵，总兵王朴率先逃跑，大家本就存着去意，此时看到领头的都跑了，于是各军纷纷疲于奔命，还没等清军攻打呢，明朝军队先是自溃不成军了。可是，那些逃跑的明军也没有幸免于难，他们遭到了外围清军的伏击，损失惨重。洪承畴也被清军围困在松山城，孤军作战长达半年之久，没有粮，没有援兵，处境异常的艰难。崇祯十五年（1642）二月十八日夜，松山城守副将夏承德看到明朝已经无力指望，为了生存，他向清军秘密的投降了。有了他做清军的内应，松山城轻而易举地被攻破，洪承畴被俘。他被俘后，全军无首，再加上此时的锦州明军已经被围困的筋疲力尽，无力再战，于是在锦州守将的领导下全部降清了。就这样，明朝的锦宁防线不复存在了，明朝的灭亡指日可待。这就是历史上有名的"松山之战"，他不仅改变了明朝的历史，同样也改变了洪承畴未来的命运。

清军俘获洪承畴后，知道他是个重要的人物，当即就把他送往盛京（今辽宁沈阳）。到达盛京后，皇太极多次命人对其劝降，可是洪承畴宁死不屈。皇太极惜才也不忍心将他杀死，只能将他囚禁着。可是，这样宁死不屈的洪承畴到后来还是投降了清朝，这里面到底有什么故事呢？

历史上，人们对洪承畴的投降原因有很多说法，据《清史稿·洪承畴传》中记载，皇太极接受范文程、张存仁的意见，亲自到三官庙中的囚室看望洪承畴，还解下自己身上的貂裘披在他的身上。洪承畴受到如此礼遇，感慨万千，心里明白明朝已经大势已去，可是作为明朝的重臣，他不能做出不忠的事情。直到崇祯十七年（1644）三月，李自成攻进了北京城，崇祯在煤山上吊自杀，洪承畴彻底地清醒了。经过多番考虑，才决心归顺。除了正史之外，野史之中关于他投降的版本还有很多，其中有一个版本说得是一代宁死不降的明朝重臣也因为庄妃的劝降，转而投靠了清朝的阵营。

此事还要从洪承畴被俘后开始说起。洪承畴被抓后因为宁死不降，就被囚禁了起来。囚徒生活本就清苦，更何况是俘虏。他每天在囚室中苦苦地熬着，饥寒交迫，只希望清朝能够让他快快地死去，也算死得其所。庄妃，也就是后来的孝庄。在得知皇太极俘虏了洪承畴，并且还未劝降他而苦恼的时候，她就主动请缨劝降。一天，洪承畴正在囚室中闭目养神，他听见囚室的门响了，然后看到一位梳着高高的旗头，妆容华丽的满洲贵夫人站在了门口。洪承畴一时纳罕，不知这位贵夫人所来为何事。庄妃走进囚室，也没有马上对洪承畴进行劝降，而是像朋友聊天似的问起洪承畴的母亲、妻子等家人，问他们现在在哪里，过得好不好。洪承畴在囚室里，哪里能知道外面的事情，可是被庄妃一问，他不禁想到他要是死了，家人们该怎么办，之前光想着殉国了，从未想过自己的高堂和妻儿。庄妃的攻心之计，初见成效。不过，她没有再说话，而是给洪承畴思考的时间。然后她从带来的食盒中取出酒菜，还为他盛了一碗浓浓的人参汤。等洪承畴转过神后，庄妃就告诉他，她不是来劝降的，而是作为一个敬仰他的人来为他送点儿吃的。洪承畴喝着人参汤，想着家人。庄妃走后，洪承畴彻夜难眠，经过多方面考量后，最终决定归顺清朝。

归降后的洪承畴被皇太极安排在了镶黄旗汉军中，表面上对其礼遇有加，其实从未对他放松过防范，这也是人之常情，降将大多都会碰到这样的事情。于是，在皇太极一朝，洪承畴大多待在家中，除了偶尔有人来探望外，他没有获得任何的官职。这样的情况，到了顺治朝后，有了明显的改善。那时，清朝已经进京，顺治帝登基时尚年幼，庄妃为他请了一个汉学老师，就是洪承畴。顺治帝对洪承畴十分的器重，任命他为太子太保、兵部尚书，还兼任都察院右都御史，入内院辅佐整理军务，授秘书院大学士，至此，他也成为清朝第一位汉人宰相。洪承畴也没有辜负顺治帝的信赖，他采取了以抚为主、以剿为辅的策略，实施了一系列减轻百姓负担、振兴经济发展的措施，使得清朝得到了初步的安定。在实施过程中，他都是尽可能地避免武装冲突和流血事件的发生，这对清朝迅速统一和安定社会起到了至关重要的作用。

可以说，洪承畴的降清为他招来了骂名，让他成为"大节有亏"的人，也因此被乾隆皇帝说成了"贰臣"。可是，"忠君"与"气节"这一标准，我们如何衡量？作为一个历史人物，我们评价他应该是客观、实事求是的。他在明朝时曾多次参与镇压农民起义，展现出了较强的军事指挥能力降清后，他也为清朝的统治和发展提供了一些建议和策略，例如倡导儒家学术，建议清廷采纳明朝的典章制度，推动满汉合流等，在一定程度上有助于清朝政权的巩固和国家机器的完善。但无论如何，他的降清行为以及在明清交替时期的角色，都使其成为一个备受争议的人物。

雍正帝的左膀右臂年羹尧

▶ 人物名片

年羹尧（1679—1726），字亮工，号双峰，他敏捷聪颖，沉毅果断，能文能武,是清世宗雍正皇帝的心腹,也是清朝中期一位重要的武将。诸多野史中都有记载,正是由于年羹尧的倾力相助,雍正皇帝才得以顺利继位,所以上位之后的短短两年间,雍正就对其大加褒奖。而年羹尧加官晋爵之后,也是尽心竭力辅佐雍正,他骁勇善战,平定青海,开拓西藏,成为当时战功最为显赫的武将。但或许因为他知道的内情太多,或许因为他功高盖主,或许因为他过于恃才傲物,年纪轻轻的他在雍正即位不到三年时就硬是被定了个"无厘头"的罪名,含冤而死。

人物风云

说起年羹尧的仕途之路,就一定要先提提他的父亲。年羹尧的父亲可不是小官,曾任河南道御史、刑部郎中、工部侍郎、湖广巡抚等职,还是八旗子弟,所以年羹尧也算是个有靠山的"官二代"。康熙三十九年(1700),年仅二十一岁的年羹尧考中了进士,被授予庶吉士职务(即当时的中央一般职员);之后,他奉命出任四川、广东各地乡试的考官,升迁为内阁学士;康熙四十八年(1709),其凭借着优秀的政绩被擢为四川巡抚,风光上任;康熙五十七年(1718),又升任四川总督兼巡抚。应该说,年羹尧的仕途是十分顺利的。

但是这平步青云一般的感觉还是远远不能让他满足。年羹尧是个十分有志向且功名心极重的人,一心指望能够有个机会让他大展宏图,权倾朝野,所以这样的"芝麻官"全然不对他的胃口。

然而,不知是他的大幸,还是他的大不幸,梦寐以求的机会终于来了。

野史有载,康熙帝在驾崩前,曾将太子的名字用诏书写下,之后封在一个金匮中,上好锁,命几个亲信太监把金匮藏在正殿的顶楼上,一天二十四小时派人轮流看守。而当康熙帝驾崩后,众人打开金匮一看,上面赫然写着:"传位于四皇子。"于是雍正帝即位。

看起来平平无常的登基故事,却为何和年羹尧起了瓜葛呢?

原来,当时康熙帝共有十四个皇子,其中四皇子胤禛(即后来的雍正帝)和十四皇子胤祥最得康熙帝宠爱,是继承皇位的两个人选。许是怕出现皇权纷争,所以到底立谁为皇太子,康熙帝一直守口如瓶,对谁也没有透露。但众人心中，都倾向于未来的皇帝是十四皇子，因为《清史稿·本纪·世宗传》和《清史稿·列传·隆科多传》中都有这样一句话："皇考升遐，大臣承旨者惟隆科多一人。"也就是说，当康熙帝驾崩后，众人看到遗诏中让四皇子接替皇位的时候，除了他的亲舅舅隆科多之外，没有人接旨。

笑话！抗旨可是大罪，这是要灭九族的勾当，满朝文武为何会干这种傻事？而且不止一个，几乎是所有文武大臣都抗了旨，这个问题就值得我们好好想想了。很显然，在大臣的心目中，继承皇位的不应是胤禛，而应是十四皇子胤祥。

这也不是没有原因的。当时的雍正帝刻薄寡恩，心狠手辣，而且心思极重，他想要继承皇位的欲望呼之欲出，却由于其性格所致，大臣权贵们都不愿与他为伍，这就导致了他在朝中孤立无援的尴尬处境；而他的弟弟十四皇子就不同了，胤祥为人谦逊，重情尚义，能文能武，重要的是举凡有重要的大臣摆酒，他都会前去助兴。所以在大臣们的心中，这个"体恤下官"的胤祥才应该是最为理想和合适的皇位继承人。

雍正帝也不是傻瓜，他看得出朝中并没有援手，而人心就是今后上位的本钱，所以在康熙帝病重之后，他也开始游走拉拢，却由于临时抱佛脚，收效平平。怎么才能打败自己的弟弟，坐上皇帝的位置呢？他将视线盯在了自己的亲舅舅，时任吏部尚书、总理事务的隆科多身上。他许诺舅舅，一旦事成，就拜他为朝中太师、太保，授一等公爵，而且子孙世袭。

见是自己的亲外甥求援，隆科多爽快地答应了他的请求，并且还向胤禛建议说："我们两个人的力量还小了，还要找人帮忙。"经过千挑万选之后，隆科多看上了一个年轻有为且胆大心细的人，对，这个人就是时任朝廷都尉的年羹尧，自此，文武双全、足智多谋的年羹尧正式进入了雍正帝胤禛的视线。

胤禛、隆科多、年羹尧组建起了一个三人"夺位"小集团，由隆科多负责游说和拉拢朝中官员，而年羹尧就负责研究怎样窃取诏书。看到这儿，也许有的读者会很纳闷，为何好端端地要偷诏书呢？其实，胤禛心里也明白得很，以现在的情况，康熙帝一定会将皇位传给年轻有为的弟弟，那时自己的处境就不妙了。于是年羹尧就给他出了个主意，让胤禛找高手躲过太监的耳目去偷诏书。胤镇听从了年羹尧的计策，找到当时名儒吕留良的侄女、素有侠客之称的吕四娘。偷到金匣后，打开一看，康熙果然是传位十四皇子胤祥。但这点小事难不倒他们，隆科多大笔一挥，把"十"字改成"于"字，然后又把金匣放回原处。这一切，神不知鬼不觉，做得是滴水不漏。

没过多久，统治了大清国六十余载的康熙帝驾崩了，大臣们忙取下金匣，只见上面是康熙御笔亲题的"传位于四皇子"几个大字，众人大哗！这时胤禛就已经升级为了新皇帝，为了避免骚乱，稳固基业，他令年羹尧以京都兵马都尉的身份，指挥军队进行戒严，以备非常，同时传令京城各处：没有皇帝的手谕，任何人不能随便离开京城。

发生了这么大的变故，雍正的弟弟在哪里呢？时运不济，此时的胤祥还在远征青海的途中，一听说京城有变，他连忙火速撤军往回赶，想以武力逼雍正让出皇位。年羹尧收到消息后，并不以为然，找雍正要了二十个随从就出城迎敌去了。

出到城郊，年羹尧让手下都提上美酒，以新皇帝犒劳兵士的名义大摇大摆地走到了胤祥的先锋部队中，这支部队的指挥官允禵毫无提防，以为雍正胆怯了，于是大吃大喝起来。结果在谈笑时，年羹尧突然拔出宝剑架在允禵的脖子上，喝道："如降，高官厚禄可保；不降，我与你同归于尽。现皇上即位已成事实，天下皆知，何去何从，你考虑吧！"

就这样，年羹尧几乎没费吹灰之力就降服了胤祥的部队，为胤禛皇位的巩固立下了汗马功劳。雍正元年（1723），新即位的清世宗胤禛为酬年羹尧的功劳，撤换了抚远大将军允禵之职，将这个职位御笔亲题，送给了年羹尧，后又加二等阿达哈哈番世职，一个月后，又加太保衔。短短几个月，年羹尧这个不起眼的小人物就成了清王朝举足轻重的大人物。

年羹尧加官晋爵之后，对雍正更是尽心尽力。雍正元年（1723）夏天，有青海罗卜藏丹津，纠集阿尔布坦温布、藏巴札布等部落首领反叛清朝，西北人心惶惶。年羹尧主动请缨，以平逆将军之衔率军开拔，不到两个月，青海叛逆就被擒住，天下太平。到了雍正二年（1724），罗卜藏丹津又卷土重来，年羹尧奉命追讨。他率兵两万，翻山越岭，将罗卜藏丹津逼退至山谷中，杀贼六千余人。至此，青海全省悉平。

待青海叛乱平定后，年羹尧并没有闲着，他马上上书雍正皇帝，提出巩固青海的方略：以青海诸部编入清朝版图，由地方佐领。又设立诸多府衙、管束，让岳钟琪率四千人进驻西宁镇守，为下一步进军西藏作准备。可以这么说，日后乾隆能长驱直入进入西藏，把西藏归入中国版图，年羹尧功不可没。

至此，我们所讲的都是他的"功"，那么下面我们就来说说他的"过"。

在清朝乃至整个封建统治时期，五六十岁才踏入"议政大厅"的人大有人在，比起来，年羹尧实在是有点过于年轻了，而年轻就难免浮躁，更何况他政绩卓略，又是皇上面前的大红人，所以为人就显得嚣张跋扈，高人一等。平定青海之后，雍正赐年羹尧双眼花翎、四团龙补服、黄带、紫辔、金币，授一等阿达哈哈番世职；并令其子年富世袭。同时，还加封已退休在家的年羹尧的父亲年遐龄以太傅闲职。不管他有何请求，皇帝基本上都满足他，这种超乎常人的待遇使得他几乎登上了清朝权臣的顶峰，而他自己也愈发飘飘然起来。

起初，众臣们都是敢怒而不敢言，但慢慢地年羹尧越来越过分。按清代官场的规矩，一般的公文都只能称对方的官衔，不能直呼其名，否则就被认为是藐视别人，大为不敬。可年羹尧对自己的下属、各省督抚的行文都直呼其名，丝毫不加避讳。出入游玩之时，也是前呼后拥，排场比雍正不小，甚至还要朝廷侍卫为自己开路。这还不算，他平定青海归来之时，总督李维钧、巡抚范时捷均是跪地迎送。纵是如此，他也不屑一顾，就是蒙古王公大臣见他，也一定要跪地以迎。

这些事慢慢传到了雍正的耳朵里，雍正是什么样的人物？拿他比越王勾践恐怕都有过之而无不及，他见自己的皇位已经巩固，像年羹尧这样的人已经没有多大利用价值了，年羹尧又知夺位内幕，宣扬出去，雍正皇帝岂不成了谋篡吗？所以雍正正好借此机会除去年羹尧。嚣张跋扈也好，知道太多也好，反正年羹尧的好日子已经到头了。

从青海刚刚长途跋涉回到北京，年羹尧就被打入了大牢，雍正以什么理由治了他的罪呢？说来也可笑，竟然是因为这样一件小事：《清史》有载，雍正三年（1725）二月，年羹尧上呈奏章之时，把《易经》里的一句话："朝乾夕惕"写成了"夕惕朝乾"，这几个字的大概意思是要皇帝勤勉持政，励精图治。本来是小到不能再小的笔误，可雍正偏偏抓住不放，故作生气地说："年羹尧这样写定然不是粗心之过，而是有意嘲笑朕没有学识，如此对待当朝天子，岂非忤逆？"就这样，刚刚得胜归来的年羹尧莫名其妙地就被打入了大牢。

明眼人一看，就知道这是雍正要整年羹尧了，在大臣之间本来对年羹尧的作为就积怨已久，现在有了皇上撑腰，谁不赶忙上前表现？于是墙倒众人推，"忠臣们"大义凛然地将一些陈谷子烂芝麻的事情都翻出来了，竟然定了年羹尧九十二条大罪：大逆之罪五，欺罔之罪九，僭越之罪十六，狂悖之罪十三，专擅之罪六，忌刻之罪六，残忍之罪四，贪黩之罪十八，侵蚀之罪十五。这些吓死人的罪名，犯一条那都是灭九族的罪过，更别说如此之多了，杀他一百次都嫌不足。但这个时候，宽厚仁慈的雍正站出来了："念在其昔日平青海之功，免车裂极刑，赐自尽吧。"和着狱中自尽还成了雍正宽以待人的表现，真是应了那句"飞鸟尽，良弓藏，狡兔死，走狗烹"。

短短不到三年的时间，名重天下、功在社稷的年羹尧，一朝位极人臣又一朝沦为阶下囚，一朝富贵又一朝丧命，终于为雍正作了嫁衣。年羹尧的死虽然与他恃才傲物、过分轻狂有关，但更重要的是他知道得太多太多了，他在一日，雍正都是如鲠在喉，如若不是这样，雍正又怎会忍心将如此良将送到阎王殿当差呢！

被传为乾隆私生子的福康安

> 人物名片

福康安（1754—1796），富察氏，字瑶林，是清朝满洲镶黄旗人。他出生于乾隆十九年，是经略大学士傅恒的第三个儿子，同时也是孝贤皇后的侄子。可以说福康安出身非常高贵，虽比不上皇子，但也是集万千宠爱于一身。长大后，他曾历任云贵、四川、闽浙、两广的总督，武英殿大学士兼军机大臣，更是被乾隆封为贝子。福康安作战勇敢、治军有方，很是得乾隆的喜爱，生前对他多加宠信，就是在他死后也被赠予郡王的头衔，可谓是宠臣之最。

人物风云

关于福康安，其实让人们更为关注的并不是他做出了如何多的成就，而是其神秘莫测的身世之谜。民间几经传说，都把福康安说成是乾隆帝的私生子，皇帝的儿子，还有什么比这个更让人好奇的吗？福康安的父亲是大学士傅恒，他的亲姑姑就是乾隆皇帝的嫡妻孝贤皇后，要是按照辈分来说，福康安应该称乾隆为姑父，可是经过人们的传说，就从姑父变成了父亲。那这个传说到底是不是真的呢？

生活在这样一个富贵之家，福康安从小就过着锦衣玉食的生活，优渥的生活也把他养成了眉清目秀、粉雕玉琢的可爱模样，真是人见人爱。乾隆皇帝见过之后更是把他带入宫中抚养，要知道皇家尽管表面富贵，其实亲情更是淡薄。可是，福康安硬是把乾隆皇帝心底那残存的点点父爱给激发出来了。说来，还是福康安的小模样长得好，他与乾隆皇帝早年夭折的两个儿子长得有几分相似，那时乾隆对这两个儿子很是宠爱，可是无奈早夭，心里伤痛万分。在看到福康安后，更是把他当成了那两个儿子，这对他来说就如找到了精神寄托，对福康安是如同亲生儿子一般地教导培养。两人的感情更是日渐增长，情同父子。正是因为乾隆对福康安不同寻常的态度，才让众人纷纷猜度，这里面是不是有什么隐情，要不然一个皇帝放着那么多的儿子不去教养宠爱，偏偏把妻子的侄儿放到身边，这太让人匪夷所思了，让人想不通。于是，人们便调动自己所有的想象力，想来想去终于找到了一个合理的理由。那就是福康安是乾隆的私生子，也只有这一理由才能解释乾隆为什么会对福康安这般宠爱。

野史中有传，傅恒的夫人也是满洲有名的美人，一次入宫觐见皇后，没承想遇到了风流皇帝乾隆。乾隆作为一个皇帝，拥有后宫佳丽三千，可是在他看到傅恒夫人的那一刻，顿时觉得三千粉黛无颜色了，为眼前人所倾倒。之后，他经常找机会"遇见"傅恒夫人，两人之间也慢慢地有了感情，再后来就有了福康安。两人之间的这种暧昧关系持续了很长时间，可是在严密的防护措施也有疏漏的时候，他们的事情终于还是被孝贤皇后发现。当孝贤皇后知道后，震怒、吃惊、伤心……百感交集，她如何也想不到自己的丈夫会与自己的弟媳发生这样不伦的事情，这让她难以接受，一口怒气涌上心头，最后生生被气死了。当然，这些野史记载并不足以让人相信，但是乾隆与福康安之间的关系好却是有目共睹的。

且不说福康安从小就被乾隆接到宫中亲自培养，就是长大后也是对他极为器重。不过，福康安也没有辜负乾隆的一番细心培养，自己也非常争气。乾隆三十二年（1767）的时候，刚满十三岁的福康安就承袭了云骑尉；四年后更是当上了御前侍卫；在当上御前侍卫一年后，又升任了户部侍郎，不久之后又升迁为满洲镶黄旗副都统，并且受命赶赴四川军中任平叛将领。虽然这一路畅通的升迁背后都有乾隆在做幕后推手，可是那也是因为福康安本人有这份本事。福康安在军中初从阿桂，在其手下得到了很好的锻炼，对于军务更是有自己的一套方法。乾隆看到福康安的表现深感欣慰，对他多次嘉奖，曾先后任其为兵部尚书、总管内务府大臣、太子太保等，恩宠可是盛极一时。乾隆也曾想要封给福康安王爵，但是朝臣们均纷纷表示不合礼制，让他未能如愿。但是，这个愿望乾隆始终记在心里，既然不能直接封，那就绕道，多多地积攒军功，等到军功够多的时候，自然而然也就能封王了。可以说，乾隆为了福康安的王爵可是绞尽了脑汁。但是，军功可不是说拿就拿的，而是要拿命去拼的，有的时候命丢了，也不见得能捞着个军功。所以，在福康安每次出征之前，乾隆都竭尽全力地为他挑选精兵强将，希望能够让既安全又能得军功，出则必胜。

乾隆三十七年（1772），清兵再次进攻大小金川，福康安跟随阿桂一同平叛。乾隆四十九年（1784），甘肃伊斯兰教徒起义，他再次跟随阿桂一同去镇压，攻破石峰堡，事后被封为一等嘉勇伯。乾隆五十二年（1787），台湾林爽文起义，乾隆命他同海兰察共赴台湾平定民变，起义平息后，论功行赏，福康安再次被晋封为一等嘉勇侯。虽然福康安始终没有被封王，但是乾隆皇帝始终对他宠爱如一。不过，有件事情让大家很好奇，也正是这件事情更加让人怀疑福康安就是乾隆的私生子。要说，福康安在乾隆那里可是大大的红人，有什么好事乾隆总是会先想到他，可是在选驸马这件事上却没有福康安什么事情。清朝的时候，其实纵观整个历史，皇家公主下嫁朝中权贵大臣家里的事情是数不胜数。乾隆的女儿长大后，自然要选驸马，乾隆心里的驸马人选自然是那些年轻有为的青年，这里就有福康安的大哥福灵安和二哥福隆安。大哥福灵安被封为多罗额驸，为正白旗满洲副都统。二哥福隆安被封为和硕额驸，历任兵部尚书和工部尚书。福康安的两个哥哥都做了额驸，可是福康安却没被选上，这没理由啊？估计福康安自己都想不明白，自己一大好青年，文武双全的，怎么就连一位公主也不给他？这是为什么啊？为了这件事情，傅恒还曾入宫找过乾隆，希望乾隆也能把公主许配给福康安，但乾隆未许。之后，此事也不了了之，而福康安也另取贤妻了。这件事情不得不让人深思，这到底是为什么呢？难道说乾隆对福康安还另有安排，还是福康安真的就是乾隆的儿子呢？否则以乾隆对福康安的宠爱，怎么会不让他成为自己的半个儿子呢？

不管福康安到底是不是乾隆的儿子，两位当事人都没有公开承认过，至于他们私底下是怎样的情况，我们就不得而知了。时间一转眼就到了乾隆六十年（1795），此时福康安的父亲傅恒早已去世，而福康安还在为大清的江山四处忙碌着。这一次他被奉命带兵镇压苗民起义，福康安采用剿抚并用的措施，初战告捷。乾隆大悦，破格封福康安为贝子，这可是天大的荣耀降临在他的身上。因为福康安是第一个宗室之外，活着被封为贝子的人。许是荣耀太盛，福康安有些承受不起，他病倒了。长途跋涉和紧张的作战让他精疲力竭，可他仍继续督战，终于不敌，于五月在军中病逝。乾隆皇帝得知后，万分悲痛，泪水长流。这时再也没有人拦着他想为福康安封王了，他的愿望实现了，福康安追封为嘉勇郡王，配享太庙，并建立专祠以致祭。

在清朝的历史上，外姓能够封王的，除了清朝刚入关时封的三藩异姓王和少数的蒙古贵族之外，也只有福康安一人了。这样的至尊荣耀可以说是绝无仅有，很难用正常的角度来考量此事，但是不能不说福康安一生，于国真的是劳心劳力，于民也是保得一方平安，其功绩是永远不可磨灭的。

功高震主的"逆臣"鳌拜

> **人物名片**

鳌拜（？—1669），满洲镶黄旗人，瓜尔佳氏。他出身将门，骁勇善战，身先士卒，在大清的多次征战中立下了赫赫战功，从一位小小护卫一路晋升为朝廷重臣。他历经三代帝王，功勋卓著，最终却因争权夺利成了阶下囚。

人物风云

鳌拜出身将门，他的祖父索尔果在清太祖努尔哈赤时期，统领镶黄旗；他的父亲卫齐在清太宗皇太极时任盛京八门提督；他的叔父费英东是努尔哈赤的手下将领，清朝的开国元勋；哥哥卓布泰在顺治时授征南将军，弟弟巴哈在顺治时为领侍卫内大臣。出生在这样的家庭，鳌拜从小就骑马射箭，长大后技压群雄。但一开始他只是皇太极身边的一个小护卫。后来的步步高升，跟他一路为清廷立下的战功紧密相关。

崇德二年（1637），皇太极派兵攻打明将毛文龙守卫的皮岛，这个皮岛一直是清廷的心头大患。当时鳌拜从征军中，在武英郡王阿济格制定兵分两路的计策后，鳌拜主动请缨，率部攻打皮岛，并立下军令状。在明军的猛烈炮火袭击中，鳌拜第一个冲向敌军阵地，一时间士气大增，清军奋勇争先，明军大败，皮岛被攻克。皇太极眼看解决了一个心头大患，大喜，下令重赏了士兵们，一战过后，鳌拜就立下了头等功，晋升三等男，赐号"巴图鲁"（勇士）。

崇德六年（1641），松锦会战，锦州是明朝的军事重镇，清军不可避免地需要攻下锦州，以连接各地军事枢纽，入主中原。这一年，鳌拜跟随郑亲王济尔哈朗进围锦州。而这时明蓟辽总督洪承畴率领大军入驻松山，猛攻清军。鳌拜率领镶黄旗护卫军纛，在路上遇到明军骑兵，迎头给予痛击。不等军令下来，鳌拜又率兵乘胜追击，一直打到明军步兵阵地之前，带领部下下马肉搏，再次大败明军。鳌拜冲锋陷阵，五场遭遇战全部大捷，晋升了一等梅勒章京。八月，在皇太极亲率军队支援锦州之战的情况下，鳌拜率兵沿途追杀沿海边撤退的明军，直杀得明军丢盔弃甲，横尸遍野。这一次松锦会战直接击垮了明军的残余力量，为清军入关统治打下了基础。鳌拜也因战功赫赫，一路升为护军统领，升迁频频。

清军入关以后，鳌拜也没有闲着，顺治元年（1644）十月，鳌拜跟随阿济格进攻守卫西安的李自成农民军，一路攻陷四城，降三十八城，又与多铎一起瓦解了大顺军，攻克了六十三座城池。顺治三年（1646）正月，鳌拜随肃亲王豪格率军进攻张献忠大西农民军。鳌拜一马当先，身先士卒，率领军队勇猛击杀。清军攻破多处堡垒，缴获大量战马，杀敌数万，鳌拜继续一路进发，除云贵的大西军余部孙可望、李定国外，基本上肃清了四川的农民军。一路大小战役中，鳌拜军功卓著，为清初开国征战立下了汗马功劳。

这样的一员忠臣骁将，一直深得皇太极信任。在崇德八年（1643）皇太极逝世后，肃亲王豪格与多尔衮的帝位争夺中，作为镶黄旗护军统领的鳌拜与两黄旗大臣索尼、谭泰誓死效忠先皇，极力拥护先帝之子肃亲王为帝，抵御多尔衮的夺位势力，甚至不惜准备武力相抗。后来双方各自让步，拥立了幼子福临即位。多尔衮利欲熏心，老奸巨猾，在鳌拜等人极力拥护先帝之子，使他无法即位后怀恨在心。成为摄政王后，他先后三次迫害誓死不屈服于他的鳌拜。第一次是在顺治元年（1644），鳌拜跟随阿济格征讨大顺军立功后，由于阿济格没有及时奉旨班师回朝，且谎报战功受到处罚。话说这阿济格是顺治的叔父，藐视小皇帝，私下呼顺治为"孺子"。后来，多尔衮便使清廷下令鳌拜与固山额真谭泰回朝传示此事，但两人袒护阿济格，没有照办，结果战功不可被论述，还被罚银百两。再后来，鳌拜还因为庇护谭泰等人，几被革职。

第二次，顺治五年（1648），因部下冒领战功，鳌拜也被处"革职罚银"。后来鳌拜等人当初谋立肃亲王之事被告发，怀恨在心的多尔衮便借此事大肆囚禁审讯众人。鳌拜被论死，后被判自赎。次月，鳌拜又被告发在皇太极死时"擅发兵丁守门"，再次被多尔衮革职为民。第三次，顺治七年（1650），多尔衮生病，想要顺治探望他，他就请贝子锡翰传达，然而转脸却又责罪贝子亵渎令规，还把鳌拜治了个包庇罪，再次论死，所幸后来被罚为降爵自赎。直到十一月，多尔衮坠马身亡，顺治亲政，鳌拜才不再受多尔衮迫害。虽然战功赫赫，但在多尔衮执政时期，鳌拜也是受尽迫害，吃尽了苦头，但他始终未曾屈服多尔衮势力，忠心为主，实在难能可贵。

苦尽甘来，顺治亲政后，对忠心的鳌拜等人极其器重，鳌拜也全心全意参与处理各类复杂烦琐的朝事，表现出色。孝庄太后生病，鳌拜也不辞辛苦侍奉左右，顺治看在眼里，对他赞赏有加，因此对鳌拜也是十分关心信任。鳌拜旧伤复发，卧床在家，顺治也亲临探望，嘘寒问暖。

以上看来，鳌拜实在是个忠心赤诚的好臣子，但可惜的是，如果他没有在后来贪心专权，他与顺治的君臣之事本是一段没有污点的佳话。

顺治十八年（1661）正月初八，顺治帝福临英年早逝。由于顺治信任鳌拜，便立下遗诏由皇三子玄烨（即康熙）即位，由索尼、苏克萨哈、遏必隆、鳌拜四个异姓大臣辅政。此时，大权在握的鳌拜开始野心蔓延，一个受尽多尔衮迫害的人却步了多尔衮的后尘。

四位辅政大臣一开始都合力辅佐小皇帝玄烨，但慢慢地局势就发生了变化。年老的索尼无心过问朝事；苏克萨哈是多尔衮旧部，靠告发多尔衮赢得顺治信任，与鳌拜政见不和；遏必隆没有主见，附和鳌拜。鳌拜军功卓著，气势夺人，渐渐走上了专权夺政的道路。

康熙初年，清廷实行各种政策改善各地吏治，以加强统治，促进经济发展。而此时，朝廷内部矛盾斗争也正在上演。黄、白两旗的争斗从皇太极时便存在，眼下越演越烈。两旗分地不均，鳌拜挑起的"换地事件"加深了辅政大臣之间的意见分歧。在这样复杂混乱的情况下，鳌拜野心蔓延，他不再像对皇太极与顺治时那样对康熙忠心耿耿了。他藐视小皇帝，还常常在朝堂之上顶撞小皇帝，甚至当着皇帝的面呵斥大臣。新年时，他还穿了一件仅跟皇帝帽结不同的黄袍。小皇帝康熙看在眼里，但由于自己年幼，鳌拜在朝中党羽众多，也只能忍气吞声。但面对机智灵巧的康熙，鳌拜如此嚣张，无疑是在自掘坟墓，最终为自己带来灭顶之灾。

当时鳌拜大权在握，他挑起黄白旗积怨的"换地事件"，意图打击政敌——白旗的苏克萨哈。内大臣费扬古之子倭赫是康熙身边的侍卫，对鳌拜不够礼貌，鳌拜不忿，以"擅骑御马、取御用弓矢射鹿"的罪名将其处死，还心狠手辣地迫害费扬古一家，使其家破人亡。户部尚书苏纳海、直隶总督朱昌祚、巡抚王登联三人违拗他换地的要求。大怒的鳌拜给他们强加了罪名就要将其处死。康熙深知三人无罪，全是因为得罪了鳌拜，但年幼的自己面对老奸巨猾的鳌拜却不能全然反对，于是只是下令鞭打并没收家产。但只手遮天的鳌拜最后却矫旨将三人处死，阴谋得逞，并强行换地。小皇帝无法阻止，为这场冤狱痛心疾首。康熙六年（1667），索尼病死。当时小皇帝玄烨年满14岁。听取索尼上书开始亲政。苏克萨哈请求卸去辅政大臣之任守护先帝陵寝，以此诱导同为辅政大臣的鳌拜也按理辞职。鳌拜被击中要害后气急败坏，强加了众多莫须有的罪名在苏克萨哈身上，并强行将他处死。康熙极度痛心，几乎忍无可忍。鳌拜借此除了反对他的大臣，更进一步加强了自身势力，但也加快了他被康熙灭亡的脚步。

　　康熙面对鳌拜的霸权夺政，忍无可忍，但鳌拜党羽遍布内外，于是机智的康熙想出了一个妙招。他召集了许多亲贵子弟组成"善扑团"，放在身边成为自己的心腹。话说这些少年每日练习武术，不出一年个个武功高强。鳌拜看在眼里，以为小康熙年少贪玩，不仅不担心反而还高兴，心想朝廷必将落在自己手里。康熙八年（1669）五月这天，康熙将鳌拜党羽派往各地，离开京城，然后使自己的亲信掌握了京师卫戍权。一切准备妥当后，便开始捉拿鳌拜。他派人召鳌拜进宫，鳌拜便大摇大摆地来了。康熙事先布置了众多武艺少年在宫中躲藏，鳌拜入宫后，康熙一声令下，少年们一拥而上，鳌拜猝不及防，只得束手就擒。捉拿鳌拜后，康熙派人审讯，给其定下了30条重罪，本应斩立决。但念及鳌拜戎马生涯，历经三代，为清廷立下了汗马功劳，将其免除死罪，打入了大牢。鳌拜的党羽们也按罪状或死或囚。不久，鳌拜死在牢中，但康熙念及他战功卓著，追赠一等阿思哈尼哈番，爵位世袭。

　　鳌拜一生南北征战，身先士卒，历经三代皇帝，功勋卓著，最终却因为权欲熏心败在了年幼的康熙手里。若不是他晚年贪权求势，也能落个流芳百世。这一切都与他自身的贪念有关，同时古代封建主义王朝的不合理吏治制度，也是加重君臣权力斗争的罪魁祸首。

倒行逆施食苦果的吴三桂

▷ 人物名片 ◁

　　吴三桂（1612—1678），字长白，辽东人。祖籍扬州高邮，明锦州总兵吴襄之子。明崇祯时为辽东总兵，后被封为平西伯，镇守山海关，后又被封为汉中王、济王。他是明末清初时著名的政治军事人物，在明清历史上留下了浓墨重彩的一笔。他在 1644 年降清，引清军入关，因此被清政府封为平西王。可是，他又在 1673 年公然叛清，发动三藩之乱。最后于 1678 年农历八月十七日的夜里病死。

人物风云

"冲冠一怒为红颜"的吴三桂，那在明末清初的历史交汇时期，可着实扮演了重要的角色，他作为幕后的推手，使得清朝进入北京的历史进程大大提前。从某种意义上来说，他甚至推动了历史的发展。但像他这样如此毅然决然地背叛自己的旧主，然后又公开背叛自己的新主之人，历史罕有。

吴三桂出身于辽东将门望族，自幼习武，善于骑射。他在父亲吴襄和舅舅祖大寿等人的教诲和熏陶下，一手抓文，一手抓武，文武双全的他不到二十岁就考中了武举。至此，他跟随在父亲吴襄和舅舅祖大寿的身边，开始了军旅生涯。等到明清在关外进行兵马对峙时，吴三桂已经成为明朝的一个军事将领。不过，正当各方人马粉墨登场的时候，吴三桂出人意料地向闯王李自成投了诚，然后，转身又打开了明朝的大门山海关，引得清军入关。他在各种政治势力之间左右逢源，一夜之间成为政治舞台上的一颗闪亮的新星。

等到清军入关后，各方政治势力开始发生剧烈的变化。清政府对明朝官员实行高官厚禄收买政策，许多明朝官僚纷纷想清朝表示归降。本来，吴三桂已经向闯王投诚，暗地里还想拥立明太子，现在也彻底放弃了这个想法，他也向清朝表示臣服归降。可是尽管吴三桂向清朝表示了诚意，可是清政府对吴三桂还是存有怀疑，两者之间的信任度很低。这主要是因为吴三桂原来打的旗号是"复君父之仇"，虽然这个旗号在清朝入关之初，起到了镇压李自成起义军的作用。可是，长久以往确实是不允许的，因为对于清政府来说，这不符合他们的根本利益。再有就是吴三桂的态度很有问题，一边降清，一边又与明朝残余势力保持着密切联系。这不得不让人怀疑他是身在曹营心在汉，这样的人怎么能给予信任呢？最后，也是最重要的一点就是，他与其他明朝降官不同，他拥有一支自己独立统率的武装力量。这卧榻之侧，岂容他人安睡？这样一来，吴三桂更不可能被清政府所信任和重用。

在这样的情况下，清政府就派他四处围剿南明余党。之后的十几年间，吴三桂是率领部众从西北打到西南边陲，可以说是为清朝的全国统一建立了汗马功劳。因为他突出的表现赢得了清政府的信任，清廷对吴三桂的政策也从原来的控制使用改为放手使用。清政府不但在李国翰死后，让吴三桂独揽一方重任，还让他拥有在一切军事活动便宜行事的权利。同时，吴三桂在职务上也是一再升迁。顺治十六年（1659），清政府攻下云南，当即委任吴三桂在此开藩设府，镇守云南，总管云南军民一切事务。康熙元年（1662）十一月，吴三桂又因擒斩桂王有功而被康熙晋爵为亲王，权利也扩大到了贵州。吴三桂的而子吴应熊也选为公主的驸马，号称"和硕额驸"，加少保兼太子太保。就这样，吴三桂终于攀上了他人生中的权势顶峰。

可是，就在吴三桂忙于在云南开藩设府、镇守一方的时候，他与清朝政府之间的矛盾也越来越激化。对于清朝政府的统治者来说，他们能够任用吴三桂攻打南明政权，这是为了清朝的建国大业。可是，当光阴辗转了十数年后，这时的清政府已经不是刚刚入关时的清政府了，他们已经坐稳江山，并且在吴三桂的帮助下，各地的南明政权被逐一消灭。举国上下相对平定之后，此时的清政府就需要在政治上对自己的统治区行使他们的统治权。于是，为了国家的安定和恢复国家经济，清政府就裁减了大量的军队，用来减轻国家财政上的压力。无疑，清朝政府实施的这一系列措施，都是于当时社会所需要的，也非常正确。但是，清朝政府的这一举措却大大地触动了吴三桂本人的根本利益。

十几年来，吴三桂通过剿杀南明政权，使得他不管是在政治上还是军事势力上都得到了加强。本来，吴三桂也就想着只要自己拼死作战，那么清朝政府就能给他一个很好的前途。可是，在云南开藩设府后，他便做起了世世代代镇守云南的美梦。于是，他处心积虑地想把云南变成自己的领地。在云南，他为了巩固自己的势力和地位，对于自己管辖之下的各级官吏，都由他自己任意选用。除此之外，他还用重金收买了在京做官的各省官吏为自己效命。这样，他就做到了手耳通天，朝堂上有个什么风吹草动，他这里也能第一时间得知。同时，吴三桂还利用手中特权大肆地兼并土地，对云南各地的百姓进行残酷地剥削和压迫。他还垄断了盐、矿山等民生和军事物资，用以为其敛财。吴三桂凭借着自己拥有的庞大财富，大肆豢养宾客，收买能人。在清朝政府裁军的情况下，他反而招纳李自成和张献忠的残余部队，收为他用，并且秘密地加紧训练。种种事实证明，吴三桂已经成为分裂割据势力中领头人。

其实，对于吴三桂的这些举动，清朝政府是洞若观火，早已知悉。康熙二年（1663），清政府便以云贵军事行动已经停止为理由，收缴了吴三桂平西大将军的印信。康熙六年（1667），清政府又乘着吴三桂上疏请辞总管云贵两省事务的机会，下令两省督抚以后要直接听命于中央。同时，还剥夺了吴三桂在两省的司法特权。对于清政府的打压，吴三桂心知肚明，他也以扩军索饷报复于朝廷。两方之间的矛盾更加尖锐了。康熙十二年（1673）春，镇守广东的平南王尚可喜向清政府上疏请归，说要去辽东养老。早有谋算的康熙皇帝乘势作出了撤藩的决定，他先是撤了尚可喜的藩。然后，又对镇守福建的靖南王耿精忠下令，让其撤藩。被形势所逼的吴三桂也只好演戏似的上疏朝廷，请求撤藩。其实，康熙皇帝非常清楚吴三桂的真实意图。但是，他知道这藩撤也是反，不撤也是反。既然，怎么都是一个反，那么就来个先发制人。于是，康熙力排众议，毅然决定答应吴三桂撤藩的请求，并且还专门派使臣到云南执行各项撤藩事宜。

清朝政府的这一意想不到的举动，要同撤三藩，彻底粉碎了吴三桂镇守云南的美梦。吴三桂怒不可遏，他怎么可能轻易地让清政府触及他的领地呢？于是，他在暗中给死党去信，让他们向撤藩的使者请求停止撤藩，拖延些时日，为他们之后的行动赢得准备时间。同年十一月底，吴三桂气急败坏地决定铤而走险，跟清政府作对。他先是杀了巡抚朱国治，然后在云南公然叛变。吴三桂为了给自己的反叛找一个合理的理由，在投降清朝三十年后，又扯起了反清复明的旗号。于是，一场大规模的三藩叛乱就此展开了。这场叛乱，其实吴三桂已经谋划已久，毕竟他并不是一个忠心的人。他在云南专制十四年，其党羽纷纷响应，人数众多，一时之间，竟形成全国之势。吴三桂对此甚为满意，在他看来，自己军队的战斗力远胜于清朝的八旗军队。再说，他打的是反清旗号，这可以为他尽可能地争取广大汉族同胞的支持。他相信，这个年轻的康熙皇帝绝非自己的对手。吴三桂觉得自己是稳操胜券，只等把清政府撵出关后，他就坐皇帝了。但实际情况是什么样子呢？恰恰与吴三桂的美好愿望相反。吴三桂的兵力看似强盛，人数众多，但都不具备真正的作战实力，可以说是乌合之众。并且，此时的清朝已经入关三十年了，满汉之间的民族矛盾早已在清统治者的怀柔政策下化为了次要矛盾，老百姓都是希望和平的，只要谁让他们有好日子过，谁当皇帝对于他们来说没有多大的意义。吴三桂此时的举动就是倒行逆施，因此老百姓骂的多，响应的少。

最重要的是吴三桂轻敌了。他也太小看这个智擒鳌拜的康熙皇帝了，康熙虽然年轻，但却极为聪明。康熙早在撤藩之初，就已经对撤藩之后可能产生的后果有所准备。因此，在康熙得知吴三桂公然反叛后，一点儿也没有惊讶，反而指挥若定。他一步步地进行着事先规划好的战略部署。首先他在政治上孤立吴三桂，然后，又将他的心腹羽翼一同剪掉，这一次是狠狠地打击了吴三桂的嚣张气焰。与此同时，康熙对吴三桂的部下采取了分而化之、各个击破的办法，将其余党一网打尽。虽然在吴三桂叛乱之初，清朝看似失利，但就在康熙巧妙地安排下，格局逐渐地发生了变化，清朝逐渐扭转了在军事上的失利局面，使得吴三桂的叛军不敢跨越长江一步，双方在战场上出现了暂时僵持的局面。

康熙十五年（1676），在这一年，双方军事形势出现了重要转折。吴三桂是在康熙三年起兵叛乱，到此时已经过去了十几年，无论是兵力还是财力上，吴三桂都深感不足，仗打得是越来越吃力。并且在此期间，他的党羽也各有心思。年轻的康熙，举全国之力，跟吴三桂打了一场旷日持久战。在康熙看到吴三桂他们消耗得差不多的时候，便倾全国之兵分数路出兵，进行大反攻。疲惫的吴三桂军队一下子手忙脚乱地开始防守。可是，大局已定，他们接连败退，最后，福建的耿精忠被迫投降，盘踞广西的孙延龄和据守广东的尚之信也纷纷表示降清。

康熙十七年（1678），吴三桂在得知耿精忠和尚之信降清的消息后，他自己在衡州称帝，年号昭武。不过，他也没有当上几天的皇帝，同年八月就病死了。他的孙子吴世璠继立为帝，后兵败自杀。到了康熙二十年（1681）时，吴三桂的叛军被全部肃清，他的子孙后代也被彻底杀光。吴三桂忙了一世，最终未能留下正面的功绩和声誉，并且祸连自己的子孙，实在是令深思。

辅国谋政的能臣

清正廉洁的化身于成龙

人物名片

于成龙（1617—1684），字北溟，别号子山，山西永宁州人。他生在一个官宦家庭，家学渊源，先祖和父亲都在明朝政府里做过官。这样的家庭环境和氛围养成了他踏实稳重、勤俭耐劳、崇尚实干的性格特点。于成龙在清顺治十八年（1661）出仕，曾先后历任过知县、知州、知府、道员、按察使、布政使、巡抚和总督、加兵部尚书等职。近二十余年的宦海生涯中，他不论做任何事都非常认真，一心为国为民，也因此三次被举"卓异"。他以卓著的政绩和廉洁刻苦的一生，深得百姓爱戴。于成龙不仅善于理政，也很擅长书法和诗词创作。他曾组织编写了《畿辅通志》四十六卷、《江南通志》五十四卷，这对整理和保存当地政治、经济、文化资料做出了重要贡献。

人物风云

说起于成龙这个人，想来大家都不会陌生，很多与清朝相关的影视剧中或多或少都有他的影子。在清朝近三百年的历史中，以廉洁著称的官员有很多，但其中最著名的还要属于成龙,他曾被康熙帝誉为"天下廉吏第一",这在清朝历史中是绝无仅有的殊荣。

于成龙受家庭熏陶,自幼喜欢读书,还立下了远大的志向。虽从小立志,但他成名却很晚,是一个真正大器晚成的人。其实,他在明崇祯十二年(1639)就曾参加过乡试并且还考中副榜的贡生,但是因为家中父亲年迈需要照顾,就没有出去做官。直到顺治十八年(1661),已经45岁的于成龙才怀着满腔热血远赴边荒之地的广西柳州罗城县当知县。罗城县那时被清朝统治还不到两年,局势并不稳定,前两任知县一死一逃。于成龙初到罗城时,看到的是遍地荒草,城内也只有居民六家,茅屋数间,县衙也只是三间破茅房的凄惨境况。他不得已只能寄居在关帝庙中,生活异常艰难,他想开展工作更是难上加难。跟随他一同来的五名仆人在不久后就或死或逃,可是于成龙却始终坚持着。困境并没有把他压倒,相反的,他以坚强的意志扶病理事,开启了他宦海生涯的第一步。此后,他辗转各地任职,一直做到藩臬二司督抚大员,其所到之处皆有政绩,颇有好评。无论在何地任职,他始终清廉自守,多行善政,深得百姓们的爱戴。

于成龙律己甚严,甚至可以说是苛刻,他从不带家属赴任,也不许仆从挥霍,生活异常的清苦。不过,他对百姓却体恤有加,百姓有所求,竭尽全力地办到,真正做到了"爱民如子"。在四川合州任知州的时候,当时那里的战乱刚刚结束,老百姓生活凄苦,他体恤生活困顿的百姓,就停止了以往百姓给府上送鱼的惯例,并上疏陈述当地百姓的境况。上峰知府得知此事后,感到很惭愧,于是裁革扰累民间的事情十余件。朝廷有旨要让四川各地采伐楠木以供"钦工"之用,这可是劳民伤财的事情,更何况老百姓的生活刚刚稳定,就这样大兴土木实在是于民于国皆不宜,于是他毅然上书巡抚反对此事并建议由文官衙役负责修路,武官兵丁负责伐木,这样就可以不征调民间夫役,老百姓也可以得到休息。他在湖广黄州府任职时,刚巧赶上灾荒之年,他自己就以糠代粮,把节余下来的口粮、薪俸都拿出来救济了灾民,甚至把仅剩的一匹供骑乘的骡子卖了换粮给忍受饥饿的老百姓。城中有富户,他还亲自上门劝富户开仓解囊,以赈济灾民。他是想老百姓之所想,急老百姓之所急,这样的官让百姓如何不爱,如何不敬。

于成龙为官治事勤谨,不管是大小政事都要亲自处理,这样劳心劳力的结果就是透支自己的健康，再加上他的生活极为简朴，身体状况更是不容乐观。有人就劝他要注意保养休息，可是他却回答，自己知道这样做对身体不好，可是看到百姓、想到国家就想再多做点事情，他多做点，老百姓就少受些苦。肺腑之言，令人闻之动容。自古就有"当清官易，当好官难"的说法，一个为官者能清正廉洁不贪污就算是清官，可是要做一名好官，就要为百姓多做好事，而真正能成为好官的可是屈指可数。于成龙恰恰就是一个能吏，他一生崇尚实干，能文能武，革弊鼎新，所到之处多行善政，不仅是一个清官更是一个能吏。康熙皇帝就曾赞其为，"素有才能，足以办事"。

康熙十九年（1680）十月，此时于成龙已经升任为直隶巡抚，他视察过直隶的境况后就上疏奏请宣府所属四处地方的荒地钱粮自康熙二十年起全部豁免，这让数千贫民无不感恩戴德。十一月，宣府与万全、怀安、蔚州、西阳等地夏秋接连受灾，灾情异常严重，甚至每天都会发生饿死人的事情。看到这种情况，于成龙焦急万分，他考虑到即使平价出售粮米也只能救那些稍有财力能够买粮的人，于大多数的劳苦百姓并无益处，而这些人才是灾民的绝大部分。即使他上疏请求赈济，朝廷能允，可等到批准实行，时间也过了一个月甚至更长时间，灾民的情况一天都等不了，更何况这么长的时间，这一个月的时间灾区不知要饿死多少人。在这紧急的情况下，于成龙沉着冷静，他先是派遣属员赶赴灾区，在未经批准的情况下，就先动支平粜仓粮进行赈济，凡确属饥困不能谋生的百姓，每人赈给二斗。这一举动让大多数的穷苦饥民得以存活。于成龙擅自开仓，先斩后奏的做法其实是冒着很大的危险的，要知道这些粮可是国之命脉，一般轻易动不得的，否则轻则受罚丢官，重则可是要掉脑袋的。可是，于成龙在权衡利害之后，还是毅然决然地做了，这样能够置个人安危于不顾的官员，在封建官场中真可算得是凤毛麟角了。

于成龙为官二十余年间，多次向朝廷举荐贤能官员，这些人之后大多被朝廷重用。除了举荐官员，他还竭尽全能的整肃吏治。于成龙对朝廷里吏治的腐败有很清醒的认识，这是历朝历代都不可避免的，他看到不合理的情况，总是尽自己所能予以革除或规避。康熙二十年（1681）十二月，康熙考虑到江南是财赋重地，为了朝廷的财政就必须派一个清廉的能臣前往料理，于成龙成了不二人选。

于是，康熙特旨授于成龙为两江总督，前往江南。初到江南，政务繁多，于成龙更是废寝忘食地工作。总督衙门重门洞开，有事的官员可以直接入内找到于成龙，毫无阻挡。他还时常微服走访民间，问百姓疾苦，察吏安民。他的到来颇让一些品行不端的人胆战心惊，就怕被于成龙抓住。在江南的几个月时间，于成龙兴利除弊，政化大行，使得江南的吏治在很长一段时间得到了整肃。

尽管于成龙是一个文官，但他却屡建武功，其武略也不逊于武官，事实可以证明这一点。康熙十二年（1673）冬，当时吴三桂起兵叛乱，从云南挥师北上，接连攻陷湖南诸州县，兵锋直逼岳、荆等州。吴三桂大军一路挺进湖广后，到处散布谣言，煽动蛊惑老百姓叛乱。在这种情况下麻城、大冶、黄冈、黄安等地的山寨都纷纷响应，势力日盛。

当时的巡抚张朝珍深知于成龙在黄州一带深受老百姓的爱戴，在当地很有威望，于是派于成龙前去招抚。于成龙知道这些人虽然起兵叛乱，但众心未齐，叛军仍处于摇摆不定的状态。于是，他就在距离叛军营寨十里左右的地方宿营，并张榜告诉百姓，凡是胁从者只要自首就可免罪，如过三日之内不自首，那么就以从贼论处。没想到此榜一贴，数日之内前来投诚的人就数以千计，局势一下得到了扭转。于成龙乘势又让当地乡老宣谕叛乱部众，凡降者可以免死。他还亲自骑着骡子直闯敌寨，别看叛军凶狠，但平素他们对于成龙都十分畏惧。叛军头目见他闯来，仓皇间逃往山中藏匿。其他的叛军手执兵器更是严阵以待，于成龙视若无睹，镇定自若地挥着鞭骑着骡直入山寨内堂，升堂而坐。这些叛军哪见过这等凛然气势，皆被震慑，纷纷拜伏在地。其实他前来并无恶意，只是为了劝降众人归顺朝廷，众叛军见状纷纷归降。之后，于成龙又擒斩了黄金龙等叛乱头目，此次黄州的叛乱算是平息了。

没承想一波刚止，数波又起。何士荣在永宁乡，陈鼎业在阳逻，刘启业在石陂，周铁爪、鲍世庸在泉畈，这些人各自聚众数千人，在东山集合叛乱，人称"东山贼"。当时，湖北各镇驻军皆在湖南征剿吴三桂叛军，于成龙所在的黄州也不例外。州中只剩下包括官吏在内寥寥数百人，以百敌千，胜算难定，人们心中惶恐不安。于是，有人就建议放弃黄州，退保麻城，这样还有生存之机。但是，于成龙认为这个建议不可行，坚决反对。因为黄州作为战略要地，如果放弃黄州，那么荆、岳两地皆不战而瓦解，得不偿失。所以宁可拼死也要守住黄州，不能将战略要地拱手让人。他率领黄冈知县李继政、千总李茂昇等人，募集乡勇两千人，仔细慎重的分析敌情后，首先集中兵力对付何士荣部。双方展开激战，终于将何士荣等头目生擒，大败叛军。接着，他们又乘胜追击，先后将石陂、白水叛军击溃，东山大定。此次，于成龙平叛从出师到告捷，可谓是迅速勇猛，仅用了短短二十四天，就将叛军剿灭。

这样看来，于成龙也是文武双修的人。文官则清正辅国，武官则谋略安邦，清代历史上这样的人物很少。不过，这样刚正不阿的人物，做起事情来铁面无私，不善逢迎，因而容易被一些权贵所忌，所不喜，他晚年就曾遭弹劾受到降级处分。康熙二十三年（1684）四月，于成龙病逝，讣告至京，康熙为朝廷失去一柱石而悲痛万分，他亲下谕旨让于成龙官复原级，祭葬如礼，谥号"清端"，并赐予御制碑文，以示褒奖。说到底，评价一个官吏好坏的最终标准还是民心向背。俗话说："百姓心中有杆秤。"他辞世的消息一经传开，江南百姓无论男女老少，纷纷涌上街头伏地痛哭，有的还在家中绘制于成龙的画像持香纪念。他归葬之日，江南士民更是多达数万人，步行相送二十里，人们以自己的方式缅怀这位一心为民的好官。一个当官的人，在死后能够受到百姓这样的拥护和爱戴，他用自己的一生证明了自己不愧于百姓苍天。

历史上唯一的"罗锅"宰相刘墉

> 人物名片

刘墉（1720—1805），字崇如，号石庵，山东诸城人，不过他的祖籍在江苏徐州丰县，是军机大臣刘统勋之子。刘墉是乾隆十六年的进士，官至内阁大学士，他为官清廉，颇有乃父之风。除此之外，刘墉还是清代著名的书法家、画家，也是清代四大书法家之一。嘉庆十年（1805）病故，享年八十五岁，去世后赠太子太保，谥号文清，入祀贤良祠。

人物风云

刘墉出身于山东诸城的名门望族，一个世代书香、以科举仕进为荣的家庭。刘墉的曾祖父刘必显是顺治年间的进士，祖父刘棨曾担任过四川布政使，是康熙朝有名的清官，父亲刘统勋更是一代名臣，官至东阁大学士兼军机大臣，可以说家世显贵。

不过让人们对刘墉熟悉的还是他的另外一个名字"刘罗锅儿"，影视作品中的刘墉大多是个罗锅儿的形象，历史上真正的刘墉是这样的吗？

要说在封建社会，选官向来是有着严格要求的，首先就要以"身、言、书、判"标准。所谓身，也就是一个人的整体形象，需要五官端正，身体健康无缺陷。所谓言，就是要口齿清楚，语言明晰，否则如何治事？所谓书，就是字要写得工整漂亮，这样有利于上级看他的书面报告。所谓判，就是要思维敏捷，审判明断。在这四条标准之中，"身"居首位，可以看出他的重要性。不过，刘墉作为科甲出身，那么必在"身言书判"四方面都合格，方可顺利过关。这么说，刘墉就不会是"罗锅儿"。那么，这个称号是哪儿来的呢？据史书上记载，嘉庆帝曾称刘墉为"刘驼子"，可见他确实有些驼背。不过，当时刘墉已经年届八十岁，上了年纪的老人难免都会驼背弯腰，那么称他为刘罗锅也就不难理解了。不过，这并不能证明刘墉年轻时就是个罗锅儿，但我们又发现不知什么原因，刘墉迟迟没有参加科举考试，为什么不参加科考，至少目前的史料中尚未发现他在三十岁之前有参加科举考试的记录。刘墉是在乾隆十六年（1751），这时他已经三十三岁，才因为父亲的关系，以恩荫举人的身份参加了当年的会试和殿试，并一举获得进士出身，后改翰林院庶吉士。

不论是不是罗锅儿，都不妨碍刘墉后来成为一朝宰相，也不影响人们对他的喜爱和尊敬。从刘墉考中进士后，到被外放出仕，其后的二十余年间，曾先后做各地的父母官，然后从学政、知府，直至一方面的督抚大员。在任期间，刘墉继承和发扬了其父刘统勋的优秀品质，其行事正直干练、雷厉风行，对科场积弊、官场恶习的整顿起到了很好的作用，也为百姓做了不少实事。

刘墉曾做过安徽和江苏的提督兼学政。这里所说的提督学政指的是一省的教育长官，类似于现在的教育厅长，但不同之处在于学政不受当地最高行政长官的节制，可以独立开展各项事务，就是督抚大员也不能管学政的事情。只有在特殊情况下，如学政离任，督抚才可暂时代管其事。不仅督抚无权管理其职，学政还拥有可以直接向皇帝上书，反映地方情况、吏治民风的权利。刘墉在前往安徽赴任前，乾隆帝特意召见并赐诗，希望刘墉能够有所建树。而刘墉也确实不辱使命，对待工作严肃认真，圆满完成任务。

在乾隆三十四年（1769），五十一岁的刘墉出任江宁知府。其实，仔细算起来，从刘墉在乾隆十六年中进士，到此时他已经在宦海之中整整摸爬滚打了十八年，但他的仕途之路并不平坦。早年，刘墉在翰林院做编修时，就因父亲刘统勋的原因而被革职，还与其他的兄弟一起下了狱。后来，还被外放到安徽和江苏担任学政，因为卓越的表现才又得到乾隆皇帝的赏识，擢升为山西太原府知府。一步步小心翼翼地到了今天，刘墉十分珍视每次机会，在任时对下属要求非常严格。通常来说，官府里难免有仗势欺人、耀武扬威之辈，老百姓不怕吃苦，就怕没地方说理。刘墉对这样的情况很清楚，为了避免此类事情的发生，就要以身作则，对下属严格要求，遇到欺压百姓者更是严惩不贷，老百姓对他也是感恩戴德。为此，刘墉可是得罪了不少的官员，但他无所畏惧，只是想一心为百姓谋取福利。一直到乾隆四十五年（1780），刘墉被授命为湖南巡抚，其主要职责是节制各镇兼理粮饷，驻长沙兼理军民事务，这才成为名副其实的封疆大吏。他在湖南任期内，继续以往的行事准则，先是盘查仓储，然后是勘修城垣，再次是整顿吏治，镇压反叛。在不到两年的时间里，政绩斐然。这在《清史列传》中就有记载，说他"在任年余，盘查仓库，勘修城垣，革除坐省家人陋习，抚恤武冈等州县灾民，至筹办仓谷，开采峒硝，俱察例奏请，奉旨允行"。可见其为百姓做了很多好事。

乾隆四十七年（1782），刘墉终于结束了外放做官生涯，奉调入京出任左都御史，在南书房任行走。外放做官虽然辛苦，但所处的环境也相对简单，不像京城里朝堂上党派斗争很厉害。他回京时，正是和珅炙手可热之时。乾隆面前的大红人，朝廷上下无人不捧着。可是，刘墉却不予以苟同，他总是默默地做着自己的事情，不参与、不附和。因此，在入京的前几年，仕途也还算顺利，曾做过协办大学士、吏部尚书、上书房总师傅。

尽管刘墉想独善其身,可是很多时候往往事与愿违。因为刘墉与和珅的关系,就像忠奸的两个对立面,人们总是把他俩做比较,使得两人水火难容。有朝鲜书状官徐有闻就曾说过,"和珅专权数十年,内外诸臣,无不趋走,惟王杰、刘墉、董诰、朱珪、纪昀、铁保、玉保等诸人,终不依附。"我们都知道,和珅是一个大贪官,他在乾隆帝死后的次日,就被嘉庆帝夺了军机大臣、九门提督等职务,命其为乾隆守灵。正是在这个时候,刘墉到了上书房,成为总师傅,入内当值,以供随时咨询,生活是一片安静祥和。与之相反,和珅却没有了乾隆朝的风光,各省督抚及给事中,纷纷上章弹劾和珅,要求将和珅处以凌迟,可见其民怨之深。此时,刘墉等人上前建议,认为和珅虽然罪大恶极,但他毕竟担任过乾隆朝的大臣,而且先帝刚刚去世就处理他留下的宠臣,也有损先帝的威严。为了挽住乾隆的声誉,希望从轻发落,即赐令自尽,保其全尸。

和珅身兼国家要职,手下门人无数,为了防止有人借和珅案打击报复,避免事态扩大化,刘墉等人又向嘉庆帝进言,一定要妥善做好善后事宜。因此,在处死和珅的第二天,嘉庆帝就发布上谕,申明和珅一案已经办结,以安抚人心,并且为防止打击报复还做了有效的防护措施。和珅之案结束后,刘墉受赠太子太保,可见嘉庆帝对他的肯定。

嘉庆十年(1805)十二月二十五日,刘墉在北京驴市胡同的家中去世。他去世的当天,还曾到南书房当值,晚上还开宴会招待客人,最后是端坐而逝。刘墉虽然早年仕途不顺,但他无疾而终,寿终正寝,也算是功德圆满。他为人正直,生活节俭,遵守礼法,在朝堂内外享有盛誉,帝王对他信赖,百姓对他爱戴,虽然总有人把他说成罗锅儿的形象,但无损他在人们心目中的完美,在百姓眼中,"刘罗锅"就是正义与智慧的化身。

聪颖过人的才子学士纪晓岚

人物名片

纪晓岚（1724—1805），本名纪昀，字晓岚，直隶河间府献县（今河北献县）人。他出生于清雍正二年（1724），卒于嘉庆十年（1805），享年八十一岁。他是清代著名的学者、诗人、目录学家和小说家。据史书记载，他本人诙谐幽默，机敏多变，才华出众，给后世留下许多趣话，有"风流才子"和"幽默大师"之称。

人物风云

纪晓岚在我国是家喻户晓的人物，说起他，人们总是能说上一大堆的故事。荧屏上的纪晓岚风趣幽默，嬉笑怒骂皆成文章，可这毕竟是被艺术夸大了的，那历史上的他到底是什么样子的呢？其实，历史上的纪晓岚算是乾隆蓄养的文学词臣，因为根据史料来看，纪晓岚的一生做过最多的两件事情就是主持科举和领导编修，是一个文化工作者。

在民间传说中，纪晓岚的形象风流倜傥，一表人才，其真实情况则完全不是这样。根据史书上的记载，纪晓岚是一个"貌寝短视"的人。这里所谓的"寝"，指的是相貌丑陋；"短视"则指的是近视眼。另外，与纪晓岚交游数十年的朱珪还曾经在诗中这样描述纪晓岚："河间宗伯姹，口吃善著书。沉浸四库间，提要万卷录。"这样看来，纪晓岚还有口吃的毛病。因此可以看得出来，纪晓岚不是一个玉树临风的美男子。不过，科举考得是才能而不是外貌，他既然能通过层层科举考试，应该说整体形象还是合格的，否则也无法参加科举考试。这是因为考生参加考试，首先是要有审音官通过对话、目测等检查其形体、长相以及说话能力的，这样做的目的是避免官员上朝时因自身形象而影响朝仪"形象"。既然纪晓岚能够通过这一关就说明他应该不至于丑得没法见人，但不好看却是毋庸置疑的。长得丑、近视眼、口吃，这些特征直接导致纪晓岚不能成为乾隆的宠臣。他才华横溢、风趣幽默，虽然乾隆对他很欣赏，但也是貌合神离，并不完全信任他。而乾隆的不信任直接导致了纪晓岚的官场命运不顺遂、不如意。

看到这里许多人都会问这是为什么，要说乾隆也是中国历史上有名的"圣主"，可是再完美的人都是有一些瑕疵的，更何况是身居高位的帝王。乾隆是一位自小生长于深宫的皇帝，他有一个特点，就是喜欢一切美的东西，放在现今，乾隆就是一个美的收藏大家，是个集美爱好者。要不然他也不会隔着千山万水把香妃带到京城，还为了香妃而伤心欲绝了。可见，乾隆是一个爱美之人。乾隆的这一标准不仅表现选择妃子上，同样还用在了身边近臣的用人标准上。乾隆不但要求人要机警敏捷、聪明干练，还要外表俊秀，年轻有活力。你看他身边的和珅、王杰、于敏中、董诰、梁国治、福长安等人，就知道乾隆的用人标准了，这些可都是数一数二的"美男子"。和珅的美貌是不用说的了，即使是福长安，能在乾隆晚年得到宠信，一方面是由于他死心塌地地追随和珅，另一个方面也是因为他年轻英俊，长得好看的缘故。曾经来华的英国特使马戛尔尼在其著作中记载说，福长安英气逼人，是一个典型的贵族美少年。因此可以看得出来，乾隆对身边朝臣的相貌要求也非常高，不过，以乾隆的这个标准，对于纪晓岚来说，可就不妙了。

纪晓岚虽然不能被乾隆所倚重，但是在文学方面，乾隆对他还是很欣赏的，因此才让他主持科举和修书。尽管纪晓岚才学渊博，可是他留下来的书籍诗稿却并不多，人们都不禁纳罕，他为什么不写书呢？这还要从清朝当时的历史背景说起。众所周知，清朝文字狱的高发期是在康熙、雍正、乾隆三朝。其中著名的有康熙朝的庄氏《明史》狱和戴名世《南山集》狱；雍正朝的查嗣庭狱和吕留良、曾静狱；乾隆朝时文字狱更加严苛，且大多是无中生有、借题发挥，不少人因此而家破人亡，如内阁大学士胡中藻狱。胡中藻不过是在诗歌中说了一句是"一把心肠论浊清"，乾隆就认为他是故意加"浊"字于大清国号之上，这是大不敬；还有一句是"老佛如今无病病，朝门闻说不开开"，被乾隆认为是讽刺他朝门不开，不进人才。胡中藻还被翻出他在广西学政任内，曾出试题"有乾三爻不象龙说"，这也被认为是龙与隆同音，是诋毁乾隆的年号。就这样，胡中藻被乾隆冤杀了。这样因文字狱而产生的冤案，纪晓岚见得太多了，他虽心有余而力不足，因此他不再轻易地著书了。清代大学者江藩在其《汉学师承记》中曾说，纪晓岚一生精力全都耗在《四库全书总目提要》一书上，又喜欢写些稗官小说，故而"懒于著书"，而他青少年时期的著作都藏在家中，未曾流传于世。

不敢著书的纪晓岚，其实他一生的著述还是颇丰的，既有以官方身份主持编纂的《四库全书》《四库全书总目提要》《热河志》等，还有以私人身份著述的《阅微草堂笔记》。

纪晓岚在和同僚一起纂修《四库全书》时，也曾饱尝文字狱所带来的危害。修《四库全书》本来是一个庞大的文化工程，中间不可避免地会出现一些错误。但因为文字狱的缘故，一些细微之误也常招来杀身之祸。算来，在整个纂修《四库全书》的过程中，总纂纪晓岚、陆锡熊和总校对陆费墀等人都因出现过差错而遭到呵斥、罚赔等处分。最后，总纂陆锡熊还死在了前往东北校书的途中，而陆费墀也因无力负担江南三阁的修改费用而被革职，最终郁郁而死，家产也被官府查抄，落得个身死妻离子散的下场。身为同僚，纪晓岚处在暴风雨中心，也使他更加真切清楚地认识到自身所处环境的险恶。要想保全自己，那么最好是明哲保身，置身事外，虽然这样不是什么万全之策，可是也能获得一时的安宁。

我们经常在影视剧中看到纪晓岚与和珅的关系是势不两立，水火不相容，两人在一起是斗智斗勇，妙趣横生。其实，这在民间也有不少传说，讲的都是纪晓岚如何捉弄和珅，也可以看出两人之间的不对付。据《清朝野史大观》中记载，和珅在宰相府内修建了一座凉亭，修建好后，他就看到凉亭上需要一幅亭额，就想到纪晓岚的字写得好，便求他给题个字。和珅本以为纪晓岚不能答应，可没承想刚开口，纪晓岚就爽快地答应了，和珅为此还高兴了半天。那纪晓岚题的是什么字呢？他题的是两个字"竹苞"。这两字也是有出处的，它们出自《诗经·小雅·斯干》中"如竹苞矣，如松茂矣"一句，人们常以"竹苞松茂"来形容华屋落成、家族兴旺之意。和珅也是个有学问的人，看到纪晓岚的题字，再联想这两个字的意思，是大为高兴，二话没说就命人将其高高地挂在书亭上。一次，乾隆到和珅宅第游玩，看见纪晓岚的题字后，就知道纪晓岚是在捉弄和珅，看到和珅不解其意的样子，他就笑着对和珅说，这个纪晓岚是在骂你们一家"个个草包"呢。和珅一看，一想。可不是，这纪晓岚确实是在戏耍他，好啊，这个纪晓岚！和珅对纪晓岚又一次地恨上了，后几次进谗言参奏纪晓岚。不过，这也只是民间传说，没有史料佐证，我们也只把它当作一件逸闻趣事来听即可。

在史料中有记载，在和珅飞黄腾达之后，曾与文学名流诗文唱和。有时他私下请纪晓岚、彭元瑞帮他的作品润色。而纪晓岚和彭元瑞两人也是考虑到和珅权大势重，万一不去的话，被他穿了小鞋可就得不偿失了，因此每每为他做了"枪手"。当然，也只是简单的润色文字，纪晓岚并不依附和珅去谋求高位，只是不想顾此失彼而已。据朝鲜使臣徐有闻所见，和珅专权数年，朝廷内外许多大臣都投靠在他的门下，只有刘墉、纪晓岚、朱珪等人始终不依附。看来，纪晓岚还是在尽力与和珅保持着距离，避免与他同流合污。他能在那样的环境下做到这点，可想而知有多不容易。晚年的纪晓岚，常以弈道为喻言其心志。其实，这是一种非常世故的态度，也是他在官场摸爬滚打多年积累出来的经验。正是这些经验让他能各不得罪，尽量保持中立的身份。

纪晓岚虽然不得乾隆喜爱，再加上与和珅针锋相对，因此，朝廷里也只有为数不多的朋友。不过，与他在朝堂上不同的是，他在广大民众中间却极受喜爱和欢迎，深受老百姓的追捧。这是为什么呢？其实，这都跟纪晓岚本人有关。

要说纪晓岚的真性情，了解他的人都知道那可是一个幽默风趣的人。清代笔记中就有记录纪晓岚，在其中提到最多的就是纪晓岚的诙谐。如牛应之就曾说道："纪文达公昀，喜诙谐，朝士多遭侮弄。"而钱泳也在《履园丛话》中说他"献县纪相国善谐谑，人人共知"。诸如此类，由此可以看出，纪晓岚此人是幽默风趣的。另外，纪晓岚还极善于对对联。对对联，也就是"对对子"，它既是文人自幼接受教育启蒙最基本的课程，又是民间流传甚广的一种娱乐活动，深受广大老百姓的喜爱。纪晓岚学识渊博，又才思敏捷，诙谐不羁，尤善是对对联，常有妙语妙对。如他曾为一穷苦铁匠所写对联为："三间东倒西歪屋，一个千锤百炼人。"又如，他为理发匠所写的对联为："虽为毫发技艺，却是顶上功夫。"这寥寥数字，精细入神，可称得上是绝对。

还有一次，纪晓岚正在南书房值班，有位老太监久闻他的大名，却不以为然，特地前来挑战。只见他身穿皮袍，按当时文人的习惯，手持折扇。两人见面后，寒暄了一番。老太监出题："小翰林，穿冬衣，持夏扇，一部春秋曾读否？"此联暗合春、夏、秋、冬四季，又借机讽刺了纪晓岚的打扮，可谓是刁钻异常，不好回对。不过，这难不倒纪晓岚，他轻松地应对："老总管，生南方，来北地，那个东西还在吗？"他巧妙地回讽了老太监，老太监闹得一脸的无趣，灰溜溜地走了。此事一经传开，迅速成为笑谈。

纪晓岚善于对联，这是毋庸置疑的。他的这个才能在当时的官场上也是流传已久。首先引起乾隆皇帝注意的就是他出的一副灯谜。有一年的元宵节，为了图个热闹喜庆，乾隆就命大小臣工上进灯谜，以供喜乐。纪晓岚为此献了一副灯谜，是一副谜联，并注明上下联各猜一字："黑不是，白不是，红黄更不是；和狐狼猫狗仿佛，既非家畜，又非野兽。诗也有，词也有，论语上也有；对东西南北模糊，虽是短品，也是妙文。"此灯谜一出，就是颇有才华的乾隆也一时猜不出答案。知道这是纪晓岚出的灯谜后，便召其回复，结果得知其答案为字的偏旁谜，即"猜谜"二字。乾隆对纪晓岚的绝妙才思是大加赞赏，而纪晓岚的座师刘统勋等人也乘机对乾隆夸奖纪晓岚。此后，纪晓岚名声更盛。

乾隆二十五年（1760），乾隆五十寿辰时，文武百官纷纷撰联赋诗，但无非"万寿无疆"之类的话语。而纪晓岚则别出心裁地写道："四万里皇图，伊古以来，从无一朝一统四万里；五十年圣寿，自前兹往，尚有九千九百五十年。"这上联指的是清朝统一全国后，西起葱岭，东濒大海，北至外兴安岭，南至南海，疆域纵横四万里，清朝的版图之大，这是在历史上前所未有的；下联指的是乾隆的五十圣寿再加九千九百五十岁，正好暗合为万岁。上下联正好是一个"万寿无疆"。见到此联后，乾隆大喜，一高兴就传旨将纪晓岚擢升为了京察一等，以道府记名。想来，因为一副对联而升职的也就只有纪晓岚了。关于纪晓岚对对子的故事还有许多，是真是假无从考证，不过也正是这些真真假假的故事传播了纪晓岚的大名，让他被人们所熟知和喜爱。

除了纪晓岚的幽默风趣和善对对联外，纪晓岚在朝堂上的朋友也不少，门生更是满天下。早年间，纪晓岚就与一帮志趣相投的文人学士们结成了文社，半月聚会一次，谈古论今，切磋诗文。文社中有他的族兄纪昭和后来成为著名学者的钱大昕，就连上科进士刘墉，这时已由翰林院编修升为侍讲，也参加了进来。一段时间后，纪晓岚与刘墉一齐被推为文社领袖。因为他的文才极其出众，性格又谦和风趣，使得他在朝廷上很快拥有了一批兴趣相投的朋友。再有，他先后任过乾隆己卯山西乡试正考官、庚辰会试同考官、直隶壬午乡试同考官、提督福建学政、甲辰会试副总裁官、己酉武会试正总裁官，嘉庆丙辰会试正总裁官、己未武会试正总裁官、壬戌会试正总裁官等，使得他的门人、学生也非常多。在当时，有尊主考官为老师的习惯，这样算下来，纪晓岚的学生，那人数可是了不得。朋友和门生一多，纪晓岚的名字未免在他们口头、著作中经常出现。这样的结果就是纪晓岚的声名越来越大，越来越响。

最后，就是与两部书有关。第一部是《四库全书》，第二部书是纪晓岚自己的《阅微草堂笔记》。纪晓岚是《四库全书》的总纂官，他借此机会还删定了一部重要的目录学巨著《四库全书总目提要》。这本书在学界也享有盛名。而《阅微草堂笔记》这部笔记流传甚广，也获得后世极高的赞赏。这两部书都留存后世，其编纂者纪晓岚自然也被人们所知。综合下来，虽然纪晓岚在政治上建树不大，可是在文学上却是成绩斐然的，他的文字传入士林当中，再传入百姓当中，知名度自然也高了起来。

而纪晓岚死后的谥号"文达"，也是对他文学才能的一种相当高的认可。他不仅是清代的文坛泰斗、学界领袖，更是一代文学宗师。纵横整个中国和世界文化史，纪晓岚也是难得一见的文化巨人。

清朝贪官之首和珅

人物名片

和珅（1750—1799），原名善保，字致斋，钮祜禄氏，满洲正红旗二甲喇人。和珅出生于乾隆十五年（1750），父亲名常保，母亲为伍弥泰之女。他身居要职，还兼任过多职，被封为一等忠襄公。深受乾隆皇帝的宠信，官阶之高，管事之广，兼职之多，权势之大，清朝罕有，就是纵观整个中国历史，像他这样的也很少有。他同时还是皇上的亲家翁，其子丰绅殷德被指定为皇上最宠爱的十公主之额驸。不过，他的结局并不好，是被嘉庆皇帝赐死的。他也因其贪污行为而成为历史上备受争议的人物。

人物风云

在民间一直有"和珅跌倒，嘉庆吃饱"的说法，人们对和珅的了解多停留在他严重的贪污腐败行为上，那历史上真实的和珅究竟是什么样子的呢？

据《清史稿》和《清史列传》中记载，和珅"少贫无藉，为文生员"，除此之外，有关和珅青少年时期的记载资料很少。这就让后人了解他受到了限制，也许是受这些史料的影响，有不少的学者就认为和珅出身于地位低下的"包衣旗人"，也就是内务府包衣，包衣也就是奴仆的意思。不过，这样说也不确切。冯佐哲曾在《和珅评传》中做过详细的考证，认为和珅应该是满洲正红旗人，他家还曾一度被抬入正黄旗，可是后来因为获罪，其家属又被划归正红旗。

有人说和珅出身贫贱、卑微，这也许是有人故意造的谣，以表示对他的不满。不过，这种说法甚至影响到了外国人。乾隆五十八年（1793），英国来华特使马戛尔尼就在他的回忆录中说，皇帝的首相和中堂是个鞑靼人，出身低微，但是很有才干。当然，和珅出生时，家境并不富裕，却是事实。

从野史中我们或多或少的知道，和珅童年的时候曾在家里与弟弟和琳一起接受过私塾先生的启蒙教育。因为当时他的父亲是福建副都统，所以在和珅十来岁的时候和弟弟一起进入了咸安宫官学。咸安宫与武英殿相邻，均在紫禁城的西华门内。咸安宫官学创建于雍正初年，当时仅供内务府包衣子弟就学。不过，到了乾隆元年（1736），这个规矩改了，除了原来内务府子弟外，还开始从八旗满洲都统等家庭中选取优秀子弟来此就读，每旗十名；另外，大臣子弟中有愿意入学的，也可以来此就读。这里的教师多由翰林学士充任，最差的也是举人。学校分为汉书十二房，清书三房，各设教师一名，教授骑射和满语的教师有三人。所涉及的课程主要有满语、汉语和蒙古语，还有经、史等内容。此外，每个学生还必须学习骑射和使用火器等军事课程。看得出来，咸安宫官学已经成为当时官学中之最一流的学习殿堂了。通俗地讲，它已不仅仅是内务府包衣子弟的学校了，而是一座相当大的人才选拔基地，是一所师资力量雄厚、教学质量很高的全国重点学校，这里的人才多是为朝堂准备的后续储备人才。

当时，和珅能够就读咸安宫官学，正说明了他是正红旗中一名优秀的年轻俊杰。有史料记载说，和珅是一个地地道道的美男子，长得是玉树临风，风姿翩翩，吸引了无数的俊男靓女。和珅本人天资聪明，记忆力极强，还有过目不忘的本领，再加上肯吃苦肯努力，所以经常得到老师们的夸奖。他除了能将四书五经背诵得滚瓜烂熟外，其满文、汉文、蒙古文和藏文也都学得相当不错。在此时，他就为日后的飞黄腾达打下了坚实的基础。因为后来的和珅经常在乾隆身边出席各种活动，他能够运用各种语言接待不同民族的上层人士，同时还能用多种文字起草上谕，甚至连西域秘咒也能通晓一二，这样的人才让乾隆如何不喜欢，帝王的喜欢自然让他的官运更加亨通了。机会是留给有准备的人的，如果和珅没有这些才能，相信即使他再善于钻营谄媚也不会那么得到乾隆皇帝的喜爱。

和珅的家庭尽管不能说是小户人家，但也只能算是中上等人家。由于父亲长年在外任职，家里开销较大。他和弟弟和琳与继母的关系又不大好，因此经济上就很拮据，手头上并不宽裕。据说这个时期，他经常带着家仆刘全找人借钱，以供其在官学内的花销。可是，长贫难顾，没多久也无人再借钱给他们。在这样的情况下，英廉对他多方关照，使他顺利完成了学业。这个英廉原姓冯，是内务府包衣籍汉军镶黄旗人，曾任内务府大臣、正黄旗满洲都统、直隶总督、东阁大学士加太子太保，并担任过《四库全书》正总裁，是乾隆颇得信任的高官。英廉为官比较清廉，他在乾隆四十八年（1783）病故，乾隆还特赐白银五千两治丧，入贤良祠，谥文肃。当时，他的孙女自幼失去双亲，英廉对她是格外疼爱，可是再疼爱，自己也总有离开人世的那一天，孙女早晚也得嫁人。于是，他想给孙女找一个好的靠山。当发现和珅之后，英廉一眼看出此人绝非等闲之辈，日后必能发达，便下定决心要把心爱的孙女许配给他。在看到和珅为学业四处筹钱的时候，就伸出了橄榄枝，和珅也欣然接受。在和珅十八岁的时候，他娶了英廉的孙女冯氏为妻。和珅与冯氏结婚后，两人相亲相爱，夫唱妇随，感情颇好。嘉庆三年（1798）冯氏去世时，和珅十分的痛心难过，他为妻子连作六首悼亡诗，其中有一首这样写着：

结缡三十载，所愿白头老。

何期中道别，入室音容杳。

> 屏帏尚仿佛，经卷徒潦倒。
> 泪枯挽莫众，共穴伤怀抱。
> 游川分比鳞，归林叹只鸟。
> 追思病时言，尚祝余足好。
> 犹忆含殓前，不瞑心未了。
> 自此退食馀，谁与伴昏晓。

可见，他们结婚三十多年，夫妻感情一直不错，两人是相濡以沫，互相扶持的一路走来。冯氏为和珅生了唯一一个长大成人的儿子丰绅殷德，这个儿子就是后来娶了乾隆最心爱的女儿固伦和孝公主的人。

其实，和珅是一个非常重感情的人，他很看重家庭，注重家族的荣誉。他总想着怎样才能让他的家族保持着蒸蒸日上、人丁兴旺的局面，为此他花了不少的心思。他对自己的亲人总是抱有责任，弟弟和琳可以说是他精心栽培和一手提拔的。提拔起来还不算，他还一直为弟弟的家庭操心劳力，由于和琳长年在外当职，和琳子女的婚嫁也都是由和珅操办的。嘉庆元年（1796），和琳在外督办军务，不幸染病身亡。和珅伤心欲绝，一连写了十五首挽词来抒发自己内心的悲伤，泪随笔落，感情真切，让人见之伤心，闻之落泪。

人们印象中的和珅大都是他发迹后有权有势、成为乾隆宠臣时候的样子，很少会有人探究他以前到底是什么样的人，过着什么样的生活。其实，和珅的发迹也是有一个过程的，这与他自身的才能是分不开的，某种程度上是起了很大作用的。和珅二十岁踏进官场，几年后他的仕途一路高升，畅通的无人能及。乾隆三十四年（1769），二十岁的和珅承袭了三等轻车都尉世职。和珅并不满意自己现在的职位，于是他在第二年参加了顺天府乡试，可惜没有中举。不过，好运总是眷顾着他，在二十三岁时，他被授为三等侍卫，得到了出入宫廷的机会，虽然只是负责仪仗事宜，那也是向前进步了一大步。乾隆四十年（1775），和珅又从三等侍卫擢升为乾清门御前侍卫，兼副都统。第二年正月，二十七岁的他出任户部右侍郎，三月份又被升为军机大臣，四月兼任内务府大臣，八月调任镶黄旗副都统，十一月充国史馆副总裁，十二月总管内务府三旗官兵事务，赐紫禁城骑马。他的一家也因为他的关系而从正红旗抬入了正黄旗，成为"上三旗"的一员。这样几乎每月都在升迁的速度，在历史上恐怕都是极其少见的情形。

风流倜傥的和珅被乾隆发现后，便不离皇帝左右，此后的二十多年，在乾隆的身边始终能看到和珅的身影。和珅除了悉心的侍奉着，他还细心地留意乾隆的一举一动，时间一久，通过一些细微的小动作，他就知道乾隆想做什么，想说什么，不能说全部知道，大概也能猜个八九不离十。所以，不等乾隆开口，他就把乾隆想要做的事情操办得圆圆满满，把乾隆侍候得舒舒服服。这样贴心的人，让人如何不喜欢，所以乾隆对他是格外的宠信。其实，和珅在乾隆身边是处于一个帮忙和帮闲的角色。乾隆喜欢附庸风雅，吟诗作赋。于是，和珅便在这方面苦下功夫，闲暇时总是学诗不辍，平心而论，和珅的诗写得还是不错的。与和珅处于同时代的钱泳就承认，和珅的诗，佳句颇多，看得出和珅很通诗律，他的大多数诗作被收入到了《嘉乐堂诗集》中。和珅凭借着精心打造出来的诗文功底，经常与乾隆和诗。两人有了共同的爱好，能够倾心交谈，很快便进一步赢得了乾隆的欢心。中国第一历史档案馆至今还保留着当年和珅与乾隆和诗的文档。乾隆是一个爱好颇多的皇帝，他不仅喜好诗词，还喜欢欣赏古董，对字画、文物和各种工艺品也爱不释手。于是，和珅就挖空心思，四处的倒腾古董字画让乾隆加以把玩。乾隆喜爱书法，和珅就刻意摹仿乾隆的手迹，竟然真的达到了以假乱真的程度，以至于到了后来，乾隆的有些诗匾题字，他都干脆交由和珅代笔。现今，在北京故宫重华宫内屏风上的诗文是乾隆书写，而挂在故宫崇敬殿的御制诗匾，据考证却是由和珅代写的。和珅还曾与乾隆一同学习佛法。乾隆信奉喇嘛教，对佛教经典也很有造诣，曾主持翻译并刻印《满文大藏经》。看到乾隆学习佛法精神，和珅也开始研学佛经，有的书还说他曾与乾隆一起修炼密宗。总之，乾隆喜欢什么，和珅就学什么，投其所好，从而让乾隆离不开他，这也因此让他成了一个博学的人，也算是对他的另一种奖励。

和珅除了在乾隆面前卖乖讨巧外，在日常生活中，他对乾隆也是体贴入微。见到乾隆咳嗽，他就毫不犹豫地端个痰盂去接，丝毫不顾忌自己大学士、军机大臣的身份。他对乾隆皇帝也从来不称"臣"，而只用"奴才"自称，这让乾隆很受用。乾隆喜欢讲排场，贪图享受。和珅就陪着乾隆巡幸江南，东巡祭祖，西巡五台山，一路的游玩赏乐。

和珅极善于敛财，他利用自己的职权，广开财源，公开地卖官。为了敛财，和珅无所不用其极，如侵吞、受贿、索要、放债、开店、收税、盘剥等等，总之巧夺名目的收钱。在乾隆八十大寿时，他还借举行万寿大典与千叟宴之机，命令外放三品以上大员都要有所进献，在京各衙门长官也要捐出俸银，而最为富有的两淮盐商至少要捐银四百万两。他还首创了"议罪银"，意思就是让有过失的官员以交纳罚银代替处分，少则数千两，多则几十万两。和珅把搜罗来的钱，也不交给国库，而是直接交到内务府，入了乾隆私囊，乾隆为此很满意，为此他对和珅搜刮别人钱财的情况大多时候都是睁一只眼闭一只眼。内阁学士尹壮图看不惯和珅的行径，就上奏表示反对这种做法，结果差点因此丢掉性命。《啸亭杂录》有记载，说是由于和珅的多方搜刮，使得原来入不敷出、经常需要户部补贴的内务府，不到几年就扭亏为盈。这对内务府而言可是大大的好事儿啊！当然，和珅也不是傻瓜，他也趁机中饱私囊，外省总是要给皇帝进贡礼品的，凡是送到京城礼品，首先就要过和珅这一关，而他从中看到喜欢的也就留下来，剩下的才送入宫中。因此，在和珅被抄家时，人们就发现他所藏的珍珠手串，要比皇宫里的还要好，还要多。可见，他截留了多少的好东西。不过，也正是因为这些东西，也让他最后丧了命。

乾隆四十五年（1780），乾隆给和珅六岁的长子赐名为丰绅殷德，"丰绅"在满语里有福泽之意。乾隆一生共有十个女儿，其中五个早夭，固伦和孝公主是最小的一个。《清史稿》中记载，这个小公主是乾隆最钟爱的女儿，在公主没出嫁之前就赐了金顶轿给她。她十三岁时，被破格封为固伦公主。后来，乾隆帝把自己最心爱的小女儿固伦和孝公主许配给了丰绅殷德。可见，乾隆对和珅一家的荣宠无人能及。乾隆五十四年（1789），刚过十五岁的固伦和孝公主就与丰绅殷德完了婚。公主下嫁时，乾隆除了大量赏给她土地、庄丁和奴仆外，还赏赐了丰厚的嫁妆。儿女亲家的关系使得乾隆与和珅的关系进一步加深了，这也让和珅成为其他人望尘莫及的皇亲国戚。

随着年纪越来越大，乾隆对和珅也更为依赖。由于乾隆的宠信，和珅的官职扶摇直上，可谓是高官做遍，在历史上前无古人，后无来者。乾隆六十年（1795），乾隆立第十五子嘉亲王颙琰为皇太子，决定次年实行"禅让"。对于乾隆的这个决定，和珅其实是心有不满的，他对自己的未来表示堪忧，可是他也无法公然表示反对。如果他反对，那就意味着不仅仅要对抗当朝皇帝乾隆，而且还要得罪新皇帝嘉庆。这样的结果就是他将在新、老皇帝面前全部失宠。他思来想去，想着自己怎样能够在保全自己的同时又能够两面讨好，既能控制年老的乾隆，又能掌控嘉庆。其实乾隆虽然退位，但是他却不是一个老老实实享受天伦之乐的太上皇，他仍牢牢掌握着大清帝国的权杖，嘉庆不过是应付一些朝廷礼仪的表面皇帝而已。据记载，当了太上皇的乾隆记忆力衰退得很严重，往往当天早上所做的事情，到了晚上就想不起来了。那时的乾隆已经是八十多岁的老翁，哪还有那个精力呢！在这种情况下，和珅就成了乾隆的代言人，更加的骄纵不法，贪污纳贿，无所不为。和珅一手遮天，文武百官无人敢与之抗衡，就连乾隆的儿子对他也要礼让三分。

这样的情况让新皇帝嘉庆非常不满意。他继位时就已经三十七岁，正是想有所作为的时候，可是乾隆死死不肯交权，这让嘉庆这个皇帝名存实亡。而和珅又在一旁狐假虎威，嘉庆帝对这种局面日益不满。不过，鉴于曾祖父康熙时期太子立而废、废而立的教训，嘉庆不敢轻举妄动，只能小心谨慎地提防着和珅。嘉庆在忍也在等，他在等待时机，他清楚地知道乾隆驾崩的时候也就是和珅倒台的时候，事实也正是如此。乾隆刚刚驾崩，嘉庆就马上作出周密部署，惩办了和珅。嘉庆四年（1799）正月十八日，乾隆离世刚刚半个月，和珅这时下狱已经七天，嘉庆派大臣前往和珅囚禁处，赐给他白绫一条，令他自尽。和珅在乾隆驾崩的时候就已经知道自己死期不远了，可是回想过往，他也不禁悲从心来，于是提笔写下了一首诗：

五十年来梦幻真，今朝撒手谢红尘。

他时水泛含龙日，认取香烟是后身。

这首诗是他对自己过去一生的总结，令人感慨。从和珅出生至今他刚好五十岁，从平凡到权力的顶峰再一下子跌落到深渊，对他来说就像是一场梦一样，世间因由总有定论。赋诗完毕，和珅悬梁自尽，凄惨地结束了他的一生。

为政典范曾国藩

> **人物名片**

曾国藩（1811—1872），初名子城，字伯涵，号涤生，汉族人。清朝杰出的军事家、政治家、文学家，是晚清散文"湘乡派"的创立者。他是晚清的重臣，也是湘军的创立者和领导人。曾国藩是中国历史上最有影响的人物之一，他的人生智慧和思想，深深地影响了几代中国人。提起他，人们至今仍津津乐道。他出仕之后，官至两江总督、直隶总督、武英殿大学士，被封为一等毅勇侯。去世后，谥号文正。

> **人物风云**

有人说，如果以人物断代的话，那么曾国藩就是中国古代历史上的最后一人，近代历史上的第一人。其实，这句话从某一角度，概括了曾国藩的个人作用和影响。不可否认，他也是近代中国最显赫和最有争议的人物。

清嘉庆十六年（1811）十月十一日，在湖南长沙府湘乡县一个叫白杨坪的偏僻小村庄，降生了一位对晚清历史颇有影响的人物，他就是曾国藩。曾国藩是一个汉人，他没有显赫的家世，直到他的祖父曾玉屏时才成为当地一个拥有百亩土地的小地主。他的父亲曾麟书四十三岁才考取了一个秀才，家学也不够深厚。曾国藩六岁从师入学，十四岁应童子试，先后考了七次，到了二十三岁那年才考上了秀才。考中秀才的第二年，他参加湖南乡试，考进了第三十六名，成为一名举人。二十八岁时到京城参加会试，考取第三甲第四十二名，赐同进士出身。

1840年，曾国藩被授命为翰林院检讨。1849年，曾国藩此时已经升任礼部右侍郎。十年之中，七次升迁，跃升十级，成为当朝二品大员。就连曾国藩自己也没有想到，自己升迁会如此之快，这虽然没有和珅一年之内几乎每月都升迁那么夸张，但是也有些"朝为田舍郎，暮登天子堂"的味道，让他多少有些惶恐不安。其实，他之所以被超常拔擢，一方面与他自身的刻苦自励、办事干练分不开，另一方面则是他得到了权臣的赏识和帮助，这就让他的官途顺利很多。俗话说："朝中有人好做事。"这个权臣就是在当时权倾朝野，在后世臭名昭著的穆彰阿。穆彰阿是曾国藩在 1838 年参加会试时的正总裁，而正总裁就是主考官，两人有师生之谊。穆彰阿对曾国藩很是赏识，在朝堂上下对其是多加关照。仕途的顺利自然让他想回报朝廷。另外，他自己也希望能够有所建树，不辜负朝廷的提拔。当时，清朝的局势也是堪忧的，正处于内忧外患时期。他想有所作为，想做一名好官和忠臣，可是却有心无力。他看不惯官场的腐败，大臣们的骄奢，他想通过自己的努力改变这种局面，于是多次向皇上进言。可结果是，他的要求和建议根本得不到重视，也无人对他做出回应整个朝廷就像一潭死水，他这颗小石子激荡不起一丝丝的涟漪，这样做的结果反而是使自己在朝堂上越来越孤立。刚好那时，曾国藩所依仗的穆彰阿也被罢黜，他更是举步维艰，京师再也没有他的施展空间。于是他萌生了退意，既然无所事事，还不如一走了之，省得在这里看着这些麻烦的事情更让他心烦。

1852 年，朝廷命曾国藩到江西主持乡试，这让他如释重负，他终于感觉到了轻松，于是马不停蹄地即刻离了京。不过，在途中得知自己的老母亲故去，他又转道回家为母奔丧。没承想在曾国藩回乡后的几个月的时间里，全国的政治形势发生了巨大改变。太平军在各地兴起，其声势迅速高涨，清政府所依仗的绿营兵不堪一击，清政府只好紧急命令各地加紧兴办团练。1853 年 1 月，曾国藩被任命为湖南团练大臣，历史再一次给了曾国藩一个施展才能的机会。可以说，曾国藩真正的走上历史舞台，并对中国近代历史产生影响，正是从他在原籍襄办团练，协助地方官筹办"防剿"开始的。这一次的举动不仅关系到曾国藩一生的荣辱，而且也关系到大清王朝的气脉运数。也是从这时开始，他的才能和个性逐渐得到施展。不过也是从这时候开始，他有了各式各样的骂名和赞誉。毁誉参半，伴随了曾国藩整个后半生，直至今天。

太平军来势汹汹，声势浩大，各地皆被影响。湖南的政局也出现动荡，许多不满地方官员压迫和地主豪绅盘剥的农民趁机起来响应太平军，局势益发的紧张。曾国藩看到湖南的形势如此严峻，时刻存在着爆发大规模起义的危险，就断然的采取铁腕高压政策。他一方面鼓励乡绅捕杀和抓获本乡、本族之敢于反抗之民，这些人轻则治以家刑，重则被杀死。此言一出，各地的土豪劣绅可是奉为圣旨，他们本来平时就喜欢欺压良善，有了圣旨后更是为所欲为，迫害良民。另一方面，曾国藩还在团练大臣公馆直接设立审案局。审案局是除了司法部门之外可以随意捕人、审讯、杀人的机构。因为审案局的用刑极其严苛残酷，凡被抓入的审讯者，很少有生还者。据曾国藩自己奏称，截止到1853年6月，仅仅四个月的时间，审案局就直接杀人一百三十七名。这样，在曾国藩的恐怖政策下，湖南地方上的地主豪绅势力又重新地抬起了头，使得湖南不仅没有成为太平天国革命新的根据地，反而成为曾国藩集团镇压太平天国牢固的后方基地。咸丰皇帝为此还对曾国藩大加赞赏，对他的做法也给予肯定。虽然，朝廷对他给予了肯定，但是广大的老百姓和社会舆论却在激烈地抨击曾国藩的屠杀政策，什么"曾剃头""曾屠户"之类的名号很快传遍整个湘省。

虽然曾国藩得到了许多的骂名，可是对于清朝政府而言，只要曾国藩带着他培养起来的湘军能够将太平天国起义镇压下去，挽救清王朝即将覆亡的命运，就是大功一件，他们已经顾不上其他的了，先稳住根基再说。之后，有了曾国藩的保驾护航，清王朝走向了所谓的"同治中兴"，曾国藩也赢得了"中兴第一名臣"的美誉。谁是谁非，无人评断。无论怎样，曾国藩能够与太平军相抗衡，可见其军事才能也非同一般。他能够从一介儒生投身戎马，从襄办团练开始，最后练就了近代中国第一支"兵为将有"的军队，并把声势浩大的太平天国起义镇压下去，其人确实有不凡之处。

从治军上来看，清朝的正规军主要分为八旗和绿营两个部分。八旗和绿营都有兵籍，父死子继，世代相承。他们因为长期以来的无所事事，养成骄奢懒惰的习惯，战斗力极差。又因为这些兵都归国有，管理起来很麻烦。曾国藩对这一点看得很清楚，所以他要另起炉灶，编练新军。

他做的第一个改变的就是变世袭兵制为募兵制。从兵源来说，主要招募那些拥有强健体格的朴实山乡农民，不收营兵，也不收偷奸耍滑之辈。从军官来说，主要招收绅士、文生担任。一层层选拔，其要求很严格。从军队组织来看，实行上级选拔下级的层层负责的制度。在曾国藩看来，这样由上级挑选下级对军队作战是极有好处的。因为通常这种上下级都是同乡、朋友、师生等关系，这样的关系平时容易保证军队内部的团结，危难时也会相互照应。这样做的目的是在团结军队的同时，增加军队的作战士气。其次，是增加了兵饷，只有诱之以利，才会有人来当兵，并且在战场上也更为拼命。湘军每月的饷银是绿营兵的三四倍，在巨大的利益面前有很多人前来，尤其是那些寒门子弟或是贫民，当兵有钱拿也是一种脱贫的手段，所以就从根本上解决了兵源的问题。再次，就是曾国藩很注意对军队将士进行纪律和政治教育。因为他发现清军就因军纪涣散导致战斗力低下。也正是因为如此，他们在百姓心目中的口碑很差。为了避免这种情况发生，他三令五申地强调军纪要严明，要注意在最大程度上争取民心。曾国藩作为一位文化型的军事长官，每逢军队操演他都要亲自训话，对军人们进行儒家思想和精神教育，以鼓舞士气。在曾国藩看来，军队不仅要会打仗，还要有思想、有信仰，只有这样的军队才能战无不胜、攻无不克。这也是他为什么选兵要选那些诚实肯干的农民，择将要选那些有文化的绅士和文生的原因所在。这样一对比，他确实要比同时代的将领高出一筹，可谓是独具一格。

在镇压太平天国的后期，他又开近代风气之先锋，发起了洋务运动，也因此他被后人誉为"中国近代化之父"。洋务运动在一定程度上影响了和改变了中国近代历史的进程，这也为曾国藩迎来了人生和事业的巅峰，"中兴名将""旷代名臣"的称誉纷至沓来。相对于他的兄弟曾国荃和其他湘军将领而言，曾国藩时刻保持着清醒的头脑，他没有脑袋发昏，而是清楚地知道盛名之下必遭朝廷所猜疑，所以他处处谨慎，甚至主动奏请裁撤部分湘军，并让其兄弟曾国荃回家养病。曾国藩这样做的目的无非是为了让朝廷放心，自己没有什么野心或者是妄图谋反什么的。毕竟功高震主之辈都没有什么好下场，可是他再小心翼翼，还是因为剿捻无功而遭到参劾，后又因处理天津教案不力而闹得骂声四起，名誉扫地。

事情还是要从头说起。1868年，曾国藩调任直隶总督，也就在他在直隶总督任上的第二年发生了天津教案。当时，正是第二次鸦片战争后，西方教会利用不平等条约中规定的特权，大量涌入中国。当然，他们的目的并不单纯，他们不是简单地从事传教，总是自觉或不自觉地成为西方资本主义列强推行文化侵略的工具。由于他们背靠本国政府，在中国享受治外法权，这样教会就成为中国社会的一个特权势力，也成为西方列强侵略势力的一个突出代表。中国民众屡受欺压，可是清政府却一味忍让，使得老百姓无处说理。长此以往，中国人民的民族主义情绪越来越高涨，怨愤已深。积攒到了一定程度，始终是要爆发的。从19世纪60年代开始，中国民众多次掀起反对教会势力的所谓教案，天津教案就是在这种背景下发生的。

天津当时可是清朝京师的门户，具有重要的地理位置。在第二次鸦片战争后，天津就被开放为对外通商口岸，成为西方列强在中国北方的侵略基地。他们在此划定租界，设立领事馆、教会，租地造屋，中国的老百姓对他们的行径是深恶痛绝。1870年5月，法国天主教育婴堂所收养的婴儿不明不白的死亡了多达三四十人。而当时很多老百姓的孩子也经常失踪，一时间闹得人心惶惶。不久，在老百姓中就传出谣言，说是天主堂的神父和修女经常派人用蒙汗药拐了孩子后，对他们挖眼剖心。恰好，天主堂坟地的婴儿尸体没有掩埋好，有不少暴露在野外，被野狗刨出吃了，其状皆惨不忍睹。这一看还了得，老百姓是群情激愤，纷纷说这正是洋人挖眼剖心的证据。

到了5月21日，一个名叫武兰珍的专门拐卖小孩子的罪犯，在实施犯罪的时候被群众当场抓住，送到天津县衙。经过审讯，武兰珍供出她也是受教民、天主堂华人司事王三指使，迷药什么的都是那个人给的。并交代了她曾经利用迷药拐走了一人，还得了五元洋银做酬金。而教民王三则是一个开药铺的商人，因为依仗教会势力，就经常的欺压良善，他早已引起公愤。在这种情况下，通商大臣崇厚和天津道周家勋拜会法国领事丰大业，要求调查天主堂和提讯教民王三与武兰珍对质。丰大业答应了这一要求，将王三交出与武兰珍对质。结果证明教堂并没有挖眼剖心之事。于是，衙役就将王三送回教堂，可是没想到一出署门，老百姓就争骂王三，并用砖石向他来。这时，他解释再多也无人相信他。被扔得很惨的王三向神父哭诉自己的遭遇，而神父又转告丰大业，希望他能够解决现在的民愤。丰大业两次派人要通商大臣崇厚派兵镇压，可是见到崇厚先后只派两人出来充当场面，始终不肯捕人，丰大业怒不可遏，他亲自赶往三口通商大臣衙门找崇厚算账。他来势汹汹，一脚踹开门，然后就是一番打砸，失去理智的他接连两次向崇厚开枪，崇厚幸运地被推开，才没有被伤到。但是，开枪总有动静，枪声一传出，这误解也再难以解开。街市中哄传中法开战，鸣锣聚众，一时间杀气腾腾，通商大臣衙门门前的人越来越多。见此情况，崇厚怕出事，这一出事可就是大事，两国开战，那可不是儿戏，他可当不了这个罪人。他就劝丰大业等民众先散去后再回领事馆。可是正在气头上的丰大业不听劝告，还叫嚣着并气势汹汹地冲出门外。人们见丰大业出来，都自动给其让道。当丰大业走到浮桥上时，遇到了天津知县刘杰。丰大业像杀红了眼似的，不分青红皂白地就向刘杰开枪。虽然没有打中刘杰，却打伤了刘杰的跟班。这样一来可是犯了众怒。于是，老百姓一拥而上，你一拳我一脚地将丰大业打死了。满腔怒火的老百姓见此，索性一不做二不休，浩浩荡荡地赶到了天主堂，一把火烧毁了望海楼教堂，并杀死了两名神父，之后又去了法国领事馆，杀死两人。在同一天内，激愤的人们还杀死法国商人两名、俄国人三名、信教的中国人三四十名，焚毁英国和美国教堂六座。这次事件，先后打死外国人共计二十人。这就是有名的天津教案。

曾国藩就是在这样的情况下来到天津处理此事的。天津教案发生后，法、英、美等国一面向清政府提出抗议，一面调集军队对清政府进行施压。一看到要付诸于武力，清政府便大为惶恐，政府一方面要求各地严格保护教堂，对群众进行镇压，并避免类似事情再发生，另一方面派直隶总督曾国藩前往天津查办。曾国藩本人自从与洋人打交道以来，就深知中国远非这些人的对手，因此他对外一直主张让步的政策，尽量避免同洋人开战，通过维护洋人在华利益，换取所谓"和好"的局面。他看到事态严重，也害怕自己可能丧命于此。因此，他在临走之前就写下遗嘱，告诉长子曾纪泽在他死后如何处理丧事和遗物等事项。

到达天津后，曾国藩是在不损害西方列强的利益下迅速地处理了天津教案，其结果是判处其中二十人死刑；二十五人流放；天津知府、知县革职并流放黑龙江进行效力赎罪；支付抚恤费和赔偿财产损失银四十九万两；派崇厚作为中国特使到法国进行赔礼道歉。这样罔顾国家尊严、罔顾人民的结果就是在他办结天津教案之后，曾国藩受到的舆论谴责更甚以往。曾国藩这位中兴名将和旷世功臣，转瞬之间变成了汉奸、卖国贼，他辛辛苦苦积攒多年的清望名誉也毁于一旦。

其实，客观地讲，这样的结果并非是曾国藩想要的，可是代表着清统治者的意思来办理这件事情的，是秉承清王朝最高统治者的意志行事。之后，接替曾国藩处理天津教案的李鸿章对最后判决也并无多大改变，仅是将原来判二十人死刑改为十六人死刑、四名缓刑，其余则无一更动。

那曾国藩到底是一个什么样的人呢？当我们从历史实际出发，可以看出曾国藩他是中国封建社会的最后一个精神偶像，是中国传统文化人格精神的典范式人物，是中国近代现代化建设的开拓者。总之，曾国藩是一个非常复杂的人，他身上汇聚了中国几千年传统文化的精华和糟粕。毛泽东就曾在青年时期，潜心研究过曾氏文集，他还曾说曾国藩是一个"办事兼传教之人"。虽然历史上对他非议很多，但曾国藩因其自身的个人魅力，为他赢得了众多粉丝。

虎门销烟的民族英雄林则徐

人物名片

林则徐（1785—1850），字元抚，福建侯官（今福建福州）人。清朝官员，道光期间多次领导清朝军民抵御外敌入侵。在英国向中国输入鸦片毒害国人时，曾成功领导了著名的虎门销烟，他正直爱国，目光远大，思想独到，是当时腐败潦倒的清廷不可多得的清官大臣。

人物风云

林则徐并非出生在官宦之家，而只是一户贫困知识分子家庭的孩子，父亲是个教书为生的穷秀才，林则徐兄弟姐妹共有十人，家里十几口都靠父亲教书的微薄收入糊口。林则徐自幼穷苦，但他的母亲知书达理，父亲学问渊博且正直，双亲都颇有见识与远见，所以林则徐从小的教育并没有因为家贫而被放松，而是受到了父母很好的影响。

林则徐从小便聪慧过人，机智灵敏。据说有一次，老师让大家用"山"和"海"两个字作一副对联，当别的同龄学生还在钻破脑袋苦思冥想的时候，林则徐已经脱口而出："海到无边天作岸，山登绝顶我为峰。"小小的年纪却有这样的才识与气魄，连老师也被震慑地呆住了。李元度的《林文忠公事略》中记载，林则徐"生而警敏，长不满六尺，英光四射，声若洪钟"。他12岁就在郡试中拿了第一，13岁又考中了秀才。后来，林则徐在鳌峰书院苦读了7年，这鳌峰学府可是当时福建最高的学府。也就是在这里，林则徐立下了"岂为功名始读书"的报国大志。到了嘉庆九年（1804年），林则徐考中了举人。随着功名的提升，林则徐便也开始了官场生涯。嘉庆十一年（1806年）的时候，林则徐出任厦门海防同知书记。虽当朝为官，但林则徐并没有像当时的许多贪官污吏一样，一上任就失了正直。他谨记心中的报国大志，胸怀远见。到了嘉庆十六年（1811）他中进士的时候，就与龚自珍、魏源、黄爵滋等学者一起提倡"经世致用"之学问，反对空谈。从嘉庆二十五年（1820）年开始，林则徐被调离了京城，先后出任浙江杭嘉湖道、盐运使、江苏按察使、江宁布政使、河南布政使、江苏巡抚等官职。出任过这么多地方的官员，每到一个地方，林则徐都会全心考察当地存在的问题，寻求解决途径。每一任上，林则徐都专心在当地进行整顿吏治、兴修水利与筹划海运等利国利民的事。他在一些地区经历饥荒时，会全力安排放赈济灾。他非常体恤百姓疾苦，为百姓着想，正直守法，在当时声名远扬，百姓都十分爱戴他，称他为"青天"。

在林则徐为官的道光时期，国家衰弱，道光帝虽然全意治国，但由于清朝吏治腐败，朝廷无能，以及其他的种种原因，收效甚微。当时英国等资本主义国家开始想方设法地对中国的资产进行掠夺，并推进他们的殖民进程。道光十七年（1837），林则徐出任湖广总督。当时的英国等国家在与中国的贸易中失利后，开始大肆向中国输入鸦片，以打开中国的大门，这严重毒害国人的身体与心灵。当时的鸦片问题已经在各地泛滥，成为危害国计民生的巨大毒瘤。林则徐深深知道鸦片一日不禁，国家便岌岌可危。当时，清廷对鸦片问题分为支持"严禁"与"弛禁"的两派，他坚决支持严禁鸦片，还于道光十八年（1838）上书皇帝，陈述了鸦片的巨大危害，表示严禁鸦片的决心与策略。他一再强调，如果任由鸦片这样大肆蔓延，危害国人身心，流失国家白银。那么不出十年，我们国家就将变得没有一个能够抵御外敌的兵将，没有一两可以充当军饷的白银。道光帝也深感鸦片的危害，他授命林则徐进行大规模的禁烟行动。林则徐雷厉风行地率先在湖广两地推行禁烟政策，他对贩卖鸦片的罪犯严厉惩处，处处宣传戒烟的良方，不出多长时间，禁烟的效果便卓著不凡。眼看着林则徐禁烟有所成果，道光帝就任命林则徐为钦差大臣，节制广东水师，领导广东地区军民进行戒烟行动，清理外敌。

林则徐次年正月到了广东，禁烟心切的他立即下令查封了广州所有的烟馆，对贩烟与吸食者严惩不贷，绝不手下留情。他会同两广总督邓廷桢，并紧密配合，严厉打击鸦片活动，采取各种措施摧毁鸦片买卖，强迫各国经销商上缴鸦片两万多箱，一时间广州面貌一新。林则徐声称："若鸦片一日未绝，本大臣一日不回，誓与此事相始终，断无中止之理！"对于禁烟活动决心坚定。道光十九年（1839）四月二十二日（6月3日），林则徐率众在虎门海滩将收缴的鸦片当众销毁，这便是著名的"虎门销烟"。销烟活动整整持续了23天，共销毁鸦片200多万斤。林则徐虎门销烟取得了巨大成功，禁烟活动大有成效。

林则徐颇有才识，这在当时的腐败的清廷官员中是很少见的。他认为清军的武器过于落后，便大胆购入洋枪大炮，在各地招募勇士，组织进行军队训练，积极备战，以御外敌。林则徐还是近代历史上第一个介绍外国书籍的人。他认为想要抵御外敌入侵，了解外国的情况非常重要，正所谓"知己知彼，百战不殆"。他保持着一颗颇有远见的清醒头脑，先后组织编译了《四洲志》《华事夷言》《滑达尔各国律例》等西方外文书报。林则徐对于英国商人的强硬态度与雷厉风行的禁烟政策让春风得意的英国商人失去了鸦片输入的巨大利益，英国势力就开始蓄意挑衅，意图反击林则徐的禁烟行动。林则徐哪里肯对这帮野心巨大的贪婪家伙低头，他毫不示弱，在面对英商拒绝接受不携带鸦片的要求后，索性下令断绝了澳门英商的物资供应。为此，英国人发动了九龙与穿鼻洋两地的炮战。林则徐亲自在虎门安排布防，几次挫败了英军的进攻。眼看着英国人步步逼人，林则徐早已意识到英国列强试图侵略中国的巨大野心，他数次上书朝廷，要求在沿海各地严加布防，以防外国列强入侵。

果不其然，道光二十年（1840）六月，虎门销烟一年后，遭受了打击的英国发动了鸦片战争。战争初期，英军攻打广东与福建两省，但在林则徐的积极备防下，英军无法得逞，首战失利。此时的林则徐亲自任统帅，指导各地加强防御，并添置新武器提高战斗能力，英军攻破无门，于是就沿海北上，攻陷定海，打到大沽，直逼紫禁城。道光帝这时吓破了胆，惊恐万分的他立即派人前往议和，请求停战，此时的道光帝还没有看出英国人的野心，还认为战争是因为林则徐的禁烟活动不当引起的，随即把林则徐革了职。但即便是如此，林则徐仍然承受着委屈与冤枉，四处奔走查看，并指导完善各地的防守之事。爱国心切的他全心全意、竭尽全力为抵御外敌入侵奔忙。可惜，无能的清廷以及懦弱腐败的官吏最终将他的苦心经营付诸东流，化为乌有。

清廷先后派遣督战大臣琦善和奕山，他们在代替林则徐的位置后，毫无战意，一意求和让步，使得本来生机犹存的广州战局一味失利，林则徐的长时间努力被他们葬送的一败涂地。道光二十一年（1841），林则徐在降职后前往浙江地区安排布控海事防御，此时愚昧的道光听信奸臣谗言，把广东战败归咎于林则徐，并将其发配新疆伊犁。蒙受如此冤屈和打击，满腔热血的林则徐只恨报国无门，但他仍然将全部心思放在国家上。他写道："苟利国家生死以，岂因祸福避趋之！"他对国家忠心耿耿，不计私利的伟大胸襟令人景仰。他还在途中将自己编译的《四国志》交给同样见识远大的老友魏源，叮嘱他完成《海国图志》，为国家尽心效力。

到了新疆之后，林则徐无法再着手海防，但对于国家安危时刻挂于心上的他，还常常不辞辛苦地在新疆各地考察，倡导改善水利国防，严防沙俄侵略。

道光二十五年（1845），清廷治国乏才，林则徐被重新起用为陕甘总督。他还先后出任陕西巡抚以及云贵总督。直到道光二十九年（1849）因病辞职回乡。满腔报国热血的林则徐一直到死都在为国奔走，道光三十年（1850）十一月二十二日，林则徐作为钦差大臣病死在前往广西镇压拜上帝会途中的潮州普宁县（今广东普宁北），终年65岁。

在那个朝廷混乱，吏治腐败，内忧外患的时代，林则徐不畏艰险，不图荣华富贵，全心为国为民。作为近代中国"开眼看世界"的第一人，他那卓有远见的目光，使他能够突破传统的束缚，积极倡导学习西方先进的技术知识，这种开放的心态和进取的精神在当时的社会环境中是极为难得的。他一心报国，将自己的一生都奉献了抵御外敌和加强国防的事业上。哪怕在遭受冤屈的时候，也从未动摇过自己的信念和使命。他是中国人民的骄傲，无论在古代、近代或是现代，他都是值得我们景仰的英雄。

被权势玩弄的亲王

助帝亲政的和硕郑亲王济尔哈朗

人物名片

爱新觉罗·济尔哈朗（1599—1655），清太祖努尔哈赤的弟弟舒尔哈齐的第六子，第一代和硕郑亲王。一生经历太祖、太宗、世祖三朝，曾辅助幼帝福临，是清朝一代权高位重的亲王，一生荣光。

人物风云

济尔哈朗的父亲叫舒尔哈齐，是清太祖努尔哈赤的亲弟弟。济尔哈朗12岁时被努尔哈赤收养，努尔哈赤既是他的伯父还是他的养父。"济尔哈朗"这个名字是一个蒙古名，意为"快乐、幸福"。当初的满族在入关之前，与草原上的蒙古文化有交流和交融，当初许多满族人也取蒙古名字。父母当初为他取这个名字就寄托了良好祝愿。但济尔哈朗的童年是不是真的幸福快乐呢？

济尔哈朗的父亲和三位兄长都被努尔哈赤、皇太极父子所害。所以从一定意义上来讲，努尔哈赤还是济尔哈朗的杀父仇人。但他却为这个家族效力一生，37岁受封和硕郑亲王，45岁与多尔衮一起辅政，同为辅政叔王。济尔哈朗在这个家族的仇恨与情分中选择了情分，这话从何说起呢？

努尔哈赤兄弟共5人，济尔哈朗的父亲舒尔哈齐是努尔哈赤同母所生的三弟。舒尔哈齐从小也受尽后母虐待，吃尽苦头，但也造就了一身铁骨。努尔哈赤后来起兵，从一个小村落壮大到万人，权势剧增。而他的弟弟舒尔哈齐也不甘落后，也拥有了5000余人的部落，兵马充足，两人还常常一起相约练兵。但是努尔哈赤哪里容得下别人势力壮大，即使是自己的弟弟，他也害怕会威胁到自己的地位。而舒尔哈齐也想独立，于是万历三十七年（1609）初，他带领兵马前往筑造新城。但半路上就被努尔哈赤劫持，努尔哈赤将其囚禁两年后，舒尔哈齐于48岁死去。43年后，于顺治十年（1653）被顺治帝追封为和硕庄亲王。舒尔哈齐有九个儿子，死了两个，济尔哈朗是四子。努尔哈赤死后，皇太极即位，为了巩固权位，济尔哈朗的哥哥阿敏也被囚禁。阿敏跟随努尔哈赤南征北战，功勋卓著，是仅次于努尔哈赤二儿子大贝勒代善的和硕贝勒。皇太极为了铲除这个心头大患，为他罗列了几十条罪名，将其囚禁到直至55岁逝世。但阿敏也的确有异心，他对于父亲的死耿耿于怀，当初出征朝鲜的时候还意图分裂，甚至丢了永平城。如此，就足够皇太极治他死罪。拿阿敏与济尔哈朗做个比较，济尔哈朗就显得幸运得多。

  当初他被努尔哈赤收养时年仅12岁，不了解也不懂得父辈的恩怨。在伯父的养育下，济尔哈朗与其他兄长也相处融洽。或者也正是因为他没有仇恨之心，才使得他的一生荣华富贵。

  崇德元年（1636），国号由"大金"改为"大清"，济尔哈朗晋封和硕郑亲王。和阿敏比起来，济尔哈朗不像阿敏一样狂躁粗暴，宽厚仁慈的他也与阿敏不合。对于阿敏的种种态度与想法，他也从不苟同。自从阿敏入狱后，镶蓝旗就归了济尔哈朗所有，人口财产也尽收入济尔哈朗囊中。正是这样，济尔哈朗看着自己不仅没有遭遇不测，还权、利双收，所以他不敢有异心，一直对清廷尽心尽力，还曾率众发誓要一直效忠清廷。济尔哈朗在皇太极执政期间是一帆风顺的，他精明谨慎，皇太极正是看着他这样忠心，从小又一起长大，所以对他非常信任，济尔哈朗在朝中也很被器重。

  崇德八年（1643）八月初九日皇太极驾崩后，朝中两派的夺位斗争势力水火不相容。皇太极长子肃亲王豪格与皇太极之弟多尔衮，分别把握着手中的两黄旗和两白旗对立不下，局势紧张。一向小心行事的济尔哈朗不愿蹚这趟浑水，在这件事情上面孔多变。先是支持豪格，后来又进行调和，最终双方各自让步，皇太极第九子福临即位，多尔衮与济尔哈朗辅政。

福临即位后，济尔哈朗辅佐幼帝也是兢兢业业。多尔衮权势逼人，手段高明，虽然济尔哈朗年长，但谨慎的他不久后还是决定将政事决策的第一位置让给了多尔衮。多尔衮在外征战剿灭明遗，他便在幼小的福临面前尽心尽力。顺治元年（1644）九月，清帝入驻北京，多尔衮被封为叔父摄政王，济尔哈朗被封为信义辅政叔王。

虽然在名号上不相上下，但是面对年轻气盛威望极高的多尔衮，济尔哈朗选择明哲保身，对多尔衮是一味退让，并甘居下风，甚至还常常阿谀奉承，讨好多尔衮。不出多久，朝权都尽握在摄政王多尔衮手中了。

宽厚的济尔哈朗意图维持朝廷内部皇族的安稳和谐，但多尔衮本来就因为没有夺得帝位而很不甘心，在忠臣的隐忍下野心更是剧增。虽然只是摄政王，但实际上朝廷的决策大权都在多尔衮手中，就连皇帝的玉玺都被多尔衮搬回府中。多尔衮不但不感激济尔哈朗的一再退让，反而想除掉这个与自己同为辅政大臣的济尔哈朗。他三番四次指使小人污蔑济尔哈朗，并将其治罪。遭遇如此陷害的济尔哈朗，先是被免去了辅政大臣职务，接着一路从亲王降到郡王，又变成定远大将军远征南明。顺治七年（1650）凯旋回朝，后被恢复了亲王位置。

顺治七年十二月，多尔衮在围猎时坠马身亡，年仅39岁。生前作恶多端、独揽大权的他给济尔哈朗造成了诸多打击和困扰。多尔衮死后，因其生前恶行被治罪，此时济尔哈朗在朝中的地位变得举足轻重。他开始着手清理多尔衮的党羽，瓦解多尔衮在朝中交错纵横的关系，消除隐患。多尔衮的亲哥哥阿济格密谋夺取摄政王王位，被济尔哈朗事先埋伏，阿济格被赐死。并对于之前背弃盟友投靠多尔衮的拜音图、巩阿岱、锡翰等人严加惩处。多尔衮死后，济尔哈朗意图寻求朝内王公一同控诉他的生前罪名，于是他极力劝说顺治七年被多尔衮任命为"理政三王"的巽亲王满达海、端重亲王博洛、敬谨亲王尼堪联合自己整理朝政。这三王本是多尔衮的亲信，在多尔衮摄政期间一直被重用，如今眼看着多尔衮倒下了，眼前局势也错综复杂，于是便在济尔哈朗的劝说下从了济尔哈朗，后来还向皇帝举证了多尔衮的罪行。

不管是出于个人恩怨，还是为了朝廷大局着想。济尔哈朗清除了多尔衮的专权势力，为清廷之后的长治久安提供了很大的保障，对于巩固清朝的统治，恢复朝廷的秩序和稳定有着重要意义。

　　济尔哈朗不愿为权势所困。多尔衮死后，福临对他极为器重与信任，凡是济尔哈朗所提的要求，所进谏的意见，福临都一一思量尽都接受。可以说，济尔哈朗是苦后有甜的。在多尔衮摄政的七年里，济尔哈朗受尽了挤压与迫害，在朝廷中举步维艰。多尔衮离世后，他便地位尊高，一身权势。福临当时年仅14岁，虽然年幼但已经颇有见识。可他毕竟是个少年皇帝，在许多政事上无法很好地决策与施行。福临一直将多尔衮的恶行看在眼里，只是苦于没有办法。多尔衮死后，济尔哈朗着手帮他清除了多尔衮遗留的隐患，让他没了后顾之忧，福临对自己的这位叔父自然感激不尽。但他不愿像多尔衮一样争权夺利，最终落得个悲惨下场，所以深受器重的济尔哈朗选择急流勇退，保持晚节。不为谋权害命的勾当，不做伤天害理的事情。本来作为被努尔哈赤杀死的舒尔哈齐的儿子，济尔哈朗也许应该是像父亲和兄长阿敏一样在权力斗争的洪流中被牺牲，但他非但没有遭遇不测，反而位高权重，一人之下万人之上。济尔哈朗这种一直小心谨慎、满足现状的性格与态度也是使他一生避免不幸和收享荣华的一个重要原因。

　　济尔哈朗一生并没有经历多少的动荡波折，除了在多尔衮执政时期遭到迫害以外，其余的人生都是顺利且幸运的。

　　顺治十二年（1655）五月初，福临亲自前去探望这位病危的叔父。眼看着这位忠心耿耿的朝廷元老微弱地躺在自己面前，福临痛心地流着泪问他："叔父还有什么遗愿吗？"济尔哈朗面对这位幼主也是老泪纵横，回答道："臣受三朝厚恩，未能仰报，不胜悲痛。只希望早日取云贵，灭桂王，统一四海。"福临听了，忍不住心中悲痛的泪水，想着济尔哈朗到死还在牵挂江山社稷，因此仰天大叫："苍天啊！为什么不让朕的伯父长寿呢？"福临一直从济尔哈朗的房间哭到院子，在众臣劝他回宫时也留恋着久久不愿归去。这样的一段君臣感情说来也的确是真情实意，济尔哈朗自福临幼年便在福临左右，又是福临的叔父。他不像多尔衮那样霸权夺位，也多护着福临。看着这样一位情深义重的叔父即将驾鹤西去，福临难免感伤落泪。

顺治十二年（1655）五月初八，济尔哈朗在位于北京西城区大木仓胡同的郑亲王府病逝，后葬在北京西直门外的白石桥。福临悲痛不已，下令休朝七天致哀，并赠给了济尔哈朗葬银万两，陵园十户，立碑纪功，封号由其子孙世代承袭，这个封号一直延续了17代，济尔哈朗落得个一生圆满，子孙荫福。

明哲保身的礼亲王代善

人物名片

爱新觉罗·代善（1583—1648），清太祖努尔哈赤次子，第一代礼亲王，身历三朝。代善是努尔哈赤的第一个妻子佟佳氏哈哈纳扎青所生，代善的母亲死的很早，甚至连清朝史书中都没有关于她的记载。代善出生时是万历十一年，这一年正是努尔哈赤起兵征服各部的时期。后随清军入关，顺治五年死于北京，谥号为烈。

人物风云

代善16岁起就跟随父兄驰骋沙场，他身先士卒，奋勇冲杀，战功卓著，参加的重大战役就有二十多次。万历四十四年（1616），努尔哈赤领导女真族统一各部建立后金后，论功封四大和硕贝勒，代善被封为大贝勒，是崇德元年（1636）以前一个满族亲王所能享有的最高称号。

代善在努尔哈赤的16个儿子里排行第二，仅次于长子褚英。努尔哈赤的16个儿子中，有8个是开国元勋，其他的也都分别立有战功。但只有六个人的寿命超过50岁，其中代善是寿命最长的。这些儿子中除了因伤病逝世的外，在当时战乱动荡的境况下，许多也是因为权力争斗而死的。例如长子褚英是因行为不端被父亲赐死的，五子莽古尔泰是因与其弟皇太极争权而死的，十一子巴布海以编造匿名帖陷害罪，十二子阿济格以口出怨言等罪，均在顺治年间被处死。代善在这样复杂争斗的险恶环境中，几十年始终有惊无险，一直到清朝入关以后的第五年（1648）66岁寿终正寝。

代善是次子，与长子褚英同为佟佳氏所生，比褚英小3岁。褚英身为长子，18岁就已经随军作战，英勇神武，年纪轻轻就获得了勇士称号。努尔哈赤晚年考虑汗位继承人时，首先就考虑了在他心中有着重要地位的褚英，意图让褚英嗣位。但这褚英心胸狭隘，了解到努尔哈赤一心想让自己继承汗位，于是肆无忌惮，擅作威福，常常欺压诸弟和大臣们。他不仅挑拨诸贝勒之间的关系，扬言父汗死后要夺取众人的财物势力，还要将与其关系不好的大臣处死。最后被欺压的诸弟和大臣们忍无可忍，群起向努尔哈赤告发。在查明真相后，努尔哈赤将褚英打入大牢，但褚英不知悔改，最终在两年后被努尔哈赤处死。褚英死后，汗位继承人自然就落到了代善的身上。代善同为大福晋佟佳氏所生，不仅年长，而且在诸子中战功最出色，同时还拥有正红旗、镶红旗两旗势力，自是最佳的继承人。褚英死后，努尔哈赤宣布代善为嗣子，同时还曾预留谕旨说："我死后，想把小儿子们和大福晋给大阿哥（代善）厚养。"代善在褚英死后身居诸子之首，又是努尔哈赤认定的汗位继承人，军功卓著，手握重兵，权势日益增加。但可能是功高震主，或许是因为权大逼君，代善逐渐成为众矢之的，直到后来汗位继承的梦化为泡影。

天命五年（1620），努尔哈赤的小福晋代因察向他揭发大福晋乌拉那拉氏与代善关系暧昧。碍于家丑不可外扬，在这件事上，努尔哈赤虽然没有直接处罚代善，但是却一直耿耿于怀，在心中埋下了对代善的不满。这乌拉那拉氏名为阿巴亥，是乌拉部贝勒满泰之女，努尔哈赤的第四个妻子，先后为努尔哈赤生下了三个儿子阿济格、多尔衮和多铎。她12岁就嫁给了努尔哈赤，比努尔哈赤小31岁，正与代善年纪相仿。虽然年纪差距很大，但丰姿绰约的阿巴亥深得努尔哈赤宠爱，两人的婚后生活20年以来一直很美满。

虽然无法确认两人是否有奸情，但是面对这种尴尬的情况，努尔哈赤还是感到十分苦恼。此时的努尔哈赤已经62岁，他还曾亲自表示自己死后要将大福晋和诸幼子交予代善收养。代善是指定的汗位继承人，满族本又有"父死子妻庶母"的旧俗。在努尔哈赤年老衰弱之时，年轻的大福晋为自己铺设后路其实也是理所当然。但是相处了20年的妻子如今对自己的儿子有了情意，这让努尔哈赤难以释怀。碍于不想将这个丑闻闹得沸沸扬扬，努尔哈赤只好找了个理由休了大福晋乌拉那拉氏，也没有对代善深究。但这件事还是在努尔哈赤心中留下了对代善不满的根源。

当然，也不仅仅是因为这一件事就使代善的继承之梦落空。在大福晋被休后不久，努尔哈赤下令将都城由界藩山城迁至萨尔浒城（均位于今辽宁省新宾县境内）。努尔哈赤考察了当地环境，为诸贝勒划分了府邸建造的土地，代善不满于努尔哈赤划给自己的府址，认为其长子岳讬的领地比自己的好，就向努尔哈赤要求调换。努尔哈赤满足了他的要求，可代善得寸进尺，仍旧不满，又反复几次提出更进一步的要求。这样的举动让努尔哈赤很不满，觉得代善斤斤计较，小肚鸡肠，不懂得体谅父辈，没有孝心。就这样的一件小事，使得父子之间的隔阂又加深了。但即使是这样，努尔哈赤还是没有想过罢免代善嗣子的资格，直到半年后，震惊后金朝廷的代善虐待前妻之子之事发生。

当时代善的次子硕讬企图叛逃投靠明朝，事情败露被捉拿。虽然是自己的亲儿子，但代善却一反常理，不仅不为儿子求情开脱罪名，反而一再向努尔哈赤跪求要亲手杀掉这个逆子。努尔哈赤没有贸然答应他，而是派人调查事情的真相，很快就查明了原因。原来这硕讬是代善前妻的儿子，代善常被继妻挑拨唆使，硕讬在家中是受尽虐待，走投无路才有了叛逃明朝的想法。努尔哈赤怜悯硕讬，将他留在身边，并且对代善严加斥责："你也是我前妻生的儿子，你看我虐待你了吗？为什么要听信后妻的话虐待硕讬？"代善自知理亏，不敢回应，气急败坏的他就逼小妾喀勒珠指认硕讬与妾室通奸。努尔哈赤十分重视这件事，亲自调查取证。喀勒珠不敢欺瞒，于是如实禀告自己是被代善与继妻所逼的。得知真相后，努尔哈赤又愤怒又失望，代善在他心中已彻底失去了信任。努尔哈赤认为代善如此轻易听取谗言，连家事都处理不好，难为一国之君，他当众严厉斥责了代善，还下令废除了他的嗣子之位，收回了他手下的部属。代善此时被废黜，权势尽失才如梦初醒。他亲手杀死了屡进谗言的继妻，在努尔哈赤面前下跪认错，努尔哈赤念在父子之情，网开一面，虽没有恢复嗣子之位，还是将部属还给了他。这件事情给代善留下了刻骨铭心的教训，在以后的日子里他行事处处小心。

努尔哈赤两次立嗣都因为两个贝勒本身的问题而失败，他从此不再立嗣，宣布由八个和硕贝勒共同治国理政，但作为贝勒之首的代善仍然影响深重。而且论起代善自身，也不适合成为一国之君。与大福晋暧昧，听信继妻谗言虐待前妻之子，修建府邸时私心重，说明他在情、色、财三关上过不去。虽然不再是继承人，但对于代善来说也并非坏事，不再置身于权力斗争的中心，也使得他日后能有个圆满的结局。

努尔哈赤死后，在汗位继承的问题上，除去残暴的二贝勒阿敏和有勇无谋的三贝勒莽古尔泰，代善和皇太极成为两个最有可能继承的人选。虽然代善资历实力都比皇太极强，但代善不露锋芒，能忍则忍，能退则退，不愿蹚入权力斗争漩涡的他，主动将汗位让给了皇太极。不过当时的代善拱手让位也是因为他较之皇太极有不足之处，即当初被努尔哈赤废黜的他名誉不如皇太极。而且有研究表明，天命五年对于代善的控告案，其背后操纵者就是皇太极，朝中人也多都敬仰皇太极。自知威望、心计、权谋和才干都比不上皇太极的代善吸取教训，主动退出权势较量，顺水推舟将皇太极推举上了皇位，以免受其害。崇德元年（1636），代善协同众臣为皇太极请上尊号，称皇太极为"宽温仁圣皇帝"。皇太极改"汗"称"帝"，同时把国号由"大金"改为"大清"。

皇太极称帝时，封代善为"和硕礼亲王"，并加授"皇兄"称号。代善还参加了皇太极在位时期对明朝的大部分征战立下了汗马功劳。代善的主动让位修补了和皇太极之间的关系，平日里行事小心的他也得到了皇太极的尊重，避免了内部争斗，且才干过人的皇太极即位后治国有方，巩固了清朝统治，在这一点上，代善也是功不可没。

皇太极死后，在豪格和多尔衮剑拔弩张的皇位争夺中，态度中立平和的他提醒大家避免自相残杀，后来双方拥立福临继位后，他与济尔哈朗和多尔衮共同辅政，在朝中一直深受尊敬。清廷入关后的第五年，代善病逝在王府，得到了厚葬。代善王府即位于今北京西安门外东斜街酱房胡同口。

代善身为努尔哈赤之子，战功赫赫，权势并重。历经三朝，一生为清朝做出了重大贡献。面对动荡的政局，小心谨慎的他明哲保身，落得个长寿美满的结局，造福子孙，在清初八大"铁帽子王"中，代善一家就占了三个。

大野心家睿亲王多尔衮

> 人物名片

爱新觉罗·多尔衮（1612—1650），清太祖努尔哈赤第十四子，第一代睿亲王。他文韬武略，深谋远虑，是战场上骁勇的领将，也是朝廷中卓著的权臣。在顺治帝福临即位期间辅政，为摄政王，争权夺利，意图独揽朝权，是清朝当时权力至高的领导者。后在一次围猎时坠马身亡，英年早逝，死后还被追加多项罪名。

> 人物风云

多尔衮是努尔哈赤第十四个儿子，多尔衮的母亲阿巴亥，乌拉那拉氏，是清太祖努尔哈赤的第四个妻子。多尔衮很受努尔哈赤的喜爱，但努尔哈赤不像宠溺其他孩子一样对待多尔衮，而是从小就开始栽培和训练多尔衮。多尔衮15岁时母亲去世，给了多尔衮很大的打击。16岁的时候，多尔衮就跟着兄长皇太极进攻蒙古察哈尔部，英勇神武，第一次作战就被皇太极授予了"墨尔根代青"（蒙古语，意为聪明的战将）的称号。多尔衮从小受到很多来自家族里的影响和刻意地栽培，皇太极在位期间的重大战役他几乎都亲自参加了，而且战功赫赫。每次战役他都一马当先，冲锋陷阵，在炮火箭矢齐飞的战场上，兄长皇太极也常常担心他遭遇不测，因此时常责备多尔衮的部下对他不加以阻拦。

多尔衮目光敏锐，深谋远虑。在皇太极与众大臣商讨兴国大计时，他向皇太极建议后金应当在征明及征讨察哈尔、朝鲜中以征明为先，要把撼动大明根基放在首要位置。皇太极分析当时局势后，接纳了多尔衮的建议。他整顿兵马，选择适当时机深入明朝境内，损耗明朝残余力量，为入主中原做准备。多尔衮还将元朝的传国玉玺呈奉给皇太极，天聪八年（1634），皇太极改汗称帝，多尔衮因为功勋卓著被封为和硕睿亲王。

崇德八年（1643）八月皇太极死后，清廷内部因为立嗣的问题争论得剑拔弩张，一派是两白旗的肃亲王豪格，一派是多尔衮和弟弟多铎拥有的两黄旗力量。

由于皇太极生前没有立下遗诏,因此双方为皇位势必要争个你死我活。多尔衮虽然想登上皇位,但他不愿看见清廷入关打下的稳固江山因为内部斗争而出现裂缝。于是多尔衮提出由皇太极的幼子福临即位,由自己和济尔哈朗辅政,这一折中方案得到了双方的认可,斗争才得以平息。从这样的事件看来,多尔衮虽然权势欲强,但他是睿智、顾全大局的。多尔衮这样的选择不仅避免了清廷的内部冲突,而且因幼帝尚小,使得权力全握在自己手里。从顺治元年(1644)清朝入关到顺治七年(1650)福临亲政,他摄政的七年里,为大清江山巩固了根基。多尔衮是当时实际上的最高统治者,他掌握着军政大权。他指挥清军入主中原,击败李自成的农民军,降服吴三桂,率领大军风卷残云般清除了反清的势力和障碍。

当时的幼帝福临不谙世事,朝廷大权自然就掌握在了多尔衮的手中。

多尔衮对于国家重要的战略问题是态度坚决的,清军入关后建都北京,就是多尔衮排除众议决定的。建都北京使得清朝的统治中心从关外转移到了关内,使大一统的进程更进了一步。而这一切都有赖于当时摄政的多尔衮的目光与谋略。多尔衮还拒绝了南明弘光政权的议和割地纳银的条件,毅然出兵进军南方,粉碎了南明政权,避免了中国南北分裂割据的现象。

多尔衮在他摄政时期也实行了许多顾及民生的政策,他免除了明末统治者用兵时留下的三饷弊政,减轻了老百姓的负担,为清朝"轻徭薄赋"政策做了一个很好的开端。他还废除了一切私派,矫正了民间风气。多尔衮重用人才,包括汉人,清承明制,合理地治理着清朝江山。多尔衮还大力宣传鼓励满汉通婚,增加民族之间的交流和感情。他知道满族对汉族在战事中造成的矛盾激化很深,清朝的长治久安需要各民族和谐共处,所以他一直倡导满汉一家,就连皇帝选妃有一部分也是汉女。在多尔衮摄政的时间内,虽然他争权夺利,遭到许多人唾弃,但他凭借出色的政治才能和魄力,也留下了不少政坛佳话。由于清朝统治前部族内外权势斗争频繁,导致许多宗室贵族世代恩怨错综复杂,皇室内部矛盾激化,进而影响内部稳定凝聚。多尔衮便着手整理之前留下的冤案,为许多父辈兄长时期留下的冤狱昭雪平反,这在一定程度上避免了清廷内部皇室的积怨和冲突。

当初努尔哈赤杀掉势力威胁到自己的弟弟舒尔哈齐,皇太极又囚禁舒尔哈齐之子阿敏,两家结怨颇深。多尔衮摄政后先是恢复了舒尔哈齐子孙的宗籍,还重新追封舒尔哈齐为和硕庄亲王。努尔哈赤长子褚英当年被赐死，他的孙子等人也被皇太极革去爵位。多尔衮将其重入宗籍，子孙恢复封爵等等，可以说多尔衮在解决皇室矛盾问题上开了一个好头。与此同时，深谋远虑的多尔衮也在恢复这些贵族子弟荣耀的同时也收获了人心，扩充了自己的势力，许多宗室子弟都成了多尔衮的亲信。多尔衮的野心是很大的，他在平反的同时也借机对付自己在政治上的敌人，当初反对过自己的人他都一一想办法报复。他对当初与自己争夺皇位的肃亲王豪格怀恨在心，加以迫害，试图削弱他的势力。顺治元年（1644）三月，多尔衮以豪格"图谋不轨"为罪名，削去其王爵，并将其罚为庶人。在顺治三年（1646）豪格出征四川镇压大西军的时候，多尔衮以包庇部属、冒领军功将他囚禁，豪格不久就悲愤地死在狱中。多尔衮对其他的反己势力也从不手软，在当时也制造了许多冤狱。

多尔衮虽然在政治上雄才大略，但他阴险势利的行为却为人唾弃。他在摄政时期铸就了许多弊政。他下令强迫汉人剃发穿满服，这一举动引起了当时很大的民族冲突与民间的反清活动。另外，多尔衮在执政时期大肆圈地，不管什么房地只要他看上眼的就强占。他还下令将北京城内的许多居民逼迫迁往外地，以此为满清贵族和八旗子弟腾出地方，并将许多农田强占分给王公和官兵。当时他不顾及民生民情，许多百姓因此流离失所，国家的农业生产力也不断下降，各地百姓一片怨声载道。当时分给王公贵族和八旗子弟的土地无人劳作，多尔衮就下令强抓汉人逼迫他们投在八旗下做奴仆，对待他们像奴隶一样。他还制定了严禁奴仆逃跑的法规，残酷至极。这样一来，又引发了大规模的饥荒和逃亡，民不聊生。

顺治五年（1648），多尔衮由"叔父摄政王"变为"皇父摄政王"，权力和地位也更进一步。多尔衮掌握着朝政大权，成为名义上的"太上皇"，权力强势的他在朝中无所忌惮。但就在多尔衮春风得意、大权在握的时候，却因为一次意外撒手人寰了。

满族人精通骑射，多尔衮作为曾带领清军打下江山历经沙场的将军，更是弓马娴熟。多尔衮爱好打猎，每次出行都收获颇丰。顺治七年（1650）十一月，多尔衮去古北口打猎，不小心从马背上摔了下来，于是便开始一病不起，十二月初九就死在了喀喇城，年仅39岁。不过多尔衮猝死也并不蹊跷，据说他入关后身体就一直不好，体弱多病。加上朝事繁重，多尔衮曾经一度腰都弯不了，小皇帝福临还免了他的跪拜之礼。多尔衮的身体迅速恶化还与他精神上的创伤有关。顺治六年（1649）三月，多尔衮的亲弟弟，年仅36岁的多铎因出天花而死，紧接着两位弟妹殉死，两位嫂子也天花而死，不久他的元妃也因天花去世了，面对着亲人的接连去世，再坚强的多尔衮也受不了打击，同时也加剧了他的病情。

多尔衮生前无比风光，幼帝福临虽然对多尔衮的独权专横看在眼里，但从未采取行动对付多尔衮，所以多尔衮一直到死都在握着大清的重权。多尔衮死时，满城震惊，天下臣民都易服举丧，福临还亲自迎接灵柩，举办了祭奠礼。多尔衮被追尊为"诚敬义皇帝"，庙号成宗。生前霸权夺政的多尔衮，死后荣耀达到了顶峰。虽然是英年早逝，但也可以说是功德圆满。可是多尔衮的人生并没有以轰轰烈烈的风光收尾。多尔衮死后，许多文武官员甚至多尔衮生前的亲信都来揭发多尔衮生前的罪行。窥欲皇位，夺取朝政，霸权专势，谋害忠良等等恶性一一被翻了出来。

顺治八年（1651）二月，多尔衮生前贴身侍卫的苏克萨哈、詹岱两人首先揭发多尔衮的罪行。随后墙倒众人推，许多王公大臣开始翻旧账，给多尔衮罗列了许多罪名：

1. 摄政王多尔衮生前私藏天子用物，意图谋篡；
2. 独擅威权，使其弟多铎代替郑亲王辅政；
3. 逼死肃亲王豪格，娶其妻；
4. 背弃誓言，妄自尊大，自称"皇父"；
5. 亲到皇宫内院挟制皇上；
6. 批阅奏章，都用皇父名义；
7. 违背情理，把生母入于太庙；
8. 藐视皇帝，霸掌朝权。

罪名一成立，皇帝便下令掘出多尔衮的尸骨鞭打，本来万古流芳的多尔衮落得个尸骨寒凉的下场。

多尔衮是皇族子弟，开国功臣，但他一心霸权，舞弊弄政，最终与他的同胞兄弟一样，命运都以悲剧结束。

"神力王"肃亲王豪格

人物名片

爱新觉罗·豪格（1609—1647），第一代肃亲王，爱新觉罗·皇太极的长子，母亲是叶赫那拉氏。出生于明万历三十七年，死于清顺治五年，一生戎马倥偬。他在十七岁时被封为贝勒，二十八岁时晋封和硕肃亲王，可谓是青云直上，位极人臣。传说中的豪格为人勇武，力大无穷，有着"神力王"的美誉。

人物风云

豪格的父亲皇太极一生总共有十一个儿子，豪格是他的第一个儿子。作为皇长子，豪格活得并不轻松，可以用"命运多舛"来形容。豪格一生受过四次重大的挫折。第一次是在崇德元年（1636），因故被降爵；第二次是在崇德八年（1643），阴差阳错地失去了皇位；第三次是在顺治元年（1644），又凄惨地被废了爵号，贬为庶人；第四次是在顺治五年（1648），这次被黜爵入狱，豪格也因此而殒命。

崇德元年，豪格被降亲王爵号，其实根本原因不是他本人的因素，而主要是因他与莽古济家的婚姻关系才遭到了牵连。说到这个莽古济，她的身份是努尔哈赤与大福晋富察氏的女儿，是大贝勒莽古尔泰和贝勒德格类的同胞姐妹。明朝万历二十九年（1601），努尔哈赤原本准备把她嫁给哈达部贝勒孟格布禄。可是，后来因为孟格布禄与努尔哈赤的侍妾通奸，继而又暴露出想谋反的意图，就被怒不可遏的努尔哈赤一气之下而杀掉了。可是把人杀了并不能解决问题，反而让问题更加的激化，努尔哈赤此时也不想把矛盾升级。于是，为了笼络哈达部的人心，努尔哈赤就把莽古济嫁给了孟格布禄的儿子武尔古岱。这一年，莽古济十二岁。天命末年，她的丈夫武尔古岱病逝。之后，莽古济为其守寡多年，一直到皇太极登基，才又改嫁蒙古敖汉部博尔济吉特氏琐诺木杜棱。

莽古济与前夫武尔古岱生一共生有两个女儿，其长女嫁给了代善的长子岳讬，二女儿则嫁给了皇太极的长子豪格。莽古济之于岳讬和豪格来说，她的身份既是姑姑又是岳母，她们这样的婚配从遗传学角度来说属于近亲结婚，不过这样的做法在当时的满族社会中颇为盛行，其实不仅是满族社会，在各朝代中都屡见不鲜。他们讲究亲上加亲的做法，这样做不仅能够加固加深两个家族的利益关系，更能时刻的守望相助，是利益联盟。可是，这次的亲上加亲并没有化解家族内部的矛盾，反而使得矛盾更加深一步。因为，莽古济此人性格中有着草原儿女特有的倔强，再加上她与皇太极又一向不和，这对同父异母姐弟间的怨恨愈演愈烈，针尖对麦芒是谁也不服谁。这时，被他们强拉入场的豪格就处在了两难的境地，无论怎样都无法摆脱这样复杂的纠葛。一般是自己的生身父亲，一边又是自己的姑姑和岳母，两边都是至亲，可偏偏又是一对水火不容的冤家。豪格夹在中间成了一个名副其实的"汉堡包"，是割不断，理还乱。豪格左右为难，可是更令他想不到的是，一场对于他来说更大的危机即将到来。

天聪九年（1635）的年底，大贝勒莽古尔泰在生前曾与妹妹莽古济、弟弟德格类谋逆一案被莽古济韵家人举报，说他们三人曾在佛像前焚烧誓词，图谋不轨。想有不良意图，那可是要着重查处的，在抄家时，手下兵士搜出了十六枚木牌印，其上印文为"金国皇帝之印"。正是这几个字被视作了莽古尔泰谋篡汗位的确凿证据，而莽古济也在其中。此案一翻出，豪格就知道情况不妙，他从小就对皇太极是又敬又怕，此时他更怕自己卷进这滔天漩涡之中，为了避免牵连到自己就把自己的妻子亲手杀死了。他想，杀死了妻子就等于切断了与莽古济的关系，如果再有什么事情也牵扯不到他了。可是，他这样做的行径未免让人太过心寒，那可是他的妻子啊！更何况他与妻子还有表兄妹这一层的关系，两人是郎骑竹马，女绕青梅，两小无猜，婚后也是互敬互爱，相濡以沫，感情颇为深厚。纵观豪格的整个人生，无论他是在外征伐，还是为人处世，从没有过说他为人残暴或是性情暴虐的记录，这就说明他本人其实并不是一个心狠手辣的人。可是，身在局中，有些事情并不是以他的意志为转移的。他的父汗是至高无上，不可抗拒，一切都是以父汗的利益为先。豪格对妻子下此毒手，其实也是被逼无奈。谁让他生在帝王家呢？

事后，皇太极对豪格杀妻这一举动并没有什么过多的表示，不过在他的内心里应该还是大为赞许的。因为，在分配莽古尔泰的财产时，皇太极就分给了豪格很多，首先就分给他八个牛录的人口，并且还将原属莽古尔泰的正蓝旗加以改编，并任命他为正蓝旗的和硕贝勒。紧接着，又晋封他为和硕肃亲王。这样，短短数月间，豪格就从皇子一跃成为拥有一旗强大实力的六大和硕亲王之一。要说这样的地位是何等的尊贵，要是一般人早乐得不知道如何是好了，可是豪格这位看似前程远大、风光无限的亲王却没有因为地位升迁而感到丝毫的喜悦。他不能忘记是如何把跟自己从小一起长大的妻子杀死的，他愧疚，无言以对，他越不过心中的那道坎，难以忘怀。这不仅是对妻子的愧疚，也还掺杂着他对姑姑、岳母莽古济的怀念之情。这样的感伤一直在他心里埋藏着，藏得让他难受。于是，他就经常和同病相怜的堂兄弟岳讬聚到一起，跟他发发牢骚，说到皇太极对莽古济一案的处理时还常常表露不满。天下没有不漏风的墙，更何况皇家是不存在秘密的，自有人在暗处里盯着他们。豪格的这一举动很快就被人密告到了皇太极那里，可是而知，皇太极当然是龙颜震怒了，就下令对豪格和岳讬二人进行处罚。其结果是一致认定豪格与岳讬是结党营私，有怨恨皇上之心。但是，在讨论如何处罚两人时就出现了意见分歧。有一半的人是主张将二人处死，还有另一半人则主张将二人监禁。这两个意见是僵持不下，最后还是由皇太极乾坤独断，他将二人都免死，不过死罪虽免，活罪自然要受着了。皇太极将豪格的亲王爵位革去，降为贝勒，这等于连降了两级，并且还有罚银千两的严厉处罚。豪格此时，刚刚晋封肃亲王八个月，这等于亲王的帽子还没戴热乎就被人摘掉了，豪格受到如此大的挫折，情绪一时之间沮丧到底，是低落得不能再低落，恨不得把自己化为尘埃。这样，经历过此事后，他发现人言可畏，于是在人前背后说话更加谨慎小心，再也不敢有丝毫造次。就怕一言不合，惹来杀身之祸。

　　时间转眼到了崇德四年（1639），出外征战明朝的豪格和多尔衮率军凯旋回到盛京，把缴获回来的金银珠都呈献给皇太极。皇太极看到他们收获甚丰，不禁大喜，一高兴又恢复了豪格的肃亲王爵位。这时，已经距离他被降爵过去了三年的时间，看来，在皇太极的心中，豪格这个儿子也没有占有多大的位置，在皇帝面前，他首先还是一个臣子，然后才是其他。崇德八年（1643）八月初九，因为皇太极的突然逝去，并未能立嗣君。这让豪格又再次经历了挫折，这是他人生的第二次大转折，可是他的运气实在太差，在与叔父多尔衮争夺皇位时未能胜利，黯然地与皇位擦肩而过。

其实，关于皇位的争夺，早在皇太极生前，就已经拉开了序幕，许多人都瞅准目标，开始分党结派，暗地里是斗得天昏地暗，只不过大家都是心知肚明不说而已。当时，有礼亲王代善、郑亲王济尔哈朗、睿亲王多尔衮、肃亲王豪格、武英郡王阿济格、豫亲王多铎、多罗郡王阿达礼，这些亲王和郡王总共有七人，是皇位的竞争者。其中，最有力量和资格争夺皇位的就是多尔衮和豪格。这两个人虽是叔侄关系，但说到真实年龄，豪格却比自己的叔父多尔衮还大三岁。无论从年龄、阅历，还是功勋、地位等方面来说，两人都各有优势，差别不大。如果是按照父死立子的方式的话，那么，身为长子的豪格当仁不让的是帝位不二的继承者。可是，要按照满族先世的惯例兄死弟继的话，那么继位的人就应该是多尔衮。怎么说，都是合情合理。于是，争斗也由此展开。

就在皇太极死去后的第五天，皇位争夺战正式上演。因为多尔衮征战多年，手中握有实权，他对帝位觊觎已久，是野心勃勃地想要上位。于是，他就召见内大臣索尼一同商议帝位继承人的问题。当时，豪格的呼声很高，皇太极底下的两黄旗都主张拥立其为君，纷纷向他表示拥护。豪格得到这个消息非常高兴，拥有两黄旗的力量，那么登上帝位的筹码就更加稳固了。于是，他马上派人告知郑亲王济尔哈朗，济尔哈朗也表示赞同。可是，为了避免发生流血事件还是要与多尔衮商议一下，看最终到底是谁继位。豪格这边有人拥护，多尔衮那边也有众多的追随者和拥护者，多尔衮和多铎所领的两白旗就着力主张立多尔衮为皇帝。有的人，如豫王多铎、英王阿济格就曾经跪地劝说多尔衮早登大位，否则，迟则生变。但是，在众人的追捧下，多尔衮还是保持着清醒的头脑，他审时度势，并没有贸然应允。他知道，如果他率先继位的话，名不正言不顺，那么就成了众矢之的，成为大家争相讨伐的对象，只有没有脑子的人才会贸然行事。到了第二天，诸位王公大臣在崇政殿商议立帝的事宜，毕竟国不可一日无君，为了江山永固，还是及早立下的好，皇位斗争也因此达到白热化的程度。豪格和多尔衮双方人马是相持不下，隐隐有了兵患之像。最后，多尔衮想这样僵持着也不是办法，于是他就提出折中建议，让皇太极的儿子福临继位，这样两人都不用争了。既然谁也不甘心让对方做皇帝，那就索性都别做，另择他人。其实，多尔衮还是看准了福临年幼好控制，他与济尔哈朗左右辅政，手握朝政大权，这与当皇帝有什么区别呢？所以说，多尔衮还是够聪明、够胆识的。就这样，一场剑拔弩张的危机终于消弭在尘埃中，而豪格在这场没有硝烟的斗争中完败而归。

豪格在这场争斗中失去的其实不仅仅是皇位，还失去了一个重要的依靠。他与多尔衮的竞争，对多尔衮来讲就是得罪了他，豪格没能让多尔衮如愿地登上帝位，虽然现在仍然是手掌朝政，可是说出来也是摄政王不是皇帝，在地位上毕竟是千差万别的。因此，多尔衮对豪格是心怀有恨，这就为豪格日后埋下了杀身隐患。所以说豪格是完败而归，是最大的受害者。其实，豪格错失帝位的关键不在于实力，关键还在于他的软弱，在于他的患得患失，确切地说，当胜利的天平已经向他明显倾斜时，他却向后退缩了一步，以致功亏一篑。他生性柔弱，不单从帝位之争中反映出来，从他以往处理与莽古济一家的关系，在父亲的压力下杀死爱妻的举动，也看得很清楚。这样的人即使当了皇帝，相信也不会是一个合格的帝王。当时，清朝是刚刚入关，局势未稳，形式诡谲多变，困难可谓是重重，如果国家的重担真的落到豪格的肩膀上，恐怕凶多吉少。也只有多尔衮这样的雄才大略、高瞻远瞩者，才能挥斥方遒，扫平群雄，一统天下。所以，不客气地说，豪格能够失去皇位，于大清是幸运的，于他个人则是不幸的。

就那样黯然的下场，豪格非常失落，心里郁郁，怎么想都是不甘心。他没有从自身反省错误，反而把一肚子郁闷都倾泻到多尔衮的身上，认为是多尔衮导致了他没有登上帝位，是多尔衮的错误。正因此，引来了他人生的第三次挫折。顺治元年（1644）四月，豪格所领导的正蓝旗的固山额真何洛会出面检举豪格"图谋不轨"。如此，豪格自己的后院没有看好，首先起了火。自家人揭发他经常散布不利于多尔衮的言论，这让他情何以堪。当时，清朝正准备大举入关，正是全国上下同心同德，需要同仇敌忾的时候，散布出来的这些流言蜚语显然不得人心，所以豪格更加的失去人心，而多尔衮也乘势对豪格加以打击。有机会落井下石，多尔衮是如何也不会放过的，更何况豪格是对他进行言语攻击。于是，他就召集诸王大臣会审，豪格的心腹均让他以"附王为乱"罪名处死，就是豪格本人也因此差点送命。当时，诸位贝勒和大臣均纷纷请杀豪格，可是年幼的皇帝福临却不准，那是自己的长兄，念在骨肉亲情，豪格才侥幸逃过一死。但是，死罪可免，惩罚却是难逃的。豪格被没收七牛录人员，罚银五千两，他也被废为庶人。同年十月，福临把京城从盛京迁北京，再次举行继位典礼，大封诸王。福临念及长兄豪格的功勋，就恢复了他肃亲王的爵位。不过，经过轮番的挫折，豪格已经意志消沉，更何况其实力已经严重受损，名誉更是不再如从前了。他的雄心壮志已经被岁月打磨得干干净净，皇帝让他做什么他就做什么吧！

顺治三年（1646）三月，豪格被任命为靖远大将军，统率清朝大军自陕入川，由此开始了他一生之中最辉煌的军事业绩。在四川，豪格率领的清军征剿张献忠大西军所向披靡，连败张献忠率领的大西军。由于张献忠的刚愎自用，最后被一箭射中心脏，当场死去。而豪格赢得了这场战役的最终胜利。顺治五年（1648）二月，豪格率大军凯旋。顺治帝还亲自在太和殿设宴犒劳立下汗马功劳的兄长和诸位将领。豪格也因为难得与兄弟能够如一家人一样把酒言欢而欢喜不已。可是，上天似乎对豪格极为吝啬，好运气总是在他身上稍作停留就飞走了，转而带来的则是灾难。

豪格回京后，只过了短短一个月的悠闲生活，就又被人举报了。是因为什么呢？当时，以贝子吞齐为首的贵族检举郑亲王济尔哈朗。郑亲王济尔哈朗初始被定为死罪，后来，从轻处置降为郡王，罚银五千两。皇太极在生前对济尔哈朗信赖有加，非常荣宠。而济尔哈朗对豪格也是多有关照，郑亲王失势，直接导致了豪格失去了最后一把保护伞。失去庇佑的他，处境可想而知。就在处理济尔哈朗两天之后，多尔衮就召集诸王大臣会议，专门对豪格的问题进行讨论。这时的多尔衮已非昨日，他已是清朝的摄政王，大权独揽，谁敢不服，就连顺治帝对他也不敢轻易说一个"不"字，更何况其他那些仰人鼻息的人呢？就这样，商量了一番后，以豪格犯有庇护部将、冒领军功及欲提拔罪人之弟等罪名，判了他的死罪。最后，虽然免去一死，但也把豪格囚禁在了狱中，爵位被削去，所属人员一并没收。豪格身陷狱中是生不如死，绝望、悲愤、不满、百感交集，他不知道这到底是为了什么？看不穿、看不透的他，最后因激愤而死于狱中，年仅四十岁。他何其悲哀，一生都生活中在挫折中，没有过上几天舒心的日子，堂堂的亲王最后落得个这样凄惨的下场，实在令人叹息。

其实关于豪格的死因，历史上有许多的说法，除了"卒于狱"，还有"自杀"或被多尔衮"谋杀"等不同版本，具体的历史真相是什么，已经无证可考。不过，两年以后，多尔衮去世，顺治帝得到了提前亲政的机会，他念及长兄豪格是蒙冤而死，就亲自为他平反昭雪，恢复了豪格和硕肃亲王的爵位，并立碑对他一生的功绩进行表彰。顺治十三年（1656），为其追加谥号"武"。在清代满洲贵族中，豪格是第一位按照汉族惯例被赐谥号的王爷。到了乾隆四十三年（1778），豪格因开国功绩，配享太庙。这些也算是对豪格的另外一种补偿吧！

一代贤明的怡亲王胤祥

人物名片

爱新觉罗·胤祥（1686—1730），康熙帝第十三子，第一代怡亲王。满洲正蓝旗人，敬敏皇贵妃所生。他能文能武，书画俱佳，除了具备良好的文化素养外，他的办事才能也是难得一见，擅长协调人际关系。在康熙朝时就被康熙帝所欣赏，雍正继位后他被封为和硕怡亲王，总理朝政，又出任议政大臣，处理重大政务。

人物风云

胤祥是清朝有名的"贤王"，他的一生颇具戏剧性，是清朝的传奇人物。他的前三十六年，一直默默无闻，并且还因为卷入储位之争而遭到圈禁。后八年，他是在其兄长胤禛继位后度过的。他从一个闲散皇子一跃升为亲王，得到了各种特权和殊荣，长期受到压制的才华也得到充分的施展。不过，可惜的是他只活了四十五岁。即使这样，他也是清朝历史舞台上那浓墨重彩的一笔。他身后备极哀荣，被追谥为"贤"，这是对他品行的最高评价。

胤祥出生在一个人口众多的特殊家庭。他的父亲康熙帝那是后宫佳丽三千，也使得他的兄弟姐妹众多，可以说多得惊人。我们来算一下，康熙十二岁大婚，两年后也就是十四岁有了第一个孩子，一直到康熙六十五岁最后一个孩子出生，康熙前后一共生有五十五个子女。那这样算来，胤祥就曾有过五十四个兄弟姐妹。

而在康熙帝的众多后妃中，胤祥的生母章佳氏地位并不显赫，出身很一般，她是满洲镶黄旗参领海宽的女儿，刚入宫时，就被册封妃。在康熙二十五年（1686）时，生下了皇十三子胤祥，二十六年（1687）生下皇十三女，三十年（1691）皇十五女出生。她在四年零两个月内，连续生了三个孩子。这在康熙中年以后的嫔妃中可以说是独一无二的，也充分说明当时她还是很受皇帝宠幸的。不过，红颜总是多薄命，她在康熙三十八年去世了。那时，她的儿女皆尚幼，胤祥十四岁，皇十三女十三岁，十五女刚刚九岁。章佳氏死后，被谥封为敏妃。在宫中，失去母亲的孩子，孤苦无依，生活艰难。为了保证他们顺利地长大，他们只能由其他嫔妃代为抚养。据说，当时抚养胤祥的就是德妃乌雅氏，也就是后来继承皇位的胤禛的母亲。命运的安排，让胤祥的命运早早地与胤禛的命运联系在了一起。两兄弟自幼朝夕相处，感情甚笃。胤禛长胤祥八岁，很有兄长的样子，对胤祥是多加照顾，他们一起学习，一起讨论时事，在胤禛的庇佑下胤祥成长着。他们这种亲密的手足之情，伴随着他们终生，经受住了严峻的考验，感情始终如一，这在皇家是弥足珍贵的。而胤祥的人生也因此而潮起潮落，悲喜参半。

胤祥六岁时，开始在皇宫内就学读书。学习的内容主要包括满汉文化，儒家经典以及书法和绘画。后来，康熙又为他找来了一个师傅，他就是法海。此人来历非比寻常，他是康熙的舅舅佟国纲的第二个儿子，换句话说，他就是康熙的表弟，也就是胤祥的表叔，是师傅再加上亲戚的关系。不过，这个法海可是当时满洲人中不可多得的博学硕儒，他二十三岁时就考中了进士，被授为翰林院庶吉士，又奉命在南书房行走，成为康熙身边的文学词臣。康熙三十七年（1698），康熙选派他在懋勤殿教导皇十三子胤祥和皇十四子胤禛。两人在法海门下一学就是十年，尽得法海的一身精髓，两兄弟后来均是才学俱佳的人才，这与法海执教有很大关系。

年少时，胤祥还是很得康熙宠爱的。他十三岁时，第一次离开京城，伴随父亲康熙前往谒陵。此后，康熙经常带着他四处巡幸。康熙一生先后六次南巡，在众多皇子中，随行次数最多的就是胤祥。康熙第三、四、五、六次南巡，胤祥都随侍在旁，参与其间。他还随同康熙巡幸过京畿、陕西西安、山西五台山，在塞外避暑围猎中也能经常看到胤祥的踪影。这样说来，他在青少年时代真的是非常得康熙的宠爱。要不然康熙有那么多的儿子，为什么偏偏选了他去伴驾呢，可见康熙对胤祥还是偏爱的。至于，康熙为什么对胤祥偏爱，想来也是有原因的。胤祥本人温文尔雅，在康熙面前从来都是乖巧聪慧的，这样给康熙的印象就很好。这印象一好，自然而然地就会经常想起他，想起他就会招过来看看，一看一了解就知道了胤祥是一个勤奋努力，才华横溢，能文能诗，书画俱佳的人才，这让康熙如何不喜欢。据说，康熙最喜欢写字写得好的儿子，众多儿子为了得到他的欢心，都是非常认真地练字，而胤祥的字恰恰就得康熙的眼缘。再加上满洲人的传统技艺、骑马射箭，胤祥是样样精通，上马能武，下马能文，文武双全的儿子，康熙身为父亲感到骄傲也感到自豪，自然就什么好事儿都想着他了。

不过，都说伴君如伴虎，这真的是一点也不假，即使那个君是自己的父亲。康熙帝晚年，对胤祥的态度发生了翻天覆地的变化。康熙生前，曾有两次册封诸位皇子。第一次是在康熙三十七年（1698），皇长子胤禔被封为直郡王，皇三子胤祉封为诚郡王，皇四子胤禛、皇五子胤祺、皇七子胤祐、皇八子胤禩均被封为贝勒。这时，胤祥年纪尚轻，还不够资格，册封也就没他什么事儿。第二次册封是在康熙四十八年（1709），那时康熙刚刚复立胤礽为皇太子，与此同时也将皇三子胤祉、皇四子胤禛、皇五子胤祺晋封为亲王，皇七子胤祐和皇十子封为郡王，皇九子、皇十二子、皇十四子封为贝子。要说第一次册封时，胤祥不够资格，那么第二次册封时，胤祥已经二十四岁，连比他小两岁的胤禛都受到册封，他却依旧是头上空空。这现象很反常。自幼受康熙宠爱的胤祥为何会受到如此待遇。这个疑问，在清朝历史资料中找不到任何答案。

不少人说是因为康熙朝九龙夺帝之争的关系。那时，与胤祥关系很好的胤禛也参与其中，他是因为受到牵连才会如此。后来，胤祥还因此被圈禁。回看胤祥四十五年人生，可以用他的父亲康熙的逝世为基线，划为两个阶段。前一阶段，除了童年的一些愉快回忆以外，他从青年步入中年，一无封爵，二无官职，与其他皇子相比起来，真是落魄到了极点。后一阶段，这段时间虽然很短，短的只占胤祥一生不到六分之一的时间，可是他如那绚烂的烟花般在这一阶段绽放了他最美的光彩，其卓越的才华在这段不算长的时间里都得到了淋漓尽致的展示。

其实，在康熙晚期，胤禛和胤祥两人可以说是一对难兄难弟，两人在这一阶段都过得异常艰难，甚至说是举步维艰。到了雍正朝，他们是苦尽甘来，难兄难弟成了密迩无间的君臣。当时，一路苦过来的胤禛，皇位还没有坐热，就想到了跟他一起受难的兄弟胤祥，他迫不及待地宣布，册封胤祥为怡亲王，命总理事务。胤祥活了三十六年，突然一下子爵也有了，权也有了，甚至比起以往那些兄弟更是位高权重，他可以说是后来者居上，真的是飞黄腾达。不过，胤禛封了胤祥还不满意，他还将已故二十三年，胤祥的生母章佳氏也册封了封号，由原有的"敏妃"追封为敬敏皇贵妃，这等级可是一下子提高了两级。胤禛是想着法儿地在弥补胤祥因他而受得磨难。

可是作为胤祥，受到如此高的荣誉和封赏，他没有沾沾自喜，而是一心一意的辅佐雍正，说是殚精竭虑也不为过，那也是清朝历史上不可多得的良臣贤相。雍正帝把胤祥的一生功绩概括为八个字，忠、敬、诚、直、勤、慎、廉、明。可是，命运并没有给胤祥太多的时间，早年的磨难让他的身体备受摧残，身体耗损的厉害，终于在雍正八年（1730）五月，胤祥病亡。雍正帝得知消息是悲恸异常，赐胤祥谥号为"贤"，还谕命把他总结胤祥的八个字要加在谥号之前。所以，胤祥死后的尊号破纪录的长，全称是"忠敬诚直勤慎廉明怡贤亲王"。雍正还命人在京西白家疃、天津、扬州、杭州等各处，建立怡贤亲王祠，让人们祭祀，让胤祥永享人间的尊敬。

胤祥死后，他的怡亲王爵由他的第七子弘晓袭位。原来他还有一个拒辞不受的郡王爵，这时则封给了他的第四子弘晈，弘晈成了宁郡王。另外，胤祥第三子弘暾因为早殁，生前并未受封，雍正帝此时破例命从弘暾亲侄内择一人为承嗣，袭封贝勒。综合看来，雍正帝为君，他给了胤祥无以复加的荣宠，不过胤祥也值得一个帝王为他如此做。胤祥为臣，对胤禛是鞠躬尽瘁，死而后已，对他是任劳任怨，别无二话。两人珠联璧合，相得益彰，联手将清王朝治理得更加繁荣强盛。

恶贯满盈的太监

慈禧太后的心腹安德海

人物名片

安德海（1844—1869），直隶南皮（今河北南皮）人，清朝太监，在慈禧太后专政期间，是慈禧身边的大红人，因立下大功成为慈禧心腹。他仗着慈禧的权势在朝中肆意妄为，贪赃枉法，最终落得个暴尸在外的悲惨下场。

人物风云

安德海成为太监，还得从他的家乡说起。安德海出生在清代盛产太监的直隶南皮（今河北南皮），因家境贫寒，没有出路的他看到同乡做太监的发了迹，他便也开始计划入宫做太监。于是，他亲手将自己阉割后进入宫中。由于他善于察言观色，阿谀奉承，不久就在宫中立住了脚跟。

要说一个小小太监，宫廷中最卑微的人，怎么会爬上朝廷权力的顶端肆意妄为呢？这得从慈禧太后当初入宫说起。安德海想在宫中攀附上一个有实力的主子，可他一个太监实在高攀不上皇后、贵妃，于是聪明的他便在入宫的秀女中寻求日后的靠山。当他看到当年的叶赫那拉氏兰儿，觉得这个女人妩媚有加，而且颇有心计，一定是个有潜力的女人。这便是日后的慈禧。也正因为安德海这样的敏锐眼光才决定了他以后的横权人生。

当年的兰儿于咸丰二年（1852年）入宫，此时她刚满17岁，可过了几年连皇帝的面儿都没见到，谈何受宠。就在这时，安德海接近了一筹莫展的兰儿，并给她献计策如何接近皇帝。苦恼的兰儿与安德海两人一拍即合。凭借着早早入宫的经验,安德海极力指点兰儿接近皇帝之法,不久,兰儿就把咸丰皇帝迷住了从秀女升为了懿嫔。咸丰六年(1856)三月生下皇子载淳后,更是一步登天升为懿妃,次年又升为懿贵妃。兰儿在宫中的地位不断提升,从一位普通秀女一跃成为皇贵妃,这让他对当初帮助他的安德海感激不尽。安德海的目的也达到了,对她更是紧紧跟随。

咸丰十年(1860),慈禧26岁这年,英法联军攻陷北京,火烧圆明园,留下皇帝率众逃亡到承德避暑山庄。第二年七月,咸丰皇帝病死。遗诏立6岁的载淳为太子即位,之后确立皇后钮祜禄氏的徽号为慈安、叶赫那拉氏的徽号为慈禧。话说这慈禧太后野心勃勃,她怂恿慈安太后一起垂帘听政,并一心想除掉亲王肃顺。先帝遗诏命肃顺为辅政大臣,当时承德行宫尽在肃顺耳目的监视下。慈禧为此耿耿于怀,担心大权旁落。于是她意图联同在北京处理与洋人的议和事务的恭亲王奕䜣,刚好奕䜣与肃顺素来不合,慈禧便想借他之手除掉肃顺。于是,安德海就成了慈禧与奕䜣的联系人。九月底,慈禧与奕䜣在北京发动了著名的辛酉政变,杀掉肃顺夺取了政权,并改元"同治"。安德海在这场计划中为两人穿针引线,并为政变成功立下了功劳,因此被升为总管大太监,成了朝中最显赫的宦官。

可以说慈禧太后从当初一个普通秀女到现在的皇太后,安德海功不可没。在她受宠后,安德海又四处奔走为她效劳,因此慈禧太后对安德海更是感激不尽。当政之后,安德海成了她的得力助手,不仅协助她处理朝事,还在日常生活里常哄她开心。后宫生活是枯燥乏味的,但安德海聪明伶俐、多才多艺,常常和慈禧逗逗乐子开开玩笑,为慈禧增添了不少乐趣。安德海还把慈禧的饮食起居照顾得舒舒服服妥妥帖帖。安德海细心体贴,慈禧喜欢什么他就不顾一切安排什么。慈禧爱听戏,安德海便投其所好,学了一些戏曲和慈禧唱和。还特地为慈禧建了戏院,并找来戏子日夜演唱讨慈禧欢心,花费巨大。有的大臣看不过眼便上奏,折子到了慈禧那里,她就表面上下令太监总管严加勘察,以堵住朝廷上的悠悠之口,背地里仍然一成不变。

安德海对慈禧这样的周到照顾,让慈禧对安德海有了密切的感情,日夜都离不开他,还亲切地称他为"小安子"。安德海的寸步不离让人们对他的太监身份产生了怀疑，甚至说他是假太监。同治七年（1868）冬天，安德海在北京前门外最大的酒楼天福堂大酒楼迎娶徽班名旦马赛花，太监娶妻这样的新闻更让人对他的太监身份产生了怀疑。不过学者研究否定了这一可能性，清朝太监审查极其严格，安德海早早入宫不可能逃脱。

清朝吸取明朝灭亡的教训，对太监的管理十分严格，直到安德海时期才有了变化。聪明的安德海擅长察言观色，为人圆滑，深受慈禧宠爱。慈禧听政后面对奕訢的势力壮大感受到威胁，便开始进一步培植势力。安德海作为她的心腹，也开始干预起朝政来。

奕訢对安德海十分警惕，处处防止他野心蔓延，因此两人结下了怨。有一次，奕訢进宫面见慈禧太后，安德海见到他不仅不打招呼，还命太监不要进去通报，害的奕訢干等一整天。自此，奕訢对安德海恨之入骨，欲杀之为快。

安德海还常在慈禧面前诋毁奕訢，慈禧不容他人对自己的权力构成威胁，便借着一次御史弹劾奕訢的机会将他革了职。奕訢虽继续为朝廷所用，但一切权力都没有了，他对安德海的痛恨也更进一步。

在慈禧太后的极度宠溺下，安德海大胆舞权弄政。只要安德海在慈禧面前为哪个官员说一句话，哪个官员就能升官。这样一来，投靠安德海门下的党羽众多。可笑的是，广大朝臣要靠一个太监加官晋爵。安德海权势并加，借机搜刮财物，仅仅在为母亲祝寿时，各级官员便奉送了四十万两银子。

安德海在宫中谁都不敢得罪他，连年轻的同治皇帝也慑于慈禧威严对他让步。安德海常常为想一心霸权的慈禧太后监视同治，同治十分厌恶安德海，常在大庭广众下呵斥他。安德海不便当众顶撞，就在背后说他坏话以挑拨母子关系。有一次，同治发现安德海跟踪他，便将他拉出来大骂一通。安德海跑回去在慈禧面前告了状，慈禧便将亲生儿子呵斥了一番。堂堂皇帝被一个太监这样欺负，长久下来，同治对安德海恨之入骨，一直想将他杀了解恨。

安德海的灭亡要从他出城游玩开始。当时的清廷有一条规矩，即太监不准踏出皇宫一步，否则杀无赦。但极度得宠的安德海却想当然地以为只要慈禧一句话，这些规矩都不在话下。同治八年（1869），安德海想去南方欣赏美景，于是便以亲往江南为皇帝赶制大婚龙衣为借口，向慈禧提出了出宫的事。慈禧担心破了祖制，大臣弹劾她无法袒护，便劝他不要去。安德海出宫心切，进一步劝说慈禧，说亲自监工能保证质量，这里面还包括太后的衣缎。贪图打扮的慈禧动了心，嘱咐他秘密出行，保持低调，莫惹是非。

但他哪里听得进太后的嘱咐，当年六月安德海出宫后，一路大张旗鼓，坐着两只插着龙凤旗的大船沿河而下，带着歌姬，吹吹打打热闹非凡。他自称钦差大臣，一路勒索各地官府，仗着慈禧势力，一路威风。

这安德海若是听了慈禧的告诫，或许还能多活一些时间。安德海一路顺畅，到了江南，总督曾国藩因为慈禧的关系也没有对他进行阻拦。直到安德海进了山东境内，好日子就到头了。

当时山东巡抚丁宝桢刚正严明，又是同治皇帝信赖的大臣，同治皇帝得知消息，与慈安太后商量后，命令丁宝桢一定要把安德海杀死在山东。

安德海到达德州后，地方官不敢贸然下手，于是丁宝桢密奏朝廷。说来也巧，正是这安德海小命该绝，那几天慈禧刚好生病不问政事。密折到了军机处奕䜣手里，他起了杀心，便刻意避开慈禧，只与同治皇帝和慈安太后商量。这几人极度憎恨安德海，安德海又犯了老祖宗的铁规矩，当即决定格杀勿论。于是慈安太后盖了章，皇帝下诏。丁宝桢有了后台支持，马上派东昌府知府程绳武追捕安德海等人，一直追了三天三夜，才将要离境的安德海等人在泰安捉拿，并押解到济南府巡抚衙门。安德海毫不畏惧地说："我奉慈禧皇太后懿旨出京采办龙衣，谁敢把我怎么样！你们都不想活了吗？"想以此恐吓众人。丁宝桢有了皇帝的命令在手，毫不示弱，冷笑着说："你犯下十恶不赦之罪，举国上下都恨不得食汝之肉、喝汝之血。你死到临头，还不老实。今天犯在我手中，你休想活着走出济南府。"同行的泰安官员畏惧安德海在宫廷的势力，请丁宝桢三思而行。丁宝桢不顾阻拦，下令将安德海等人斩首示众，并收缴了安德海沿途搜刮的财物上缴内务府。安德海随行的一名小太监逃脱，回宫通过李莲英将此事禀告了慈禧。慈禧雷霆大怒，一是没了个自己的心腹安德海，二是不忿慈安太后私下懿旨杀了她的亲信。胆战心惊的慈安太后将责任推给了奕䜣，慈禧对奕䜣严词责骂，并要罢免降爵。骂完两人又骂儿子擅作主张。同治皇帝眼见杀了安德海，解了心中怨恨，就满足不在乎地说："杀一个太监有什么了不起？不过是按祖制办事而已。"执拗不过，眼见木已成灰，慈禧只得作罢不再追究，后来下了道旨述明安德海擅自出宫，大张旗鼓，触犯清规，命各地官员就地正法。以此来保持自己太后的威严。

山东巡抚丁宝桢杀了安德海后将他暴尸三日，慈禧还将丁宝桢升为总督。按理说这心狠手辣的慈禧应该报复丁宝桢，但据说丁宝桢将安德海暴尸，刚好证明安德海是个太监，虽然也有人说是丁宝桢掉了包，但他刚好洗清了慈禧与安德海之间的艳情传闻。

一个小小太监，费尽心机爬到了权利的顶端，作恶多端，最终落得个暴尸的下场，也实在是罪有应得。

"九千岁"的大太监李莲英

人物名片

李莲英（1848—1911），清朝赫赫有名的大太监，历经咸丰、同治、光绪、宣统四朝，是慈禧身边的大红人。深得慈禧太后器重，封为正二品总管太监。陪伴慈禧太后近五十年，是清末最有权势的宦官，也是第一个叫慈禧太后为"老佛爷"的人。他的为人怎样我们无从评论，但发生在他身上的一些事却是老一辈人茶余饭后的谈资。

人物风云

话说李莲英的知名度是很高的，他在当时的宫廷中被高呼为"九千岁"，这皇帝才"万岁"，他一个太监怎么就"九千岁"了呢？

李莲英是直隶河间府人。民间传说早年他只是个无赖，后来改作皮匠。一心想要飞黄腾达的他，在自行净身后投奔了同乡——当时慈禧太后身边的红人太监沈兰玉，在梳头房当了一名杂役小太监。

进宫以后，李莲英便开始物色一个可以投靠的有权势的主子。当时的懿贵妃叶赫那拉氏也就是日后的慈禧，深受咸丰帝宠爱，生下皇子后地位不断上升。于是李莲英便选定了懿贵妃，以求日后能上位。

可是单单自己在心中选中了没有用，必须得想方设法接近她，取得她的信任与喜爱。李莲英观察到懿贵妃喜爱打扮，十分在意衣服以及妆容，尤其讲究头发。如果太监给她梳头弄掉了几根头发，被她看见了便要遭殃。当时的懿贵妃常常要太监们给她梳时下流行的发型，但太监们常年在宫中，哪里能见到流行的发型。于是太监们便常常被懿贵妃责骂，甚为不堪。

李莲英听说这件事以后，觉得是一个机会。他苦思冥想，觉得妓女们是最时髦与最会打扮的。于是他便溜出宫来到从前混迹的青楼妓院向妓女们学习梳头技术和发型。他请求沈兰玉将自己推荐给懿贵妃，将学到的几个新式发型给懿贵妃梳了出来。懿贵妃大悦，从此李莲英便开始接近了懿贵妃的生活。

从为懿贵妃梳新式发型开始，李莲英慢慢获得了懿贵妃的信任和喜爱。咸丰帝驾崩后同治即位，懿贵妃成为慈禧太后。李莲英继续伺候在慈禧左右。他小心翼翼面面俱到地服侍慈禧，细心的他善于察言观色，常常讨慈禧欢心。慈禧的想法还没说出来，李莲英便先向慈禧提了。如此这般，慈禧认为李莲英非常懂她心意，十分宠爱李莲英，还亲切地称他为"小李子"。

李莲英一直绞尽脑汁讨好慈禧，以此获得荣华富贵。他会细心地用专用的黄布将慈禧坐过的椅子包起来，让慈禧深感欣慰。他的家人在门口挂出"总管李寓"的牌子让慈禧不悦后，察觉到不妥的他马上拆了牌子去向慈禧请罪，慈禧不但没有怪罪，反而觉得李莲英很尊重她。慈禧60大寿时，李莲英事先驯养了一批鸟，这些鸟会自己飞回笼子。大寿时李莲英提议慈禧放生飞鸟以积阴德。当天在颐和园，慈禧亲手放飞了一些飞鸟，但鸟儿不久又飞了回来，李莲英便立刻下跪叹述慈禧恩赐浩荡。谁料这驯鸟的把戏被一些大臣揭发，慈禧怪罪下来。李莲英便又命人先将一批鱼饿上几天，然后在水池边藏上食物，准备妥当后请慈禧放生鱼儿，以洗脱先前的罪责。话说慈禧将鱼儿放生入水之后，鱼儿先是游了出去，片刻又游了回来，在池边排列，就好像在为慈禧拜寿一样。这次没人看穿，李莲英与大臣们一起下跪高呼皇恩浩荡，天降祥瑞。慈禧被哄得心花怒放，将身上的一颗大朝珠当场赏给了李莲英。

李莲英为了博太后欢心，甚至会不择手段。有一次，他将一位大臣准备送给慈禧的带有祝寿木偶的西洋钟骗来。明知道慈禧会喜欢，但李莲英却以钟万一出木偶故障了，慈禧会归罪下来为由，骗大臣卖掉了钟，然后他再转手买来送给慈禧，讨得慈禧欢心。当然，李莲英为了讨慈禧开心以获恩宠的最大的例子，莫过于筹集巨款为慈禧修缮颐和园。

李莲英知道慈禧太后一直想要造个静居的园子，于是他便和大臣李鸿章共同商议此事。当时的清朝水军在战争中失利，于是两人便欺骗朝廷借筹建海军之名请求朝廷拨款，一半就拿来给慈禧修缮颐和园。当年修缮颐和园花了300万两白银，便都是李莲英坑蒙拐骗筹来的。园子修完后，慈禧极度欢喜，也更加宠爱李莲英。

让慈禧太后对李莲英宠爱有加的不只是因为李莲英为讨她欢心做了这么多事。虽然李莲英一心求荣，但当年他对慈禧实在是忠心耿耿。据说他还救过慈禧的命。那这话从何说起呢？

当年咸丰帝临终前，担心死后太子的生母懿贵妃会干涉朝政，于是与户部尚书肃顺私谈。肃顺举了当年汉武帝弑钩弋夫人的例子暗示咸丰应除掉懿贵妃，咸丰帝本身也有处死懿贵妃的意思。这次谈话无意中被李莲英知道了，他便急忙通知慈禧妹夫醇亲王，由醇亲王带着太子等人去咸丰帝面前求情，打消了咸丰帝这个念头。否则，慈禧太后在当年早就成了刀下鬼。所以，她十分感激李莲英。

李莲英吸取了安德海的教训，他害怕落到像安德海那样的下场，所以他从不恃宠而骄，处处小心谨慎。但慈禧太后对李莲英的过度宠信，还是引起了部分朝臣的非议。有人以碾财弄权的罪名弹劾他，但李莲英始终没有让人抓住他的把柄。也正是这样的小心谨慎，让李莲英终生得宠。

光绪十二年（1886），李莲英跟随醇亲王一起前往巡阅北洋大臣李鸿章训练的海军。人们知道他是慈禧面前的大红人，各路将领纷纷巴结他。但李莲英始终低调，小心行事。他不住华丽的行宫，一路起居朴素地伺候在醇亲王左右。各路官员想巴结他也没有成功。但李莲英作为一个太监干涉军政之事，朝野中不满声四起。但慈禧太后一一化解了大臣们对李莲英的弹劾。

李莲英在安德海死后继任内廷大总管，一直陪伴在孤单的慈禧身边。慈禧虽然大权在握，但年纪轻轻就守寡的她十分寂寥。李莲英悉心陪伴在他左右，朝夕相处，两人关系甚好。慈禧也十分关心李莲英，在他生病时还亲自为他尝药。甚至打破先帝'太监最高四品'的祖规，为李莲英封了二品顶戴。慈禧还亲自给他制作皮袍，朝中大臣也一直对李莲英奉承有加，众人礼至。清朝一直禁止宦官娶妻，但慈禧还是批准李莲英娶妻，以致后来李莲英妻妾成群，还收了几个义子。慈禧太后脾气暴躁，动辄就动刑杀人，只有李莲英能长期陪伴在她身边得宠，可见李莲英的伶俐灵巧。

李莲英一直投靠在慈禧太后身下，但他在后来也一边结交别的靠山。他不像安德海，李莲英与光绪皇帝的关系十分好。他曾将自己的亲妹妹带入宫中献给光绪。在"戊戌变法"后，慈禧囚禁光绪，李莲英在太后与皇上之间两面逢源。光绪二十六年（1900），八国联军入京，皇公大臣逃至保定时，由于慈禧太后当政，虐待光绪，光绪连被褥铺盖都没有。李莲英便将慈禧为自己安排的华美被褥给了光绪。当年隆裕皇后想探望被慈禧囚禁的丈夫光绪，也是李莲英帮忙。光绪后来回忆起来，仍然充满了感动与感激。

光绪和慈禧病亡后，李莲英于宣统元年（1909）二月初二办完光绪皇帝和慈禧太后的丧事后，离开生活了五十多年的皇宫。宣统三年（1911）二月，一代大宦官李莲英寿终正寝，终年64岁，葬于北京阜成门外恩济庄豪华的太监墓地。他生前留下巨额财产多达300万两，后归隆裕太后所有。他的坟墓在"文化大革命"时被毁。

李莲英，一代宦官，慈禧太后身边的红人，因权高势重，被高呼"九千岁"。虽然靠取悦慈禧获取荣华富贵，但他不像安德海般张狂，以至于一生获宠，落得个好结局。作为历史典型宦官的代表，他的阿谀奉承也助长了慈禧太后的腐朽统治，间接地影响了时局的发展。

最后一个总管太监"小德张"

人物名片

张兰德（1876—1957），清朝太监，一生经历了晚清、北洋政府、中华民国、新中国等四个时期。也是中国历史上最后一位大太监,目睹了清王朝的覆灭和中国宦官制度的消亡。他在清廷时期服侍过慈禧与隆裕两位太后,靠着太后宠溺贪赃枉法,中饱私囊,在晚年过着阔绰的富翁生活。

人物风云

张兰德也是当时盛产太监的河北省静海县人,生于光绪三年(1877),他的原名叫张祥斋。自幼丧父,家境贫寒,家中有董氏老母。张祥斋之所以会当上太监,是因为他12岁那年碰到一位富人的马车而被富人责骂。自尊心受损的他回到家中向母亲哭诉,发誓要出人头地。母亲没有办法,只得安慰他。母亲无意中说起了当地流行的"要发家,当太监"的话,张祥斋也见过在外当太监的衣锦还乡。于是,他一时激动,热血冲上了头,一狠心将自己阉割了,准备进宫当太监。母亲发现后可真是吓坏了,可事已至此,没有法子,只得将他送到北京专门"制造"太监的"刀毕家"养伤。在学习了宫廷礼仪后,张祥斋于光绪十七年(1891)入宫做了一名小太监,按辈分起名"张兰德",人们多称为"小德张"。

这小德张是抱着出人头地的抱负入宫的,一开始入宫只能做个端茶递水的杂公,小德张当然不会罢休。当时的几位太监得宠都是得于慈禧太后,小德张便开始琢磨接近慈禧。他知道慈禧爱听戏,于是便起早贪黑不辞辛苦地练戏,到处求人指点把式技巧,不久便学有所成。小德张如愿以偿地被调入戏社,先是演戏,后来升为了戏目总提调。小德张接近慈禧的机会多了起来,渐渐获得慈禧赏识。

当时太后身边的大红人李莲英看着小德张日益受到慈禧器重,心存嫉妒。这李莲英也是一位大太监,眼看着有人跟自己争宠,自然心怀敌意。本来是要对付小德张的,可是小德张知道自己想要上位,就必须依靠慈禧太后身边的宠臣。于是他对李莲英是百般奉承,李莲英见他乖巧懂事,就改变了态度,还将他调入宫中管理太后的笔、墨、纸、砚、玉印、印泥、佛珠、佛香等"八宝"。这个差事地位实在是不高,但却能与慈禧太后常常接触。这正中小德张的意,他在慈禧面前极力表现,处处讨慈禧欢心。他在慈禧身边将慈禧照顾得面面俱到,他会提前根据天气准备好慈禧出行的合适衣物,慈禧喜欢的东西都一一带上。慈禧喜欢玩牌小德张就跪着陪她玩,慈禧喜欢写福字小德张便随时准备好笔墨。慈禧喜欢打扮，作为尚衣总管的小德张便想尽各种办法在衣服上弄出许多慈禧喜欢的花样。他对慈禧的照顾可谓时刻察言观色，良苦用心。

光绪二十六年（1900），八国联军入侵中国。慈禧众人于七月二十一日凌晨逃离北京，路上遇到了坑洼泥泞的地方，小德张亲自背慈禧过去，使得慈禧感动不已，说就像亲儿子对她好一样。小德张马上谢恩，自此以慈禧干儿子自居。如果说小德张对慈禧阿谀奉承，那么他也的确下了不少心思。光绪二十七年（1901），小德张25岁掌管御膳房，官居三品。他每天观察慈禧对饭菜的反应，专心钻研各种菜肴与烹饪技巧，不出多久就吊住了慈禧的胃口。无论是在皇宫还是颐和园，小德张一直在慈禧身边伺候她的饮食起居，不久就升为二总管，仅次于大总管李莲英。

当时的道光帝被慈禧囚禁，小德张虽然效忠于慈禧，但他也对道光极其照顾。光绪二十四年（1898），"戊戌变法"后，慈禧将道光囚禁在中南海瀛台，嘱咐小德张粗茶淡饭伺候并观察道光动向。小德张认为皇帝迟早能掌握天下，所以悉心照顾。他一面在慈禧面前唯命是从，每天的粗茶淡饭在慈禧检查过后便偷偷换成道光爱吃的食物，慈禧问起道光情况，小德张便为道光掩饰，称道光沉默打坐。这样一来，小德张处处照顾道光帝，道光便对他感激不尽，把他当作亲信，还派他与外人联络。小德张小心谨慎，在李莲英的秘密监视下也从没有露出马脚。

要说这小德张还真是每一次都能巴结对人，有一次一位官员急于上任，但奏折需要皇帝盖章。皇帝与慈禧争斗，拒不盖章，小德张靠着自己与道光打下的良好关系，为这位官员争取到了道光的大印，因此收获了此人的20万两白银酬劳，大捞了一笔。小德张靠着聪明伶俐的头脑游走在慈禧与道光之间，名利双收，实在是圆滑机醒。靠着慈禧太后的宠爱收获荣华富贵，小德张在宫中游刃有余。一直到光绪三十四年（1908），光绪慈禧相继死去，溥仪即位，载沣摄政。在当时的复杂局势下，小德张拉拢朝臣私立党派，为隆裕太后保住了地位势力，以此获得了隆裕太后的青睐。

话说这小德张之前靠着慈禧，现在靠着隆裕，一张圆滑脸孔使他的地位不降反升。在李莲英随慈禧去世而卸任后，隆裕太后宠溺小德张，将他升为了大总管。隆裕太后一介女流，毫无主见，愚昧无知，不像慈禧那样心机重重。她对小德张言听计从，连饮食起居都是小德张安排。此时的小德张恃宠而骄，日益专横跋扈。在为朝廷修建佛宇以及宫殿的工程中，小德张中饱私囊，贪污了数百万白银。他对上百依百顺，对下严厉苛刻，经常责打手下太监。隆裕没有政治头脑，朝廷无能，更加助长了小德张干涉朝政的野心。小德张处处整治朝中对自己有威胁的势力，他仗着从宠溺他的太后身上得来的特权，处处干涉朝政，私立门户扩大势力，使得当时的朝中尽是他的亲信党羽。聪明的小德张担心朝臣对自己不满，权势迟早败落。于是他也积极与朝中大臣打好关系，四处结交朋友，各地官员他也热诚相待。包括张勋以及袁世凯和他都有交情，袁世凯当初逼清帝退位便是使了金钱通过小德张向隆裕太后施加压力的。

1912年2月12日，隆裕太后颁发了宣统皇帝的退位诏书，清朝统治不复存在，中国的封建君主制度画上了句号。尽管小朝廷保留了下来，但昔日风光不再，紫禁城一片乌烟瘴气。次年隆裕太后死后，小德张没了靠山，便以请假之名归乡，一去不回，离开了那个呆了大半生的皇宫。

小德张晚年是在天津度过的，由于在宫廷期间深受两位太后宠信，权势巨大。小德张贪污纳贿，搜刮了巨额的钱财。这位宦官靠着早年私藏的钱财，晚年十分富裕幸福。他在各地拥有许多资产，开了许多当铺，绸庄，拥有众多豪华住宅与大片土地。他有四个老婆，三个过继的儿子儿媳，府里丫鬟、厨师、工匠、司机应有尽有。据说他贪污的财产有两千万之多，小德张过着极度阔绰的生活，就连溥仪也说他富比天子。这小德张小时候遭人羞辱的一口气出了，享尽了人间奢逸。1922年，小德张的母亲去世，殡礼的豪华程度在天津城数一数二，极其铺张。小德张晚年享尽荣华富贵，在家中还严令家丁保持着宫廷礼仪。他深居简出，在家里坐享荣华，只与极少有人交往。每天吸几口鸦片烟，打打太极拳，养养金鱼，花草，听听评书，修道向佛，即有人向他拜访清廷之事他也毫无兴致，不问世事。可以说小德张晚年清净而幸福。

说起来小德张虽称不上恶贯满盈，只是靠着奉承获取宠信。但他后来也舞权弄政，或多或少地加速了清朝的腐败灭亡，也算有罪。只是幸运的他最终落得个世人羡慕的好下场，过了个安逸富贵的晚年。

1957年，小德张在天津住所去世，结束了他一代传奇宦官生涯，终年81岁。

慈禧太后的二把手崔玉贵

人物名片

崔玉贵（1860—1925），原名崔治世，字建堂，直隶河间人。在同治七年，七岁的他因为家乡受灾，母亲被饿死，他跟着父亲逃难出来。他的父亲是用筐把他担到北京城的，可是到了京城，他们的情况也没有得到好转，日子难以为继。这时，崔玉贵遇到一位好心肠的太监，他把崔玉贵领进了宫，净身做了太监。虽然，崔玉贵做了公公，可是他父子两人都因此而活了下来，这也算是好事。并且他的父亲还得了些钱做了一些小生意，日子总算是熬了下来。

人物风云

宫中生活并没有人们想象中的那样美好。崔玉贵刚到宫中时，也是苦熬十多年过来的。他拜了八卦拳祖师尹福习武，学得一身好武艺，人也长得健壮。慈禧太后看到崔玉贵长得是人高马大，办事也勤勤恳恳，再有武艺也不错，就在他二十岁那年，将其提拔为二总管。在宫中也是红极一时，他与李莲英被称为慈禧太后的左膀右臂。富在深山有远亲，虽然崔玉贵是一个太监，但是架不住他红啊。于是，为了攀附于他，就经常有媒人给崔玉贵保媒拉线，但都被他婉言谢绝了。他认为自己是没办法才走了这条路，这条路已经是一条死路了，就不要再耽误了人家的女儿。在当时，凡是有钱有势力的太监，在宫外纳个三房四妾，那是不稀奇的。

光绪十年时（1884），崔玉贵的长兄崔志方带着妻子从河间路途遥遥地来到京城投靠他。崔玉贵本来没有在京城置产的打算，可是看到兄长带着嫂子来了，也没地方安置，所以就在东华门万庆馆三号购置了一个宅子，用来安置兄嫂。之后，崔志方带着家人在崔玉贵购买的宅子中住了下来。崔玉贵这边还是在慈禧身边当差，可是那边崔志方却背着崔玉贵连续娶了三位姨娘，这生活刚过的好点儿，仗着自己的弟弟是慈禧的心腹就有些小人得志的模样。崔玉贵劝崔志方收敛他的行径，可是每次崔志方都先斩后奏，等崔玉贵知道后已经木已成舟，只能无可奈何。不过，这样让崔玉贵更加尊敬崔志方的原配夫人。后来，崔志方妻妾满堂，他又把一部分家眷分住在了南苑。崔玉贵长嫂居住万庆馆时，崔玉贵收养了一个赵姓两周岁的男孩做养子，他就把这个养子托付长嫂抚养，还给养子取名叫崔汉臣。

当崔汉臣十三岁时，崔玉贵就把崔汉臣送到了附属于总理各国事务衙门的京师同文馆深造。京师同文馆是清末最早的洋务学堂，开办当初只限招收十三四岁以下的满汉八旗子弟，他们在那里学习外文、天文、数学一类的课程。

崔汉臣十六岁那年，太医院副堂官张午樵看其样貌英俊、才华出众，就和崔玉贵商量，想要把女儿张毓书许配给崔汉臣。当时，太医院正堂官姚保生也有个儿子，正巧与张午樵的女儿同岁。姚保生知道张午樵的女儿张毓书不仅长得年轻美丽，而且还精通英、日两国语言，就也想和张午樵结为亲家。姚保生就把自己的意思对张午樵说了，可是张午樵告诉姚保生，他的女儿已经许配给崔玉贵的养子崔汉臣了。这让姚保生好生气闷，认为同僚张午樵看不起他，认为他还不如一个太监，两人因此有了隔阂。崔玉贵知道了此事，觉得很为难，本来好好的亲事，这样一来反而不好了。他把心中的郁闷对李莲英说了，李莲英后来又把此事禀奏了慈禧太后。慈禧太后是个好管闲事的，尤其喜欢点鸳鸯谱。她就让三个孩子都进宫，让她看看。看过之后，慈禧太后就金口玉言，让张毓书嫁给了崔汉臣，这回姚保生也无话可说了。

当八国联军攻进了北京城时，慈禧太后忙活着出宫逃命，可是在临出宫前，她于匆忙中还是召集了群臣、宫女、太监训话，还让身边的崔玉贵把珍妃召来。崔玉贵就派小太监王捷臣去冷宫把珍妃带出来。太后告诉众人，洋人眼看着要打进城，她只能带着皇帝、皇后、阿哥和一部分人暂时走避，其余的人留守紫禁城。她这一说，许多人顿时傻了，惊恐万状，哭声震天，逃出去兴许还有命，可是留下来却是要没命的。当时，性情倔强的珍妃听到太后要逃走，就跪在太后面前请求，她认为作为一国之君的皇帝此时不能走，国家危难之时，他更应当坐镇京师。慈禧太后一听顿时火冒三丈，她本来就够闹心的了，想着赶紧逃啊，再不逃可就没命了。可是，这珍妃却非得跟她唱反调，这让慈禧是怒不可遏。一怒之下的慈禧就向身边的李莲英发怒，并称其是畜生，实在该死。李莲英是谁啊，那长得是七窍玲珑心，他非常明白慈禧的意思，就对身边的崔玉贵嘱咐，让崔玉贵把珍妃悄悄地扔到井里。本来崔玉贵还犹豫，他想向太后求情，放过珍妃。可是，他身边的小太监王捷臣却自告奋勇地领了差，把珍妃拖到井里去了。这个年仅二十五岁的美丽女子，就这样香消玉殒了。

慈禧带着光绪帝一路西行，在西安落脚之后。一直等到辛丑条约签订，他们在 1902 年初才从西安回到紫禁城。刚回到紫禁城的慈禧太后，先是到皇宫内院各处巡视一番，然后又走到当年珍妃投的口井边，顿时思绪万千。她回到住处，看到崔玉贵就如鲠在喉，所以就让崔玉贵出宫为民了。崔玉贵痛哭流涕地跪在太后面前，磕了几个头，没有说一句话就告别了太后，离开了伺候了一辈子的人。

崔玉贵走出宫门，没有回到兄长和养子的家中，而是径直去了地安门钟鼓楼后宏恩观。宏恩观那里可是老弱病残太监们的集中地，这里是捐款修建起来的，有点儿类似太监的养老院。当他在这宏恩观住了几天后，家中的哥嫂才知道崔玉贵被贬出宫为民的消息，便急匆匆地领着侄儿崔汉臣和侄媳张毓书前去观中接崔玉贵回家。可是，崔玉贵却不同意，他告诉兄嫂，让他们不要惦念，过几天他一定回家。他嘱咐崔汉臣一定要孝敬兄嫂，还要好好当差，要奉公守法，不能做坏事。其实，以崔玉贵从前在宫中的地位，要是给崔汉臣安排一个肥差那也是轻而易举的事情，可是他没有这样做，他的儿子崔汉臣也不同意他这样做。最后，崔汉臣被安排在了法部当了一名郎中，崔汉臣对此差很是满意，自己做的也很高兴。自从，崔玉贵出宫为民后，他每隔十日就到家中去看望。他还有个规矩，就是每顿饭必须摆出两个窝头尝一尝再吃饭，意思是不要忘记过去的苦日子，珍惜现在的生活。家里人见他如此，也都跟着忆苦思甜。

1922 年，崔玉贵为了静养，就搬到蓝靛厂立马关帝庙居住，在那里住了两年。后来，他听说宣统小皇帝被赶出宫，是忧心忡忡，最后竟忧郁成疾，于 1926 年去世，时年六十六岁。崔玉贵虽然出了宫，可是却一直惦记着他那些主子，可谓是忠心。不过，他能在那样的残酷生活中，保得全身，安享晚年，也算是功德圆满了。

掘银案的幕后太监苏德

人物名片

老太监苏德（生卒不详），是直隶景州人，他曾当过乾清门总管太监多年。在同治十年（1871）一月因病就请求出宫，得到批准。回到老家后，他就用自己这些年积攒下来的银子，在京郊沙河镇一个村庄购买了已经关门的当铺空院一块，还有与之相邻的六间瓦房。不过，也正是因为这房子才有了后来掘银案的发生。

人物风云

我们都知道清朝末年，那是慈禧的天下。慈禧的独断专横造成了许多冤假错案，各种各样的传说传闻，在此时也颇多。在民间就流传着这样一个故事。

说是从清宫里退役出来的一个老太监因为在家翻盖房屋时，就很幸运地从地下挖到一大批金银珠宝，共计有九缸十八窖之多。这可是天下大大的馅饼，是飞来横财。这样一笔横财让这个老太监大喜过望，但之后，他又冷静了，在经过深思熟虑后，决定进宫面见慈禧，把此事呈报给她。至于，慈禧如何处理那就不该是他过问的了。这老太监在清宫里服役多年，早就在慈禧面前混得脸熟，既然是熟悉的人，慈禧自然会赏一个机会，就见了他。见面时，这个老太监是衣衫褴褛如乞丐，让人目不忍睹。他这是在装可怜，演苦肉计。先是取得同情，然后又将自己怎样挖出金银珠宝的事情禀告给了慈禧太后。他并没有仔细地告诉慈禧，自己到底挖出了多少钱财，慈禧以为不多，也就没当回事。这主要还是因为这老太监演苦肉计演得太好，才让慈禧相信了。慈禧认为他在宫中服役多年，也不容易，就把挖出来的银两赐给他安家度日。老太监一听，心中不禁暗喜，这就是他想要的结果。但是，他表面还是不露声色地叩谢，直到出宫回家。回家后，老太监就利用这些钱财为自己置产，他拥有良田万顷，钱庄、当铺数十家，成为当地名噪一时的首富。世上永远没有不透风的墙，当慈禧得知事情真相后，十分的生气，虽然这个老太监骗了她，可由于是自己亲口说出的赏赐，也就不好再更改，只能如此了。当然，这只是民间传说，事情到底如何已经无从考查。不过，清代史籍中确实真的有，关于清末太监掘银案的记载。

当然，史实和传闻还是有差距的。那是光绪四年（1878）四月六日，主管京城事务的步军统领荣禄和顺天府尹彭祖贤突然接到从军机处转来的一道谕旨，命令他们二人立即赶往沙河镇，让其迅速查明告退太监苏德掘银藏匿一案的事实真相。这是怎么回事呢？

原来是那一年，已经出了宫的苏德要置盖新房，因为缺乏砖块和木材，就想着将购买的六间瓦房拆掉，以供自己使用。没曾想，在刨挖地基时，突然挖出了一个小坛，打开一看发现里面装满了银两，苏德一家自然是欣喜非常。既然，能挖出一个，那还有没有呢？带着疑问，苏德和他的家人就满怀希望的继续挖掘。果然，不出所料，在随后几天里又先后陆续地挖出了五个小坛和一个小缸，里面也都是装得满满银两，算起来差不多有一万两。守着这样一大笔财富，那一个不小心可是要被别人惦记上的，失去钱财事小，因其失去性命可就是大事了。为了防止走漏消息，苏德和家人经过周密的商议，决定趁夜将所挖掘的银两用车装好，分三次悄悄地运回家中。苏德和他的家人自以为此事办的是神不知鬼不觉，可是，他没料到，就在他们黑夜运银子时，被邻居发现了他家的异常举动。于是，一传十，十传百，一时间是传得沸沸扬扬，事情也越传越邪乎。就这样以讹传讹的，最后传入了皇宫。

从当时一些官员向朝廷的奏报中，我们就可以知道此事传播的是多么的广和多么的奇了。如"苏姓又挖出银七缸，金一箱。金系条，银系宝，每宝百两，系前明成化字样，均在十数万两。续又挖出银一窖，长九尺，深五尺，宽二尺，每日夜间装车载运，尚在刨挖。询问二人，据云苏姓已奏明皇太后赏给。"民间盛传的九缸十八窖之说，可能就是来源于此。这个消息一传出，那是上到官吏士绅，下到三教九流，是人人觊觎，无人不垂涎三尺，人人想得知。一时间，大有为财而国无宁日之势。这个时候，苏德也知道事情无法再隐瞒下去，思虑再三，他决定亲自进宫，向上禀明此事。他并且还一再申辩，外间所传银两数目实属误传，根本没有那么夸张，请求朝廷派人实地检查，以正谣言。他还表示，自己如过有所隐瞒，情愿被朝廷治罪。

步军统领荣禄和顺天府尹彭祖贤就是在这样的情况下接到慈禧懿旨的。他们一看此事非同小可，自然不敢怠慢，一路奔袭到达沙河后。他们首先到了现场进行察看，然后又遍访附近乡邻，仔细地询问，小心的查证。终于，向朝廷递交了苏德掘银案的详细清单：第一袋碎银，95 斤；第二袋小元宝，127 斤；第三袋小元宝，147 斤；第四袋方锭，89 斤；第五袋小圆锭，77 斤；第六袋小圆锭，92 斤；第七袋小圆锭，75 斤；第八袋小圆锭，100 斤；第九袋大元宝，74 锭，重 242 斤，有乾隆年号。另有呈样大元宝 1 锭，方圆小锭 5 个，不在前数之内。他们还在呈报中特意指出，"仅止一万余两，并无十数万两之多。大元宝七十五个，每个重五十两，并非百两。宝上有乾隆年号，亦无前明成化年号："这样，终于让轰动一时的苏德掘银案的真相大白于天下，苏德一家也不用惶惶不可终日了。这天外飞财，可不是那么容易拿的。

正好，苏德掘银案发生时，京城里久旱未有雨，灾民攒动，京城顺天府正在为筹办赈灾之事而烦忧。恰好，苏德挖出了这笔意外之财，慈禧就下令将此项银两中的一万四千两拿出交给顺天府，以作赈灾用。剩下的两千两银子，慈禧就赏给了苏德，还另赐给他金花红绸做奖励，这也算是给苏德一个交代，只是没有人知道最后的那一万四千两到底是用在了哪里。

聪明能干的寇连材

人物名片

寇连材（1868—1896），原名寇成元，是直隶昌平州南七家庄人。他小时候，家道中落，但也读过几年私塾，参加过两次县试可是纷纷落第。他十五岁时和张氏女结婚，两人一共生有两男一女。在他二十三岁时，家里接连遭祸，家中无法维持生计。他只好亲手自阉，进宫做了太监。进宫后，他被分配给慈禧太后梳头。他聪明能干，做事细心谨慎，也颇得慈禧喜爱。

人物风云

要说起太监，人们似乎对他们没有什么好印象，大多把他们与专权、乱政等一些祸国殃民的形象联系在一起。这也不愿人们对他们这样想，你就说唐代的高力士，还有明代的王振、魏忠贤，他们哪一个不是大奸大恶的人，哪一个不是国家的蠹虫？正因为这些人的存在，让大家对太监都很反感。其实，大家多少都有些片面。哪里没有好人和坏人呢！太监这个封建社会特殊的存在，他们的阵营里当然也有好有坏了。太监之中，也不乏忠义、正直之辈，他们虽然身残，但不妨碍他们舍生取义，救国为民，这样的人同样值得我们尊重和敬仰。在清代太监里就有一个这样的人，他就是寇连材。

要说这寇连材那长得是眉清目秀，仪表堂堂，让人看之赏心悦目。除了样貌英俊，他还是一个有学问的人，谈吐不俗。在清朝的宫廷中，太监们识字的很少，毕竟都是一些穷的揭不开锅的人家把孩子送来做太监的，怎么还会有条件送他们读书认字呢？不过，这里也不是没有能识字写字的人。可是，寇连材不仅能识会写还会算，这样的人才可就极为难得了。当初，寇连材刚进宫时，就被留做了慈禧梳头房的太监。后来，因为寇连材自身能写会算的本事，再加上当差认真，是深得慈禧的信任，把他视为心腹。不过，慈禧的这位心腹可不是如李莲英那般对百般讨好的人，他是一个有话敢说，愿意打抱不平的人。寇连材在慈禧身边，看到慈禧独揽朝政，大权在握，专横跋扈的行事作风，十分的不满，曾多次对慈禧进行劝谏。可想而知，慈禧能听他的吗？他遭到慈禧的严厉呵斥，可是念其无知，慈禧才没有加罪，对寇连材还是信任如初。不久之后，慈禧还派他到奏事处当差，其实就是侍候皇帝。虽然，表面上看是伺候皇上，其实际上他是作为慈禧的耳目，在私底下监视着光绪的一举一动。可是，慈禧怎么也不会想到，自己的这步棋是走的大大的错误。寇连材并不是那些阿谀谄媚之人，他骨子里是忧国忧民的，是深明大义的。他对光绪帝的处境非常同情，本来是慈禧的间谍，现在成了反间谍。他经常会将慈禧的消息告知光绪，这让光绪好过许多，行事也更加方便。不过，后宫之中能有瞒过慈禧的事情是很少的。没过多久，就被慈禧发现了，寇连材又被调回原处。

中日甲午战争时，李鸿章代表清政府与日本签订了丧权辱国的《马关条约》。国家危在旦夕，要想改变局面，别无他法，只有变法。于是，在光绪帝的支持下，以康有为为代表的一批有志之士纷纷上书都察院，要求变法图强。这让慈禧惊恐万分，局面一下子失控。这样不能完全掌控局面的感觉让慈禧十分的不喜，要说慈禧这个人权力欲和掌控欲都非常的强。一旦有什么事情，不能被她所控制那么她宁可毁掉。看到这些人在光绪的默许下，要求变法改革。这革的是什么，不就是革的她吗？她当然不愿意了，于是就想到了要废掉光绪，还要对他喜爱的珍妃进行惩处，并且对支持和同情变法的大臣也要给予警告。总之，她不好过，那么谁都别好过。同时，慈禧还下令封禁北京强学会。寇连材见此情此景，是忧心如焚，整日愁眉不展。

一天，慈禧正准备休息，寇连材就跑到她跟前长跪不起，痛哭流涕。慈禧大惊，连忙问其原因。寇连材就像慈禧哭诉，"国危至此，老佛爷既不为祖宗天下计，独不自为计乎？何忍更纵游乐而生内变也？"他说的话，可都是大逆不道的话，这可是要杀头丢人命的。可是，此时的寇连材顾不得了，国家就要亡了，个人的安危又能算得了什么呢！寇连材虽然出口不逊，慈禧却没有在意，只是当他莫名其妙地抽了疯而已。之后，也只是将其赶走就了解此事。

寇连材见劝阻慈禧无效，既然谏言不行，他就想到了血谏。可是，这之前他要先安排好家里的人。于是，他请了五天的假，一路匆忙地赶到昌平老家，和自己的父母、妻儿匆匆地见上最后一面，这就是最后的诀别，他并没有告诉家人他具体要去做什么，只是对他们嘱咐在嘱咐。他又一本记录宫中秘事的小册交给了他的弟弟，不是抢夺而是让他妥善保管。安排家里后，他就毅然决然地回了宫。回到宫中后，他将自己积攒的所有积蓄都分给了其他太监，这些黄白之物，生不带来，死不带去的，就交给它最需要的人吧！宫里的一切也安排好后，寇连材于1896年2月15日上书面呈慈禧太后。寇连材深知此事关系重大，自己这次是再也不能生还了。慈禧对他再喜爱，也有底线，有逆鳞，今天他就挑了慈禧的逆鳞，必死无疑。不过，他已经做好心理准备，抱着必死之心来了。寇连材一共所奏十事，虽然陈述有不经之处，但都发自肺腑，其忠心可见日月。想来，慈禧太后阅后，当然是暴跳如雷。这一下子，寇连材是彻底地把这位老佛爷给得罪了，慈禧对其怒声训斥。

等到慈禧冷静下来后，一分析，觉得此事有许多的疑点。她认为以寇连材的见识，想要有所作为恐怕很难。寇连材的背后一定有人指使，这个人还隐藏的很深。这就如一根鱼刺一样，卡在喉中，无所适从。于是，慈禧就吩咐人要对涉案人员严加审问。威胁和利诱面前，寇连材没有透露其他任何人的消息，始终坚定地说这一切都是自己所为。慈禧当然不相信，她看到寇连材宁死也不肯说出其他人的样子是大为恼火，这也把她的倔脾气激出来，决定非要查个水落石出。于是，就让寇连材把奏折的内容背诵一遍。寇连材从容淡定地将奏折内容背了一遍，结果是丝毫不差。这回，慈禧也无可奈何。她对此是恼羞成怒，就喝问寇连材，难道不知道律法规定，太监是不能轻言政事的，否则的话是要立斩不赦的。寇连材是面不改色，心不跳地回答慈禧，如果能拯救国家于水火，身死而无憾。他舍身赴死的决心和勇气让慈禧很无奈，她看到寇连材已经将生死置之度外，再问也问不出什么了，就将他押赴慎刑司囚禁，两天之后在菜市口处斩了。行刑当天，寇连材神色从容，淡定的整理好衣冠，还向皇宫的方向行了三拜九叩大礼，之后决然赴死。他死时刚年仅二十八岁，一个身残者却做出了这样大义凛然的举动，让在场的人们观之流泪。

虽然，慈禧将寇连材处死了，但这并没有打消她心里的疑惑，这事情还有后续。在处斩寇连材的第二天，她又将与太监们交往密切的文廷式逐出了京师，不许他再踏入京城，并且还将同为梳头房太监的王四和光绪帝贴身太监闻古廷都抓了起来，发往黑龙江宁古塔，不久之后也被杀害。从此以后，慈禧对太监、宫女们是不再轻易相信，对他们的一举一动都备加警惕，稍有风吹草动，先不论真假的就要来上一顿鞭责，严重的就是掉脑袋，一时间宫里的太监宫女们过得是战战兢兢。史料记载，从寇连材案发当月到同年底，宫中被杀的太监、宫女就有二十余人。可见，慈禧已经达到了草木皆兵的目的了。

国家兴亡，匹夫有责。顾炎武的这句话说出了寇连材的心声。虽然，作为一名太监，身处社会最底层，他能做的事情很小。但是，他却能舍身报国，很好地印证了顾炎武的话，这也是值得我们后人尊敬和赞扬的。

正直博学的才子

难得糊涂的郑板桥

人物名片

郑板桥（1693—1766），名燮，字克柔，号板桥，江苏兴化人。乾隆时中过进士，曾出任潍县县令。清代著名画家和书法家。小时候，郑板桥家里很贫苦，又自幼丧母，全靠乳母教养。当时，他跟随父亲学画。之后，他便在扬州以卖画为生，过着贫困窘迫的生活。其一生可以分为"读书、教书"、扬中卖画、"中举人、进士"及宦游、作吏山东和再次卖画扬州五个阶段。

人物风云

郑板桥是"扬州八怪"的重要代表人物之一。他出生于康熙三十二年（1693）十月，刚好赶上节气时令"小雪"。按照当地民间风俗，这一天是"雪婆婆生日"，他与"雪婆婆"同一天降临人间，这可是一件值得庆贺的好事，全家都为此感到高兴。根据《尚书·洪范》篇中记载"燮友克柔"字句，他的祖父和父亲为其取名为燮，字克柔。后来，又因为住所附近有座木板桥，他又自号板桥。"郑板桥"就是这样被叫起来，直至今天提起郑燮也许有人不知，但要是说郑板桥那就是无人不知了。郑家的人丁并不旺，郑板桥是长房长孙，他的出生为这个贫寒的家庭带来了笑声和欢乐，可是欣喜之余又有些担心。因为当时医疗条件很差，孩子夭折率很高，为了让出生的孩子顺利成长，都为他们取一个贱名或女孩儿名，意思是好养活。郑板桥也有一个这样的乳名，为"丫头"。又因他脸上有几颗淡淡的麻子，又俗称"麻丫头"。

这"麻丫头"的出生，使得本就贫困的家庭再次雪上加霜，因为养活一个孩子很不容易。他们全家就仅靠祖产田和少量地租维持生活，这怎么能够呢？不过，好在他的父亲岁科两试都是一等，取得了廪生资格，每月可以向官府领取廪膳，这样家里的生活才得以改善。可是好景不长，郑板桥三岁时，他的生母汪氏就病故了。他是在乳母费氏的细心照料下成长起来的。乳母费氏是他祖母的侍婢，为人勤劳、善良，对郑板桥很是慈爱。那年，兴化发水灾，地方无收成，生活饥馑，郑家更是养不起仆人了，就把这人都遣送掉了。可是，费氏舍不得郑板桥，她就每天三顿饭回家吃，但是吃过后还仍到郑家操持家务，带着郑板桥。等到汪氏病故后，郑板桥父亲娶继室郝氏，郝氏无子，便视郑板桥为己出，照料如生母。郑板桥也是在"两位母亲"的守护下，茁壮成长的。

郑板桥的父亲才学出众，他考上廪生后，为了缓解家境，就在家开了一个私塾，郑板桥也在里面就读。他的外祖父汪翊文也是一个博学多才的人，不过因其隐居不仕，时间很多，就经常指导外孙读书、作文。因此，郑板桥还自称，文学性分得外家气居多。其实，与郑板桥后来所取得的成就比起来，他幼时读书没有什么过人之处，也看不出有什么才华。反而是因为他的相貌而被同学所瞧不起，因为他脸上有麻子。不过，他自尊心极强，不争财不争貌就是要争口气，因此他学习非常刻苦，成绩自然优异。他用成绩打败了那些对他言语讥讽的人。他学习是精、博相结合，尤其是重于精。经、史、子、集无不涉猎，重点文章反复诵读，达到融会贯通的程度。他对孔子和孟子都很崇敬，特别爱读杜甫、白居易、陆游等诗人的诗，不喜朱熹的空谈理性。

郑板桥还喜欢画画，从唐代墨竹画的开创者萧锐到清初石涛，他都对其作了研究，苏轼、文同、徐渭等都是他敬仰的大师。后来，郑板桥到仪征毛家桥读书，毛家桥多竹，又为他画竹提供了条件，并与之结下了不解之缘。从此，他是无竹不居。竹子成了他生活中的一部分，更是他最重要的绘画题材。郑板桥喜竹，也爱画竹，但他更爱竹的品格。以竹立身，坚韧不屈、劲节虚心，这也是郑板桥的人格写照。康熙五十一年（1712）春，郑板桥回到兴化，跟随陆震学学习填词。陆震学指导他先学婉约派柳永、秦观，再学豪放派苏轼、辛弃疾。后来，郑板桥的词达到了一定的高度，在他的作品中经常能看到诗词画一体的风格。

康熙五十四年（1715），郑板桥与徐氏女结婚。两人先是生有一男，名犉，不幸早夭，之后又生有两女。为了养家糊口，他就到仪征江村开办私塾授徒。但是，因为他没有参加科考，也就没有功名，并不被人看重，经常是入不敷出。穷则变，他就想着作画卖画。当时，扬州是南北漕运的咽喉要地，大批盐商都聚集在此，为这里的繁荣和文人墨客提供了施展才华的地方。于是，郑板桥就来到扬州，一边读书一边卖画。后来，幸得朋友的资助，参加了科举考试，康熙朝中秀才、雍正朝中举人、乾隆朝中进士。郑板桥在四十九岁时出任山东范县和潍县的知县，也就是七品的县官，历时十二年。他在任期间，勤政于民，被百姓尊称为亲民之官，好评如潮。有一年，山东遭受严重自然灾荒，看到灾民饥馑的境况，郑板桥为民请命，力争赈济，并在潍县开仓放赈，救济灾民，深得百姓的爱戴。可是，官场上从来都有腐朽和黑暗的一面，郑板桥此类清流自是看不惯，于是他愤然绝意宦途，重返扬州，以卖画为生。

郑板桥是扬州八怪中影响最大的一个。他画的兰、竹被人们所追捧，至今也是趋之若鹜，其画作是遍布世界，声名享誉中外，被人们誉为清代的"诗画通人"。郑板桥的一首著名的咏竹诗是"咬定青山不放松，立根原在破岩中。千磨万击还坚劲，任尔东西南北风。"其风骨可见一斑。要说历代的文人画士之中，爱竹画竹的大有人在，竹诗竹画也多得不可胜数。可是要说画竹能画出竹魂的，还要数郑板桥。因为无论从数量上，还是格调上，郑板桥都是技高一筹。

郑板桥现存的文学作品有诗一千余首、词近百首、曲十余首、对联一百余副，书信百余封，还有序跋、判词、碑记、横额数百件。可以说，郑板桥是几乎一个全能的文学家。他的诗清新流畅，直抒胸臆，自由洒脱，主要描写人民生活的痛苦和贪官酷吏的丑恶，有少陵和放翁的风格。他现存绘画作品有千余幅，是中国古代画家中存世作品最多的一位。郑板桥不走寻常路，他既不画人物、山水，也不画一般花鸟，而是以兰、竹、石为主，兼画松、菊、梅。他画的竹很少有人能比肩，你看那竹清瘦挺拔、墨色淋漓、干湿并兼，兰秀劲坚实，石雄奇秀逸、百状千态。光其构思，就让人不禁赞叹。要说郑板桥是跟谁学的画竹，那还真没有，可以说是自学成才，自成一家。他自幼在日光月影、纸窗粉壁中学画兰竹，先是师法自然，然后又在继承和发扬了石涛、八大山人精华的同时又敢于创新、不拘泥于传统，渐渐地形成了自己独特的风格，也为文人画的表现手法增加了新的血液。郑板桥不但以竹自居，还以"竹"待人。对于后辈，他都乐于教导、扶持，言传身教，并对他们寄予厚望。他曾以竹说："新竹高于旧竹枝，全凭老干为扶持。明年再有新生者，十丈龙孙绕凤池。"还有"且让青山出一头，疏枝瘦干未能遒。明年百尺龙孙发，多恐青山逊一筹。"这些都是对后辈的殷殷期盼。

郑板桥曾对友人说，画竹要经历三个阶段，才能达到三种境界。一是要"眼中有竹"，这就需要画画的人善于观察，并且仔细揣摩，反复临摹才行。他年轻的时候，画竹就曾经到了废寝忘食的地步。二是要"胸有存竹"，这指的是在创作前对要画的竹了然在胸，要达到"我有胸中十万竿，一时飞作淋漓墨"的境地。三是要"胸无存竹"，就是在挥毫泼墨的过程中，既要心中有竹而又不为此所束缚，形神兼备。可以看出，竹之于郑板桥，真可谓相得益彰，人竹合一。其实，他说的这三种境界，何止说的是画竹，做人做事同样需要如此。郑板桥不仅画画一流，其书法也别具一格，他将自己的书体分为"六分半书"，后来人们把它称之为"板桥体"。这种书体糅合了楷、行、草、篆及画兰竹之法，笔法恰到好处。结构上浑然一体、自然天成。

郑板桥不仅在文学艺术方面大放异彩，就是在教育方面，以今天的标准来看也是劳模标兵。他实行的是善良教育，堪称中华美德教育的典范。郑板桥把关爱孩子的成长与关爱大自然看得同样重要。

自从他的长子夭折后，到了五十二岁时才又得一子，起名小宝。这是老来子，自然看护得如珠如宝，看他起的乳名，就可想而知。不过，爱不等于溺爱。郑板桥曾对家人说过，爱儿必以其道。他让孩子从小亲近大自然，融入大自然，感同身受，以培养他善待大自然的良好心态。当时，郑板桥被派到山东潍县去做知县，他将小宝留在家里，让妻子和弟弟郑墨照管。当他看到当时一些富贵人家子弟的纨绔模样，就担心自己的儿子也被娇惯成这样，他虽然身在山东，可是心却在家里的儿子身上。于是，他从山东不断写诗寄回家中让小宝读，并且叮嘱家人对小宝一定要严加管束调教。

小宝长到六岁时，郑板桥就把他带在身边，亲自教导儿子读书，并让他参加力所能及的家务劳动，让他知道生活的艰辛。由于郑板桥的言传身教，小宝的进步很快。郑板桥不仅关心儿子，对女儿也同样非常关心。在他的影响和熏陶下，女儿在诗画方面也达到了相当水平。另外，他还非常注意对子女进行自立教育。在临终前，郑板桥告诉儿子想吃他亲手做的馒头，小宝当然是马不停蹄地去做。当他把做好的馒头端到父亲床前时，看到郑板桥放心地点了点头，并对儿子说，"流自己的汗，吃自己的饭，自己的事自己干，靠天靠人靠祖宗不算好汉。"这是遗言，是对子女的嘱咐，也是他一生的经验之谈。说完后，就闭上了眼睛，与世长辞了。

郑板桥一生虽然坎坷，从小家贫，长大后仕途也不顺遂，可以说是历尽沧桑，但他始终能保持一种乐观积极向上的心态面对生活。他寄情于诗、书、画中，恬淡欢乐地度过暮年。不计一时之得失，这是他的养生长寿一术。他曾经写过两条著名的字幅，即"难得糊涂"和"吃亏是福"，其中蕴含着深刻的人生哲理，这也是他一生为人处世的准则。可是，说到容易，做到难。能像他这般"糊涂"豁达者，世间少有。

"三百年来第一流"的龚自珍

人物名片

龚自珍（1792—1841），字璱人，号定庵，又号羽琌山民，浙江杭州人。清代杰出的思想家、文学家和改良主义的先驱者。他曾先后出任过内阁中书、宗人府主事和礼部主事等官职。他被柳亚子誉为"三百年来第一流"，这是因为他的诗文多揭露清朝统治者的腐朽，文章中洋溢着炙热的爱国热情，情操高洁。他著有《定盦文集》，留存下来的文章近三百余篇，诗词近八百首。

人物风云

龚自珍出身于一个仕宦的书香门第，祖父龚敬是乾隆朝的进士，曾出任过内阁中书、知府、道员等职位。父亲龚丽正为嘉庆进士，曾出任过知府、兵备道、署江苏按察使等职位，是乾嘉时著名训诂学家段玉裁的门生和女婿。母亲段驯，也是当时有名的才女，著有《绿华吟榭诗草》。

龚自珍从小就受到家庭熏陶，八岁便读《登科录》。嘉庆七年（1802），十一岁的龚自珍随父亲来到京师，先师从宋璠，然后又随外祖父段玉裁学习《说文》，接受了系统地学习和训练。十四岁时即考究古今官制，撰有"汉官损益"等文。十六岁开始通读《四库全书提要》。此时，他已经不满足于在私塾中学习，经常逃到附近的法源寺去读书，那里有更多更广泛的书供他阅览。二十一岁时，龚自珍由副榜贡生考充武英殿校录。之后，他随着父亲前往徽州任职，并参加了《徽州府志》的编撰，负责修撰人物志，还创造性地设立了氏族表，初露锋芒。虽然他才学出众，可是他的科举仕途却并不平坦。龚自珍在二十七岁时考中了举人，之后五次参加会试考选进士，均落榜。在十几年间，他先后随着父亲升迁调任，往来于直隶、江苏、安徽一带，出入官场，目睹了吏治的黑暗腐败。他在官场中的所见所闻与其怀才不遇而抑郁苦闷的心情交汇撞击，继而有了改革弊政的想法。

嘉庆十八年（1813），天理教徒攻入紫禁城震惊了整个清朝，犹如惊雷般炸响了整个天空。嘉庆帝不得不下"罪己诏"，同时他还把责任推到朝臣们的身上，斥责他们是寡廉薄德。龚自珍愤怒不已，拿起手中的笔，借笔抒情，撰成了著名的《明良论》。这是他第一次表露出自己在政治上的不同见解，是对君权专制进行地抨击。嘉庆二十五年（1820），龚自珍会试再度落第，他被以举人挑选为内阁中书。道光元年之后的十几年，他又先后担任了国史馆校对等官职。其间，他通过阅读内阁中丰富的档案和典籍，博古通今，探讨历代得失，最终写出了《西域置行省议》等有深刻见解的文章。

道光九年（1829），此时已经是三十八岁的龚自珍第六次参加会试，终于在这一次考中了进士。他在殿试对策中仿效王安石给宋仁宗上言事书的做法，撰写了《御试安边抚远疏》。其主要是讨论关于新疆平定张格尔叛乱后的善后治理问题，他从施政、用人、治水、治边等方面提出改革主张。主持殿试的大学士曹振镛是个有名的三朝不倒翁，他将龚自珍置于三甲第十九名，使得龚自珍没有资格入翰林，只能还当着原来的内阁中书。在他当京官的二十年中，龚自珍虽然难遇伯乐，可是他仍乐观的坚持不懈地上书，希望通过这样的方法能够有人看到朝廷的弊政，可是，他的建议都未被采纳。在京中，魏源等常州学派的师友是他密切交往的好友。除此之外，还有不少忧国忧民的有识之士也是他志同道合的朋友，如姚莹、汤鹏、张际亮、黄爵滋、包世臣等。他们常常在一起聚会，并畅所欲言，抒发自己想救国救民而又无门的情怀。道光十八年（1838）十一月，湖广总督林则徐被受命为钦差大臣到广东禁烟，龚自珍对此表示出极大的支持，曾作《送钦差大臣侯官林公序》，他还向林则徐建议不仅要严惩烟贩，还要积极备战，并表示愿意跟他一同南下，共同禁烟。

因为龚自珍屡屡揭露时弊，触动了统治阶级的根本利益，让这些人大为恼火。他也因此遭到这些权贵的排挤和打击。道光十九年（1839）春，龚自珍因不服从上级的领导而又遭到斥责，他心灰意冷，决定辞官南归。同年九月他又亲自杭州北上把家眷亲属接回，两次往返途中，心有所悟，百感交集的他写下了许多激扬、深情的忧国忧民诗文，这便是后来著名的《己亥杂诗》，共计三百一十五首，这也成为中国古诗史上最后的一座高峰。这是中国诗史上罕见的大型组诗，它是龚自珍一生经历的写照，诗中都是一些廓然胸襟、深切感时的激越情怀，没有丝毫消极、颓唐的诗篇，从中体现了龚自珍深沉的豪迈情怀。他的诗意境清新，词语瑰丽，人们对此都非常喜欢。不过，使他的诗作不胫而走而又备受推崇的真正原因，其实还在于他以别人不敢用的锋利笔触，挑破了世间欺人的外皮，无情地挤压出腐朽的灵魂，是对当时社会的无情鞭挞，引起了广大老百姓的共鸣和激赏。

要说龚自珍的学术思想，那也是独具一格的。他利用"今文经学"这个旧形式，与"经世致用"相结合，融合成了他关心国计民生，批评时政、改革社会的新武器。其实，龚自珍并非清代今文经学兴起的首倡者，之前就已经有庄存与、孔广森、刘逢禄等几代学者在努力地做。庄存与生于清中期，当他看到封建王朝已经露出颓败的局面时，就再度提倡汉代应变的公羊思想，企图以此调整旧的社会秩序。刘逢禄虽然强调何休的"微言大义"，使公羊学逐步和实际相结合，但他们都未脱出汉代以来今古文经学传统斗争的桎梏。龚自珍自幼学习的是清代占统治地位的乾嘉汉学，面对的是更加腐朽颓败的社会现实，对社会的认识更加深刻，他也因此对今文经学的《春秋公羊传》产生了浓厚的兴趣。封建末期的社会危机感和挽救这种危机的社会责任感，使龚自珍毅然放弃了迂腐学风，改为学习抨击现实腐朽，揭露社会黑暗的经学思想。他认为道和学、治，本就是一体。得天下者为王，佐王者为宰、卿大夫，交租税者为民，民之有识者为士。他把经学和现实政治紧密结合，这种认识在清代今文经学中是一个新的发展。同时，他还对汉代以来旧的今文经学也进行了改造和批判，去其糟粕，取其精华。

在社会活动中，龚自珍十分强调人的作用。他批判董仲舒"受命之君，天意之所予也"的公羊学天人感应论，指出"天地，人所造，众人自造，非圣人所造"。他还极力主张破除对自然现象的迷信和神秘观念，反对用今文经学对人间灾异作穿凿附会的解释。并建议根据钦天监中历来彗星运行的记录档案，研究其规律，之后，将所得撰成书，以给后人研究查阅。龚自珍虽然以今文经学为标榜，但实际上他与汉代董仲舒等人相去甚远，他既不主张寻章摘句、考据训诂的汉学，也不主张利用迷信而牵强附会的公羊学，而是用今文经学的大义去阐发经世致用的思想。在这个前提下，他又提出了朴素的辩证思想。他认为，从古至今制度和朝代一样，都是新旧更替，不断变革的，已经陈旧不符合朝代角度的制度、政令必然是要被新兴的势力和制度所替代。他从经世致用思想出发，明确指出所处的社会已经是"起视其世，乱亦竟不远矣"，必须尽快地对现下种种丑恶黑暗的现象和制度予以揭露和改革，否则危矣。但是，究竟怎样改革，他却没有找到明确的答案。

龚自珍是清朝最勇敢的猛士，可是勇士也有暮年，也有远去的那一天。1841年农历的八月十二，这时距离中秋还有三天，年仅四十九岁的龚自珍在江苏云阳书院突然暴死，世人皆惊，至今他的死因仍旧是个谜。不过，无论龚自珍是因何而死，他流传下来的思想在政治、学术、经济、文学等方面，都起到了振聋发聩、开一代风气的作用，如一阵清风，吹开了封建王朝的黑暗。

睁眼看世界的魏源

人物名片

魏源（1794—1857），名远达，字默深，又字墨生、汉士，号良图，湖南邵阳人。清代启蒙思想家、政治家、文学家，是近代中国睁眼看世界的先行者之一。他晚年弃官归隐，之后苦修佛学，自称"菩萨戒弟子魏承贯"。他倡导学习西方先进科学技术，提出了"师夷长技以制夷"的新思想。

人物风云

作为睁眼看世界的先行者，当然要有很渊博的学识。在魏源刚刚七八岁时，就被家人送入私塾学习。他非常喜欢读书，并十分刻苦，经常通宵达旦手不释卷。魏源从小就是一个沉默寡言的人，常常自己坐在那里深思。他十五岁时考中县学生员，从那时起开始潜心研习明代理学家王阳明的心学。嘉庆十八年（1813），二十岁的魏源举为拔贡。次年，他又随父亲魏邦鲁一起进京。在北京，魏源结识了当时京城之中各种学术流派的名士。他先是跟随胡承珙学习汉学，之后又学习宋学，同时还常常向选拔他为贡生的座师汤金钊请教王阳明心学。他四处广泛求学，刻苦钻研，博众家之长，使魏源很快名满京师，许多有识之士均纷纷与之相交。嘉庆二十四年（1819），他考中顺天乡试副贡生。道光元年（1821），他再次赴顺天乡试，却仍为副贡生。他没有气馁，一次不行再来。这一时期，魏源一面为自己打下了坚实的学术基础，另一面也在不断探讨治国安邦的学问。

道光二年（1822），魏源这一次终于以第二名的好成绩考中了顺天乡试举人。不久之后，他赶赴古北口受馆于直隶提督杨芳家，并考察山川关隘。道光五年（1825），他被江苏布政使贺长龄延为幕宾，编写清代经世致用文章集大成的《皇朝经世文编》。当时的巡抚陶澍是一个注重国计民生的名臣，常常和他商筹海运水利等政事。魏源在京求学之时，正值清代今文经学崛起，便拜在今文经学家刘逢禄门下，研习《公羊春秋》。在那里，魏源结识了龚自珍，两人都被刘逢禄所欣赏，几人常常在一起切磋和探讨学问。

道光八年（1828），魏源以举人的身份捐资为内阁中书舍人，他期间阅读了大量的内阁史馆典籍档案，积累了很多有关典章制度的资料，这为他以后著史理政奠定了扎实的基础。道光十一年（1831），魏源的父亲去世，他回家守孝三年。期间，对魏源经济才干颇为欣赏的两江总督陶澍请魏源做其幕僚，协助他改革盐政。清朝盐的生产和运销一直由官府垄断。其实，不光清朝，在封建统治社会，盐作为民生的重要资源一直是掌控在统治者的手中，被他们所垄断。长期以来，盐官和场商、运输商勾结在一起，就形成了一个特权集团。这些人中饱私囊，然后将风险转移到盐的生产者、消费者身上，造成了盐价昂贵或是产销停滞等严重积弊，从而导致私盐的兴盛。虽然清政府对倒卖私盐严格打击，可是屡禁不止，私盐还是在人们中间频频出现。魏源清楚地看到了出现这种问题的症结在哪里，他提出了改行"票盐"制度的方法。其做法是由商人向官府交纳一定的盐税，之后官方便会发给商人盐票，商人凭盐票可以自由买盐、自由贩卖。这样就省掉了各级官吏层层盘剥的中间环节，致使盐价直接降了一半之后，商人仍有利可图。魏源的主张被陶澍采用后，果然收到了良好的效果。从此以后，历任两江总督陈銮、林则徐、李星沅、陆建瀛等，如果是在盐政要务上遇到问题，都会与魏源一同商议。

黄河自古以来就是难治理的，从大禹治水开始一直到清朝，黄河水患就一直是统治者深感头痛的问题。在治理黄河上，魏源也有不同的见解。他认为河患水灾的发生，一方面是自然因素，另一方面，则还在于人，是人祸。同时，魏源还认为过去治理黄河的方法有些不合理的地方，他主张因势利导，使黄河人工改道，北流入海。可以说，魏源的治河的方法是相当有见地和前瞻性的，只是这两种见解在当时都无法实行。官吏贪污是封建官僚制度的必然产物，无法根除。再加上黄河人工改道，工程实在是太过巨大，清政府本就在财政上捉襟见肘，此时也无能为力。鸦片战争以后，魏源在出任兴化知县等的地方官时，虽然不能在黄河上实现自己的梦想，但是他仍力所能及地在小范围内进行了水利治理。兴化境内临近运河和高邮、洪泽二湖，经常有涝灾。有一次，高邮湖水泛滥，眼看着堤坝就将决堤。魏源亲子率领官吏和百姓护堤保稻，他们冒风雨伏堤上，以致最后个个目赤红肿如桃。不过，他们的辛苦没有白费，最终保住了大堤，保住了百姓赖以生存的粮食。为了感念魏源，老百姓就将当年收成的稻谷称为"魏公稻"。在治水过程中，魏源把他所见所闻汇总，最后撰写了筹河、水利、堤防等多篇文章，见解独特，许多都被别的治河官员所采用。可惜，魏源生不逢时，始终不为朝廷所有，他的才能也得不到充分的发挥。

对于清政府来说，如果黄河是第一个头痛的问题，那么第二个就是漕运。自明清以来，南粮北运一直通过运河，朝廷设有漕运总督等一系列官员对此进行管理。一直到晚清，由于各级官吏的把持盘剥、地方豪强敲诈勒索，积弊日趋严重，老百姓对此是怨声载道。魏源对此还进行过一番仔细的论证和研究，他发现漕运积弊已久，已经很难再改。不过河不行还有海啊！他便主张改漕运为海运，由商人承办，不再以官府垄断。他还指出海运不经过河闸，不需要经过层层盘剥，这就防止有人从中中饱私囊和徇私舞弊，对于国家、老百姓、吏治、商人都有好处。他还进一步指出，如果是商人办海运，可以把江浙的货物放在漕船上运往北方，不但可以促进南北物资交流，还可以降低物价，繁荣两地的商业。道光五年（1825），魏源在巡抚陶澍幕中实际参与了筹划海运活动，撰有《筹漕篇》《道光丙戌海运记》等文。

道光十五年（1835），魏源为了奉养母亲，亲自在扬州买了一所庭园，取名"絮园"。其中有一间名为古微堂的书房，魏源就在此写成了许多诗文，我们从中可以看出鸦片战争以前魏源的主要思想和内心活动。这一时期，他主要是抨击封建末世的黑暗现实，与同道中人龚自珍一起以今文经学的形式，倡导关心国事民生，主张改革社会政治风气。

道光二十年（1840）时，鸦片战争爆发。当时魏源正在扬州治河，他得知消息后就匆忙赶至宁波前线。在钦差大臣伊里布军中参加审讯俘虏的英军军官安突德，根据他的口供，魏源撰写成了《英吉利小记》，后来被收入《海国图志》。道光二十一年（1841），魏源在两江总督裕谦幕中筹办浙江防力。裕谦是一个坚决主张抵抗外来侵略的大臣，可是由于部下将领余步云不给力，都是一些贪生怕死之辈，再加上清军武器装备极为落后，浙江海防最终失守，裕谦忧愤自杀。目睹了这一事件的魏源，他看到了英军野心勃勃的残暴行径和坚船利炮，看到了清朝统治者张皇失措、昏聩庸懦的丑态，也看到了沿海军民奋勇抵抗保卫家园，不怕牺牲的英勇气概。魏源从残酷的现实中认识到，鸦片战争失败的一个重要原因就是清统治者的昏庸腐败，是清政府导致最终战争的失败。因此魏源希望清统治者能够吸取教训，励精图治，整军备武，以图之后的长治久安。为此，魏源还撰写了《圣武记》十四卷，此书在道光二十二年（1842），也就是中英《南京条约》签订之时完成。书中讲述了从清初到当下的武功方略，对兵制、战术等具体问题都有所探究，强烈地表达了魏源想要富国强兵的爱国主义热情。

道光二十一年（1841）六月，林则徐被遣戍到伊犁，途中经过镇江。林则徐和魏源两人当年在北京就是志同道合、意气相投的好友，此时相会，更是感慨万分，两人推心长谈。林则徐把他在广东抗英时所译的《四洲志》《澳门月报》和粤东奏稿以及相关的西方枪炮和地理图样都交给魏源，让他编撰一部《海国图志》。魏源果然没有辜负林则徐的期望，他结合历代史志及明以来的岛志和近日所得夷图、夷语等大量资料，在道光二十二年底编写成《海国图志》五十卷，四年之后增广至六十卷。咸丰二年（1852），他又补充以葡萄牙人玛吉士《地理备考》、美国人高理文《合省国志》等，扩展为百卷，予以重刊。

《海国图志》是中国第一部较为详细介绍世界各国地理、历史、经济、文化、军事等内容的新书，它的问世，开阔了国内有识之士的眼界，对世人了解世界、了解我们的敌人起了重要的作用。咸丰八年（1858），兵部侍郎王茂荫就曾奏请朝廷，认为应该将此书广为刊印，亲王大臣每家都应有置办一部。同时，还要下令所有的宗室八旗子弟都应以此为教材进行学习。可是，王茂荫的苦心是白费了。《海国图志》在中国上层统治者中，并没有受到多大的重视，甚至还没有在日本的受重视程度搞。自道光三十年第一部《海国图志》传入日本，一直到明治维新前，先后已传入日本十数部。它被日本学人摘译翻刻达二十二种版本以上，对日本的维新开通风气，起到了重要影响。

在《海国图志》中，魏源开宗明义地提出了学习西方先进技术以抵御外侮的思想，提出了著名的"师夷长技以制夷"思想，这不仅把中国近代地主阶级改革派思想推向了有更广泛代表性的抵御外来侵略，学习西方的近代爱国主义思想的新高度，而且还开始打破了长期以来封建统治思想的封闭状态，这在近代中国社会的早期具有特殊的意义。它冲击了自明清以来，政府唯我独尊、视外国为夷狄的状态，开创了要积极吸收外来先进文明的先河。尽管，魏源对于这种吸收和学习也只是达到对西方部分物质表层的认识阶段，但他敢于尝试，敢当第一个吃螃蟹的人。

咸丰元年（1851），太平天国起义来势汹汹地席卷了整个中国南部大地，当时的魏源正补授高邮州知州。咸丰三年（1853），太平军在南京定都，二月他们又攻克了扬州。扬州距离高邮只有短短的四十里地，高邮一时危矣。魏源以知州的身份，先办团练，积极迎战，并且为了防御溃逃官军沿途焚掠，又镇压了响应太平天国运动的湖西太平庄地方起义军。不过，正在他积极抵御太平军的时候，他就被督办江北防剿的杨以增以迟误文报而奏劾革职。咸丰皇帝还在上谕中饬责魏源，说其是"于江南文报并不绕道递送，屡将急递退回，以至南北信息不通，实属玩视军务"！不久之后，钦差大臣周天爵又延揽魏源入幕参谋军务。因魏源攻打宿州捻军有功，十一月又被奉旨官复原职。但此时魏源已经年逾六十，遭遇了这么的坎坷和变故，早已无心官场，就请辞归乡了。

从此，魏源举家兴化以避兵祸，他不问政事，只是安静地著述，潜心地佛学，还会译了《无量寿经》等。虽然，他衣锦还乡了，但是他却为国人打开了一扇新的窗子，通过这扇窗，我们了解了世界。知道了，原来山外有山，世界之外，还有另一片天地。

冷眼观世的吴敬梓

> **人物名片**

吴敬梓（1701—1754），字敏轩，又字文木，号粒民，汉族人。清代最伟大的小说家之一，其经典代表作就是他的长篇讽刺小说《儒林外史》。他出身于安徽全椒一个官宦之家，从其曾祖父开始，家族里一共出过五名进士、一名榜眼、一名探花，并且都在朝廷中出任实职。吴家也曾显赫一时，只不过到了吴敬梓这里，已经不见兴旺。

人物风云

康熙四十年（1701），吴敬梓出生在安徽全椒的一个官僚家庭，从小，他就被过继给了堂伯吴霖起做儿子。当时，从曾祖父积攒下来的偌大一份家业，到吴霖起时，已经开始衰败，也就是说吴敬梓生长在一个家道中落的家庭。在吴敬梓十八岁时，他考中了秀才，而此时他的生父吴雯延也在这一年去世了。次年，他的嗣父吴霖起也去世了。虽然已经败落，但是俗话说得好，瘦死的骆驼比马大，破船还有三斤钉呢？何况，家业传到他手里时还有接近三万两银子的家产。这三万两银子，可不是一笔小数目。要知道当时清朝的一品官，他们的年薪也只有一百八十两银子，再加俸米一百八十斛而已。如果是按照现在的物价折算的话，三万两银子大约是现在的六百万元人民币。你想，这么一大笔财产，如果吴敬梓想买个官做，也是足够的了。更何况他所处时期如果是要捐一个道台，明码标价，也只是要一万三千多两银子。他捐了官，拿剩下的银子好好过日子，也可以轻松自在的过完一辈子了。可是，性格狂狷的吴敬梓不仅没有去买官做官，也没有去做生意。可是，即便如此，坐收如此可观的家产，他一生的开销也是够了的。但是谁也没有想到他后来会落魄到万金散金、穷困潦倒的凄惨境地。

吴敬梓的好友程晋芳在《文木先生传》中就曾描述过他的惨状，说他从安徽移居金陵后，就经常用卖书的钱来换米粮，有时候竟然三餐不继，需要靠人时常周济才不至于饿死。家里都没有钱顾得上肚子了，就更加没有钱买衣御寒了。那么，寒冷的冬天怎么办呢？人家吴敬梓也有办法应对。他经常邀请意气相投的好友，少则三四人，多则五六人，在月夜从南京城南门出发，绕城墙行走，一路上吟诗作对，走上个几十里路，一直走到天亮才回转。众人说说笑笑，如此这般活动筋骨不仅加快了血液循环，也让身体迅速地暖和起来，夜夜如此"御寒"，吴敬梓还幽默地称此为"暖足"。这样的方法都能让他想到，可见是个怪才。

那么，近三万两银子的家产，他怎么花得一干二净呢？胡适先生就非常推崇他的这位老乡，他曾说过，"我们安徽第一个大文豪，不是方苞，不是刘大櫆，也不是姚鼐，而是全椒吴敬梓。"胡适认为吴敬梓的家产是被他在秦淮河上花掉的。秦淮河畔出美女也出才女，更有花船妓女。在吴敬梓的诗文里，我们可以隐约地看到一些影子。他曾在一首诗中回忆玩乐通宵打点小费的潇洒情景，"朝复夜，费蜀锦吴绫，那惜缠头价。"还有，他在《减字木兰花》中曾写，"王家昙首，伎识歌声春载酒，白板桥西，赢得才名曲部知。"可见，吴敬梓应该是青楼的常客，并且他还未自己的声名远播而感到沾沾自喜。据说，当时住在白板桥的一个名叫苕苕的歌女，不仅美貌有才，还特别擅长跳柘枝舞，原本是一豪门强行纳为内宠。后来，对方喜新厌旧又将她赶出豪门，从此沦落风尘。吴敬梓见到后对她是爱怜有加，砸在她身上的银子那是大把大把的。吴敬梓的钱，至于到底是不是全部花在寻花问柳之上，这想来也不可能。其实，他之所以如此做，主要还是有负气使性的成分在。说到底，他的家产很大一部分是被他赌气散掉的。

原因是在吴敬梓的嗣父死后，平时道貌岸然的吴氏族人，露出了他们狰狞的本来面目，他们欺负吴敬梓这一房势单力薄，就都对吴敬梓的财产分一杯羹。吴敬梓的妻子也为此事而被活活气死，这让他如何不恨，不痛心。世态炎凉，于是他就决定与其让那些族人把财产夺去，还不如自己花个痛快。他为了寻花问柳，经常在家乡与南京之间，不断往返，其中旅费和小费就是一大笔开销。另外，如果有人向他求助，他也慷慨解囊，随意施舍，是千金散尽不复还。到后来，手里没有银子了，就索性连田产和房产也卖了，奴仆们也各自遣散，他也因此成了"败家子"，乡里人都以他为反面教材，他也当仁不让地成为当地最不受欢迎的人。

吴敬梓曾经是很爱读书，并且热衷于科考。不过，他十八岁那年中秀才后，几次科考，均以落第收场。十年后，他从家乡全椒来到滁州参加乡试的预备考试，当时的考官是安徽学使李凤翥。可能是因为长期郁郁不得志，吴敬梓在考试前访朋问友时，对一些不平世事还有官僚士绅们都颇有微词和讥讽。没想到，无心之举却为命运多舛的他又埋下了一个隐患。

在明清时，统治者规定士子不得随便发表议论，这是统治者的统治需要。清顺治时就有规定，"军民一切利病，不许生员上书陈言。"如有违反，可以革职治罪。而吴敬梓的这些偏激言论，恰好就被有心人举报到李凤翥那里，并且还加以广而告之。吴敬梓知道后，那样一个狂狷、心高气傲的人，为了消除试官大人对自己的恶劣印象，在朋友的劝说下，还是去求见了李凤翥。并且为了表示他的诚意，吴敬梓还匍匐在地，向对方行跪拜之礼，言语恳切地乞求原谅，希望对方能够不问逸言，只按才情予以录取。可是，哪里知道这位学使大人非但没有谅解他，反而疾言厉色对他教训了一顿，这让匍匐在地的吴敬梓感到万分羞辱，颜面丧尽。不过，更让吴敬梓没有想到的是，考试结果出来，李凤翥竟然仍授予他第一名。朋友们也都闻讯来恭贺，都为他感到高兴，并且还摆起宴席庆功。吴敬梓本人也是既感惊喜又心情复杂，这翻手为云覆手为雨的作风令他百感交集。在《儒林外史》中，范进得知中举后，麻木已久的心灵经受不住突如其来的刺激，喜极而疯。想来，这种戏剧化的冲突跟作者吴敬梓的经历有着密切的关系，说不定说的就是他自己。

但是，这一次考试也只是乡试的预考，类似于今天的高考的摸底考试。所以，吴敬梓的第一名并没有什么用，只是有了进行下一场考试的资格。不久之后，李凤翥回京复命，新来的学使王兰生到任。虽然，此时的吴敬梓是听话地闭上了自己的嘴，可是他的"乖僻"言行，王兰生是早有耳闻的，所以未见其人，就已经对他有了成见。结果可想而知，吴敬梓在这次乡试中落榜了。这与前几次不同，这次的考试落第对吴敬梓打击是相当沉重的。本来，他在向李凤翥求情时，李凤翥将他那么劈头盖脸地呵斥一顿，本以为彻底无望，可是李凤翥却授他第一名，这就又给了他新的希望。他想既然能在预考中拿到第一，那么接下来的乡试不拿第一，想来也不会太差，对此他还是有信心的。可是，哪里想到却名落孙山。这样巨大的心理波动，想来一般人都会受不了。于是，一向以才情自负的吴敬梓对当权者的这种猫戏老鼠的戏弄身有反感和绝望。也正是从这时候起，他对科举考试渐渐地断了念想。既然如此，吴敬梓老人家不考了，惹不起总躲得起吧！

也正是因为他的这些经历让他写成了《儒林外史》，此书一出，就有人认为吴敬梓是在否定封建科举制度。这本书里描写的是儒林的"丑史"，是儒林的"群丑图"。其实，吴敬梓根本就没有否定过科举制度，他只是否定和讽刺那些主持科举的官员，申斥他们的不识才不用才。这是吴敬梓自己的经历，所以说《儒林外史》不是儒林的"丑史"，而是一部儒林的"痛史"。

吴敬梓一生经历了清朝康熙帝、雍正帝、乾隆帝三代，当时，尽管社会上是一片欣欣向荣的景象，但清朝统治者对武装起义的极力镇压，以及大兴文字狱来控制人们的思想的做法，都使得他对黑暗的政治和腐朽的社会风气深恶痛绝，所以他才写出了反映现实社会的《儒林外史》。他以讽刺的手法，对这些丑恶的事物进行了深刻的揭露和有力的批判。

中国书画第一人齐白石

人物名片

齐白石（1864—1957），名璜，字渭清，号兰亭，别号白石山人。他是汉族人，出生于湖南湘潭县白石铺杏子坞，1957年9月16日在北京病逝，终年93岁。他是二十世纪十大画家之一，一生作品无数，最具代表性的有《花卉草虫十二开册页》《白石草衣金石刻画》等。

人物风云

齐白石是大家耳熟能详的国画大师，没有人能想到，这样一位大人物却出生在湖南湘潭白石铺杏子坞星斗塘一个贫苦农民家庭。他的父亲是一个老实本分，却又胆小怕事、性格有些懦弱的人。不过，他的母亲与父亲正好相反，是一个果敢坚毅，勤俭持家的女性，在村子里人缘颇好。

齐白石一出生，就因为先天性的营养不足而体弱多病。这有病就需要吃药，吃药就需要钱。对于一个仅有一亩水田来维持全家五口人生活的家庭来说，这一笔药费更是雪上加霜，其中的艰难可想而知。齐白石自幼聪明伶俐，七岁时，他就能将祖父教的三百来个字背得滚瓜烂熟，并且牢记于心。他的祖父再也无力教授自己的孙子，并且为孙子的将来开始发愁，每日里是长吁短叹。为家里的贫困不能供养孙子读书而感叹，为拥有过人天分的孙子被耽误而伤心。好在天无绝人之路，当时齐白石的外祖父在枫林亭附近的王爷殿设了一所蒙馆。齐白石的外祖父知道自己的亲外孙因无力缴学费而耽误在家时，赶忙让人把他送蒙馆寄学，那可是他的亲外孙，叫他如何不心疼。

聪明的齐白石很珍惜来之不易的学习机会，在勤奋好学之余，他还在描红纸上涂鸦起来，没想到他画的与实物十分相似，就跟真的一样。这样一来，他的画在同学中间就小有名气继而流传开了。正当齐白石沉浸在读书和绘画的乐趣中的时候，他的学业也快到头了。那年，学校放秋忙假。不巧，齐白石又生了场病，家里为此花了很多钱。再加上那一年的天公不作美，田里歉收，对于人口众多的齐家无异于雪上加霜。在这青黄不接的时候，连吃饭都成问题了，哪里还能让齐白石在继续读书呢？即使学费不拿，笔墨纸砚总是要花钱的。别无他法的母亲哽咽着对齐白石表明了意思，懂事的齐白石只好无奈地再次中断了读了不到一年的蒙学。辍学后的齐白石，平时不是挑水，就是种菜、扫地，或者是打柴、放牛，虽然身体不好，但他也做一些力所能及的家务事，为家里减轻负担。空闲时，他还从外祖父那里借来《论语》读，家里能找到的纸片都被他充分地利用了起来，纸片上画满了他自己喜欢的画。

齐白石十六岁那年，家里人考虑他身体单薄，田里的重活干不了的情况，就想安排他出去学一门轻松一点的手艺，将来好养活自己。齐白石自己本身很喜欢画画，经人介绍，他便到当地一个叫周之美的名雕花匠那儿学习雕花技艺。齐白石虽然自小就喜欢画画，也从未中断过画画，但当他看到那么精美的仕女画、花卉、走兽图案画，不禁惊呆了，太漂亮了。他从未见过和描习过，他学习的兴致前所未有的高，学得也特别用心和细心。周师傅也特别喜爱这个聪明好学的徒弟，没有儿子的他，就把齐白石当成亲生儿子看待，见人就夸他的徒弟好，他的徒弟有天分。人们也都说他收了一个有出息的好徒弟，这让周师傅每天乐得合不上嘴。不久，在周师傅的细心提携下，齐白石在白石铺渐渐有了名气。十九岁那年，齐白石终于学成出师了。自此之后，齐白石不用再靠家里的钱生活了，他可以靠自己的雕花手艺挣钱生活养家了。尽管他挣的钱不多，全家人也依旧过着节衣缩食的生活，但是齐白石对能做自己喜欢的工作，感到十分的高兴。他把自己长期以来对绘画的感悟都运用在雕花的式样上，雕成的花是别有风味和创新，深得乡邻和顾主们的喜爱和赞美。看到别人眼里的喜欢，那就是对齐白石最大地鼓舞，他的创作热情也极度高涨。

有一次在顾主家做工时，二十岁的齐白石偶然间发现了一部残破不全的《芥子园画谱》，他看到后欣喜若狂，如获至宝。于是他从顾主那里借来后，就如饥似渴地用了半年时间把这本画谱一幅幅地全部临摹下来，还细心地装订成十六本。在经过这次大规模、正规地临摹后，齐白石无论从技法还是艺术性上，他的绘画都有了长足的进步，可以说，正是这本书为今后齐白石终身追求的绘画艺术打下了坚实的基础。特别是将这些绘画技法用于雕花工艺时，他的雕花名气渐渐连师傅周之美也赶不上了，他成了白石铺颇负盛名的雕花匠，真可谓青出蓝而胜于蓝。虽然，齐白石雕花技艺已颇负盛名，可他家里的生活依然入不敷出。为了补贴家用，齐白石经常利用自己的手艺做一些小玩意到杂货铺去售卖，闲时还为乡邻画些佛像之类的物品。由于他的画既有文人的些许韵味，又离百姓的生活很近，所以深受人们欢迎。以至于后来找他画画的人比找他雕花的人还要多。

1889年，齐白石听从一位远房本家建议去学画人像。这位本家认为齐白石画人像要比他画神像有出息，齐白石听到后动心了，听从了他们的建议，便出去学习了。二十七岁的齐白石先后拜师于私塾先生胡沁园和陈少蕃，他在这之前，可都是一直是自己琢磨怎么画的，从来没有一个人教过他。拜师后，算是真正地走上了他一生为之不懈追求的绘画艺术生涯。师承这两位老师是齐白石涉足画坛的重要开端。胡沁园了解到齐白石的特殊家庭情况，就安排他一面读书学画，一面卖画养家。在以胡沁园、陈少蕃为主流的湘潭文化名流的熏陶下，齐白石是眼界大开，他的画艺、诗才在此得到了充分地挖掘和发展。而齐白石以卖画养家的愿望也实现了。从此，他从雕花匠改行专做画匠了。几年辛苦的学习之后，齐白石不但画像技艺有了很大提高，他还在传统绘画的基础上创造了一些新的技法，创作出了大量富有诗情画意的作品。他不单单只画像，还画山水人物和花鸟虫鱼，其中仕女画画得最多，什么木兰从军、文君归汉等题材，画得很美，当时有"齐美人"之称。他用短短的半年时间，从画像师萧芗陔那里学会了裱画和最难的揭裱旧字画。

齐白石从来没有满足过现状，他一直在艺术这条道路上努力地追寻着。他在三十岁时开始苦练治印，起初他跟王仲言、黎松安等人学过一些初步的篆刻技术，可是并不精通。后来，又得到治印名家黎铁安的指教。至此，他的刻印更是往越来越专业的路上走，并且越走越畅达。他结合雕花的刀法，再加上过人的感悟力和灵活用刀的巧手，齐白石的刻印形成了他独特的风格。后来，在他三十七岁那年，齐白石拜师于湘潭大名士王湘绮，成为他门下"王门三匠"之一。在那里，他结识了杨度、夏午诒等人，受他们的影响，齐白石开始走出家门看天下。年近四十岁的齐白石游历了祖国大江南北的名山大川，每到一处，他不仅了解当地的风土人情，还画了许多写生速写作品。同时，每到一地，他还拜访和结识了许多有真才实学的画界名人，鉴赏和临摹了许多秘籍、名画、书法、碑拓等艺术品。这大大开阔了他的艺术视野和胸怀，提高了他的审美和鉴赏能力，使得他的学艺大为长进。从此，齐白石逐渐由民间画师步入文人画家行列。

从1908年起，游历归来的齐白石一直在湖南境内潜心作画、刻印，时不时地还出门探亲访友、煮酒论诗，他用卖画刻印所得维持家用。通过十年的刻苦磨砺，形成了齐白石独有的朴实、自然的创作风格。他本想颐养天年，一心研究中国的绘画艺术，可是无奈天不遂人意，战争开始了。国家是连年兵荒马乱的，经常有军队过境、土匪扰民之事发生。由于齐白石已经盛名日起，卖画刻印收入也比较丰厚，当时竟有土匪传言要绑票齐白石，这让一家人担心不已，都劝他赶快出去暂避风头。

1919年，已经五十七岁的齐白石因为战乱不得不背井离乡来到北京法源寺住下。他在京城仍然卖画刻印，但是因为战乱很少有人问津，生活极为贫困。但是生活的苦难挡不住他对艺术的热情。他不断地从黄宾虹等人的画中学习精髓，后来还创造了中国画工笔草虫和写意花卉相结合的独特风格。在他不断地努力下，又经过陈师曾等人的多方提携，齐白石的名声是越来越响亮。在京城的十年，是他含辛茹苦、艰难探索，进行"衰年变法"的十年，也是他绘画的艺术大放异彩的十年。齐白石六十岁前后终于悟得汉印的妙处所在，他经过"十载关门始变更"，又得到"追求刻字之解义，不为摹、作、削三字所害"的巨变。有人评说他刻印而精篆法，犹如晴天霹雳，劈开了中国篆刻史上的新篇章。1926年，齐白石在北京跨车胡同15号买了一处房子，他总算是在大大的北京城里有了自己的住所。齐白石六十五岁时被北京艺术专门学校聘为教授，专门教授国画。在这里，齐白石把自己几十年的绘画创作经验毫无保留地都悉心传授给了他的学生，而他自己在十多年中创作的作品已经达到了上万幅。

1937年"七七事变"后，齐白石辞去一切教职，闭门在家。他屡次拒绝为日伪大小头目作画。1944年，抗日战争日益严峻，他就停止了卖画，并以"寿高不死羞为贼，潦倒长安作饿饕"的诗句，表示宁可挨饿，也不屈服谄媚于日本人。也是在这一年，他写下了不少抒泄亡国之愤的诗。齐白石八十岁前后其篆法、章法、刀法都显示出了"齐派"的鲜明特色，在他刀耕笔耘的六十年中，印作达到数千件之多，成为"印坛泰斗"。

日本投降后，齐白石才开始公开露面。在齐白石寿诞之日，他被光荣的授予了"人民艺术家"称号，在其颁发的荣誉状上这样写道："齐白石先生是中国人民杰出的艺术家，在中国美术创造上有卓越的贡献。"1957年，齐白石被任命为北京画院名誉院长，同年9月16日，齐白石在北京逝世。1963年，齐白石被评选为世界十大文化名人之一。

知义多情的才女

秦淮八艳之首柳如是

人物名片

柳如是（1618—1664），清代著名女诗人，浙江嘉兴人。本名杨爱，后改名柳隐，字如是，又称河东君。"秦淮八艳"之一，明清易代之际的著名歌伎才女，才华洋溢，琴棋书画样样精通，在诗文上颇有造诣。曾游历于吴越间，以其文采风流闻名于世，留下了许多轶事佳话和颇有文采的诗稿。

人物风云

柳如是是不幸的，父亲在她很小的时候就去世了。由于家贫，她从小被卖到当时盛泽归家院名伎徐佛家里当养女，受徐佛教养。柳如是从小就聪慧灵巧，加上徐佛一心想把她打造成一位大家闺秀，所以一直在教她念书、写字、作画。常年下来，这柳如是不仅长得样貌绝美，才气也是逼人，不出多久，就成了当时秦淮的名伎。

柳如是虽有着绝美的样貌，但才气过人的她却宛如一个文人才子一样喜欢穿着儒服男装跟文人谈时势论诗词，唱和诗歌。柳如是曾跟南明复社领袖张缚、陈子龙等人友好，并与陈子龙情投意合。这陈公子看中她，送来很多银子给她。后来两人有了较多交流后，柳如是劝说他既然文路无可报国，男子汉应该学武上战场杀敌。这陈子龙还果真去从了武，后来不幸在抗清起义中战死。柳如是的择偶要求很高，她一生的爱情和婚姻是要从与东林党领袖、文名颇著的大官僚钱谦益的恋情说起的。

话说在明崇祯十三年（1640）的一个冬天的午后，钱谦益在家乡的住所"半野堂"里闲着没事坐着打盹。这年冬天非常冷，作为原朝廷礼部侍郎的钱谦益已经在家乡赋闲两年了，也好久没有人来探访他了。这个午后突然有人来访，拜帖上面写着"柳儒士"。钱谦益心想这名字没听过，大概是那个无名晚辈慕名来访吧，反正家里冷情很久了，于是就让家人请了进来。等到钱谦益走到客厅，来客正在打量墙上的字画。随后两人行礼寒暄一番，钱谦益看着这白面书生一身清秀打扮，却有些娇小面熟，但死活想不起来在哪见过。这书生看着钱谦益，不慌不忙地吟出一首诗：

草衣家住断桥东，好句清如湖上风。
近日西泠夸柳隐，桃花得气美人中。

钱谦益大惊，认出来此人正是柳如是，便马上命人看茶上座嘘寒问暖。两人的第一次相见还是在两年前，当时被贬职回乡的钱谦益路过杭州，寄宿在杭州名伎草衣道家中，柳如是当时也恰好寄居在此。一日，钱谦益无意中看到柳如是搁在客厅的诗，甚是喜欢并极力称赞。草衣道看看他如此喜欢柳姑娘的诗句，于是就安排他们两个见面。当时这钱谦益大名鼎鼎，已年过五十，而二十岁的柳如是却与他谈得十分欢乐，钱谦益也对这娇美却满腹经纶的奇女子生出许多怜爱仰慕之情。柳如是的突然来访让他又惊又喜，柳如正是用一首当日吟过的诗唤起了钱谦益的记忆。钱谦益当日便留下柳如是在"半野堂"住上一些日子，柳如是也欣喜地答应了。

两人在接下来的日子相处融洽，每日踏山观林，吟诗作对，充满欢声笑语。钱谦益还为柳如是盖了一座小楼。柳如是虽然已经成名，但她自幼丧父，十五岁沦落风尘，受人摆布吃了不少苦。钱谦益虽然年长许多，但他对自己一片真情，柳如是十分感动，满心相知之情。

就这样，两人相伴游山玩水，钱谦益带着柳如是徜徉于湖光山色，诗酒作伴。柳如是几次透露出以身相许的意愿，但钱谦益心中顾虑，他想自己已经是个年过半百的人了，怎么能和这二十出头大好年华的柳姑娘共结连理。于是面对柳如是流露出的心意，他虽然激动地心潮澎湃，但每次都避开了这个话题。而柳如是对钱谦益已经是一片痴情了，她心想这钱谦益虽然年长但有情有趣，对她也好，自己这些年来难得遇到一个对她这样真情的男人，所以她一定要嫁给钱谦益。钱谦益见柳如是心意坚决，两人又情投意合，便在这年夏天同柳如是在大游船上办了婚礼，将她迎娶进门。

两人婚后十分恩爱，游山玩水，处处留下相依相偎的身影，羡煞旁人。钱谦益为她在西湖旁盖了"绛云楼"，来了个金屋藏娇。

柳如是的爱国情怀非常的强烈。当时明朝遭遇清朝换代冲击，崇祯帝自杀，清军入驻北京，南京建成了弘光小朝廷，柳如是就支持钱谦益在南京的弘光小朝廷当了南明的礼部尚书。可这样仅仅过了一年，后来清军就兵临城下，攻破了南都，中国完全成了满清的天下。钱谦益作为明朝遗臣，一方名士，正在面临生死攸关的选择。而这时明朝的政权也被清朝一步步瓦解，柳如是目睹了清军破城而入扫荡的种种景象，让她痛心不已。眼看着明朝已经完全破败，内心悲愤的柳如是便拉钱谦益一起投水殉国，以死来保持忠贞。钱谦益经过再三思量，沉重地点头同意，两人约好投西湖自尽。这个夏天的晚上，两人摇一叶小舟到了西湖水面上，柳如是一脸严肃圣洁的表情，而钱谦益则稍显不安。两人在月光下对饮，柳如是举杯敬钱谦益说："今生遇见钱君，妾身实在感激幸运，今日同死，今生无憾。"钱谦益一时也被柳如是激昂的情绪感染。可是到了柳如是要拉钱谦益一起投水时，钱谦益却突然犹豫了。他将手放入水中，说："今晚水太凉，老夫怕寒，我们明晚再来吧。"柳如是看着他，知道他心怀留恋，满心悲切的柳如是无心劝他，只好退让。自杀殉国的举动最终被钱谦益勉强阻止，柳如是便与他商量退隐山林不问朝事。钱谦益虽然口头上答应柳如是，但他功名心重，一心降清想做官，把柳如是气得不轻。有一天回家，柳如是发现钱谦益将头发梳成辫子，十分震怒，可钱谦益却嬉笑着解嘲。此时的钱谦益不顾柳如是的反对已经答应了清廷召他进宫做官的事，想要谋得个高官厚禄。柳如是苦口婆心地劝说他回归安静的家庭生活，但钱谦益还是一意孤行地去了北京。去了北京后，一心想当宰相的他只混得了个礼部侍郎的闲职，并不如意，加上柳如是接二连三的书信劝说他急流勇退，钱谦益动了心，后来向朝廷借口病重辞了官还乡。夫妻两个人开始在西湖边过着悠闲的田园生活。顺治五年（1648），柳如是为钱谦益生了一个女儿。钱谦益晚年得女欣喜异常，一家人享受着天伦之乐。

但是却突然飞来横祸，钱谦益的门生写诗讽刺朝廷，导致钱谦益也被牵扯入狱。刚刚产完女儿的柳如是从床上爬起来冒死上书总督府，要求替丈夫受刑。后来在她的苦心诚意的努力下，加上钱谦益自身没有反清行为，钱谦益便被有惊无险地放了出来。自此，钱谦益对柳如是更是敬重。

钱谦益在清廷做官一直遭到柳如是反对，后来柳如是营救出入狱的钱谦益，鼓励他与反清势力联合。柳如是认定自己生是明朝人，死是明朝鬼，她还资助反清势力，力主抗清。她这种坚定不移，宁死不屈的民族气节深受后人敬佩。

柳如是才华横溢，她精通音律，善于歌舞，文学和艺术才华造诣颇高。她画工精巧，她画的《月堤烟柳图》今天还在故宫收藏着。她的书法遒劲洒脱，深受赞赏。连大学者陈寅恪读过她的诗后也觉得瞠目结舌，敬佩有加。所以说柳如是是当之无愧的秦淮八艳之首。

柳如是从小遭受不幸与波折，在嫁给钱谦益过了一段快乐日子后，1666年，八十三岁的钱谦益去世，未满五十岁的柳如是又开始遭遇厄运。钱谦益死后，家里的族人看着只剩一个柔弱女子，就想夺取钱谦益的家业，不停与柳如是为难，排斥柳如是。心爱的人走了，柳如是没有了希望和牵挂，为了捍卫心爱的丈夫留下的家业，她用自己的血写下了遗嘱，然后决然地悬梁上吊而死，此时距钱谦益过世才两个月。柳如是的境遇悲惨至极令人惋惜。由于钱谦益死后与原配夫人合葬，她死后没能与钱谦益合葬，只是孤单地葬在了虞山下。可怜一代才女，风华绝代，一生为了心爱的男人耗尽气力，落得个孤单独葬的归宿。但关于她的佳作佳话却在世间长久流传。

名噪一时的歌伎李香君

> 人物名片

　　李香君（生卒年不详），又名李香，明朝南京人。秦陵教坊的歌伎，秦淮八艳之一。自从孔尚任的《桃花扇》在1699年问世后，李香君也跟着闻名于世。她的父亲原是一位武官，可是因为被魏忠贤陷害而治罪，家破人亡。李香君幸运活了下来，开始漂泊异乡。在她八岁那年，被秦淮歌伎李贞丽收为养女。

> 人物风云

　　李香君因一把桃花扇而闻名后世。我们遥想当年，美丽的秦淮河畔，李香君凭栏而立，手拿着一把绢扇，洁白的扇面上绘着一幅色彩浓艳的桃花图，轻摇一下仿佛就能闻到桃花的淡淡香味。

　　李香君因家道败落，漂泊异乡，在其八岁的时候，被歌伎李贞丽收养。李贞丽收养李香君后，又继续收养了几个孤女，她把这些小女孩儿调教的是琴棋书画样样精通。之后，她在秦淮河畔用自己的多年积蓄开了一座媚香楼。她训练好的这些小女孩就以诗酒歌舞待客，在南京城里也颇有些名气。要说，这媚香楼建得也是极为精巧别致，临水而立，站在楼上可以凭栏远望，看那碧波荡漾、画舫织彩，整个秦淮河是尽收眼底。李香君是媚香楼里最受欢迎的姑娘。只见李香君长得是娇小玲珑，眉目生辉，俏皮可爱。客人们都非常喜欢她，因其名字里有个香字，再加上她的娇俏可爱，客人们都戏称她是"香扇坠儿"。在她十六岁那一年，李香君碰到了她一生之中最重要的人，她以后的人生也会因他而一再的转变。这个人就是从河南商丘前来参加秋试的侯方域。

　　侯方域，字朝宗，河南商丘人。他的祖父侯执蒲是明朝的太常卿，父亲侯恂做过户部尚书，都是朝堂之上刚直不阿的忠臣。侯方域从小就跟随名士倪元路学习诗书，他聪慧多才，长进极快。崇祯十六年（1643），二十二岁的侯方域前来南京参加会试。来到风景宜人的江南，自然要游玩一番。侯方域经友人杨龙友的介绍，慕名来到媚香楼，想要一睹"香扇坠儿"李香君的风采。等到真的见到李香君后，便深深地被她所吸引，一颗真心为之倾倒。

一个是一表人才的翩翩少年郎，一个是兰心蕙质的娇娇女，经过几次交往后，两人便双双坠入爱河，难舍难分。当时，社会上有一个风尚，就是如果哪位客人看中了一个歌伎，就可以出资为她举办一个隆重的仪式，然后再给妓院一笔重金，那么这个歌伎就可以专门为这一位客人服务了，这个程序被称为"梳拢"。梳拢所需资金，因梳拢对象的地位不同而不同，像李香君这样有名的歌伎，梳拢时必须邀请风流雅士中有头有脸的人物来才行，少了还不行，越多越好。宴会的级别自然也是高级别，再加上还要付一笔丰厚的礼金给鸨母，才不至于失了红牌的面子。可是，侯方域是来南京赶考的，身边自然不会带太多的银子，他有心想梳拢李香君，可是却又无能为力。正在此时，他的友人杨龙友雪中送炭，为他出资让其梳拢李香君。侯方域当时就知道高兴，幸福感已经充斥着他的大脑，除了李香君他再也想不起其他事情。有钱自然好办事，整个梳拢仪式办的是顺利漂亮。当夜，侯方域还将一柄上等的镂花象牙骨白绢面宫扇送给李香君作定情之物，扇上系着侯家祖传的琥珀扇坠。李香君被他的深情厚谊所感动，从此便留侯方域住在了媚香楼中。

不过，等侯方域回过头细想整件事情后，他发觉事情有些不对劲。他知道杨龙友家中并不富裕，哪有这么一笔钱来资助自己呢？他便将此事说与李香君听，李香君闻之也觉得事有蹊跷，便让他去问个明白。刚开始，杨龙友还不肯说，可是经过侯方域的一番追问，终于弄清了缘由。原来，那笔钱并不是杨龙友自己的，而是阮大铖通过杨龙友赠送给侯方域的。阮大铖是何等人物？那可是明神宗万历四十四年的进士，在朝中为官多年。此人是阴险诡诈，与宦官魏忠贤是狼狈为奸，沆瀣一气。之后，崇祯把魏忠贤给诛杀了。阮大铖则作为逆贼同僚被朝廷削籍免官，遣返到南京闲居。闲居在家的阮大铖并不甘心就这样了此一生。因此，他在南京是广交能人异士，准备伺机东山再起。那他为什么要送钱给侯方域呢？

原来，江南的义士陈贞慧、吴应箕等人察觉了阮大铖的野心，对他的阴谋进行了揭露，阮大铖对此是恼怒又害怕，可是因为手中无权，只好闭门谢客，深居简出。后来，他多方打听到侯方域与陈贞慧、吴应箕等人是莫逆之交。又恰巧得知侯方域在南京正缺钱用，于是打通关节，让杨龙友把钱送给了侯方域，为防止被侯方域拒绝，就让杨龙友隐瞒了实情。了解事情真相后的侯方域十分的气愤，他素来痛恨阮大铖的行径，还曾为陈贞慧等人的口诛笔伐拍手称快过。哪曾想自己如今竟然还用了阮大铖的钱，怎能让他不气恼。于是他决意立刻把钱退还给阮大铖，以免上了奸人的贼船下不来。可一时间让他到哪里去筹这笔钱呢？李香君很快察觉了他的心事，得知事情经过后，极力赞成他的做法。为了支持侯方域，李香君变卖首饰，又向姐妹们那里借了钱。总之，最后还是把钱凑了出来。侯方域拿着李香君送来的钱，感动得是一句话也说不出来。他拿着这些钱，又经杨龙友的手退还给了阮大铖。阮大铖对此是恨得咬牙切齿，对侯方域他们更加怀恨在心。

历史就是这样，你永远不知道它下一秒会发生什么样的变化。李自成攻破北京城后，崇祯皇帝上吊殉国了。福王朱由崧在南京建立了弘光新皇朝，马士英成了执政大臣，而与之交好的阮大铖也很快被启用，先是兵部侍郎，后来又升为兵部尚书。大权重握的阮大铖此时感到非常的得意，他马上将之前讨伐他的陈贞慧、吴应箕等人抓捕下狱。侯方域得知消息后，知道自己很快就要遭难，为今之计，只有走为上策。可是，他舍不得媚香楼里的李香君，尽管李香君也不舍得侯方域离开，可她知道，他非走不可，要不然就只能等着命丧黄泉了。她强忍泪水温柔地安慰了他一番。最终，侯方域还是挥泪离开了南京城，渡江北上，投奔到正在扬州督师的史可法麾下。史可法是侯方域父亲的门生，为人忠贞耿直，见到侯方域来投靠，便将他安排在身边做了文书工作。期间，他与李香君频频鸿雁传书，两人的心靠得更加紧密了。

自从侯方域走后，李香君洗尽铅华，闭门谢客，不问世事，只是每天拿着那把订情绢扇。可是，她这样的举动不仅没有为她带来安宁，反而引来了大麻烦。当时的佥都御史田仰是弘光帝身边的红人，他因督运漕粮从扬州来到南京，弘光帝让马士英与阮大铖为其举办一个盛大的接风洗尘酒筵。田仰久闻秦淮名伎李香君艳名，在席间向二人透露想纳她为侍妾的想法。他这想法可是甚合阮大铖的心意，他早就想对侯方域和李香君进行报复了。可惜的是侯方域早就闻风远走。如今，要是能把李香君送给田仰为妾，不仅能讨好了田仰，还能解了自己心中的积愤，岂不是两全其美嘛！

于是，阮大铖第二天就派人携带重金前往媚香楼行聘，被李香君毫不客气地拒绝了。可谁知那阮大铖不死心，打算强娶李香君，被逼无奈的李香君只好佯装答应，等到他们松懈的时刻迅速地从窗户跳了出去。当媚香楼的姐妹手忙脚乱地把李香君抬回屋中后，家住附近的杨龙友也闻讯赶来，但发现院中早已空寂无人，只有那把带血的绢扇落在地上。杨龙友拾起绢扇，进屋探视了昏迷不醒的李香君后，就带着绢扇离开了媚香楼。回到家中的杨龙友，拿出一枝不曾用过的羊毫笔，就着扇面上的血迹稍作点染，血迹便成了一朵朵鲜艳欲滴的桃花，再用墨色略衬枝叶，一副血迹桃花图便完成了。杨龙友还在扇面上题下三个小字——桃花扇，准备等李香君伤愈后还给她。多亏媚香楼不高，跳楼后的李香君只是摔伤，而没有其他严重的毛病，经过一段时间的精心调养后身体总算痊愈了。此时，田仰已离开南京，娶妾之事自然是不了了之了。

可是，阴险恶毒的阮大铖并没有因此而放过她，他打着圣谕的幌子，将李香君强征入宫中当歌姬。李香君人小力微，胳膊拧不过大腿，她怀揣着那把鲜血画成的桃花扇进了宫。她与侯方域的书信，早因战乱而被迫停止了。两人只能默默地在心里想念对方。

不久，清军攻下南京。城破之时，李香君随着宫人一起趁夜色逃出了宫。当她来到秦淮河畔，发现媚香楼早已是一片火海。李香君心里顿时一沉，脑子里一片空白，不知如何是好。

正巧，当年李香君的教曲师傅苏昆生路过此地，发现了呆傻的李香君，便带着她随着人流一起逃难到苏州。扬州兵败后脱身返回南京的侯方域因为挂牵着李香君的安危也赶往秦淮河边，当他看到媚香楼是一片火海后，便在媚香楼附近找了整整一夜，却毫无踪影。其实，两人就相隔一桥之远，无奈阴差阳错，两人并没有相遇。

李香君在苏昆生的照顾下来到苏州，因为一路颠簸劳顿，又极度悲伤，已身染重病。好在苏州局势相对比较稳定，经过几番周折，她找到了昔日好友卞玉京。卞玉京原本也是秦淮名伎，与李香君关系很好，她两年前迁居苏州，在虎丘的山塘买下了一座清雅的小院。见到好友逃难至此，卞玉京就让李香君在小院里住下，并为她请来名医诊治。这时，才知李香君染上的是肺痨，这种病在当时就是绝症，无药可治。

病中的李香君还不忘侯方域，她日夜捧着那把血染的桃花扇回忆着往昔的美好时光，不禁泪洒衣襟。他的师傅苏昆生是个热心肠，他就多方打听侯方域的消息，后来得知他曾来南京寻找过李香君，没找到就失望地回商丘老家去了。苏昆生把得到地消息马上告诉了李香君。看着缠绵病榻的李香君，苏昆生决定亲自北上商丘，要为这对有情人当一回鸿雁。

可是，时间无情。李香君在苏昆生北上不久后就开始咯血，病情日益严重。她知道自己等不到侯方域了，弥留之际，她让卞玉京剪下了自己的一缕青丝，并小心翼翼地用红绫包好，又把它绑在那比生命还珍贵的桃花扇上。然后请她转交给侯方域，并留下遗言，"公子当为大明守节，勿事异族，妾于九泉之下铭记公子厚爱。"

当侯方域得到苏昆生送来的消息后，立刻启程，一刻不停地赶到苏州。可惜，老天还是让这对有情人分开了。当他来到卞玉京的小院时，李香君已在前一天夜里咽下了最后一口气。只留下她的一片挚情，当卞玉京拿出那把桃花扇后他更是伤心欲绝，悲痛难当。在安葬好李香君后，他失魂落魄地离开了。但名噪一时的香扇坠儿没有因此而消失，在多年后，她又一种崭新的样貌出现在了孔尚任的书中，香魂永在。

才色双绝的董小宛

▶ 人物名片

董小宛（1624—1651），名白，号青莲，别号青莲女史。"秦淮八艳"之一。她才貌双全，饱读诗书，灵气逼人，拥有诸多技能，被认为是十全十美的女子。相传，董小宛的样貌出落得十分标致，她十五岁时画了一幅《彩蝶图》，现藏于无锡市博物馆。除此之外，她一生还创作了很多优秀的书画作品。但痴心的她把一生心血都放在了心爱的男人身上，想努力地做好一位贤妻良母，是一位极典型的痴情女子。

人物风云

董小宛家自祖辈起就经营一家"董家绣庄"，做着刺绣生意，生活还算宽裕。但董小宛十三岁那年父亲暴毙，这突如其来的变故让董家的经济和生活状况急剧恶化。当时明朝正值战乱，绣庄经营不下去，家里还欠了一屁股债。母亲在逃难中病倒，董小宛年纪轻轻，便要承担起还债和给母亲治病的重担子。无奈之下，她来到秦淮河畔画舫中卖艺，并以此为生。即使在这样的境遇下，坚强的董小宛也没有被生活压倒，内心还是坚持着一种孤傲高洁。

董小宛十六岁时，已是闻名秦淮的歌伎。然而，自从她与一位男子相见后，便改变了她的一生。这个男子名叫冒辟疆，在当时也是一位风流奇才美男子。他们初次相见是在冒辟疆科举考试失意后，虽说没有一见钟情，但当时的冒辟疆多多少少也被娇美迷人的董小宛惊艳到。不过，董小宛也只是把他当普通的风尘客接待，两人第一次见面并没有什么火花擦出。

他们的第二次见面实在是个巧合。当时冒辟疆误打误撞闯进了董小宛的住所，此时董小宛刚刚被恶霸抢夺，受到惊吓生了病，房间里摆满了装着中药的瓶瓶罐罐。正当她脆弱无助需要安慰的时候，冒辟疆出现在了她面前。董小宛记忆力甚好，一眼认出了三年前的那位风尘客。他以为冒辟疆是不辞辛苦特意来寻她的，同时又回想起当年母亲对董公子的种种夸赞，一时百感交集。她激动地对冒辟疆说："我十八天来昏昏沉沉，如同做梦一般，惊魂不安，现在一见到相公，便觉得神清气爽！"

受到安慰的董小宛布置了酒食与冒辟疆在窗前对饮。冒辟疆在如此多情迷人的董小宛面前，在如此奇妙的缘分面前，瞬间就沦陷了。而落魄的董小宛在冒辟疆的陪伴下，倍感温暖欣慰，两人很快就擦出了爱的火花。

在两人的感情中，董小宛是极其主动的。她认准了冒辟疆，便一心一意想将终身托付给他。据冒辟疆在《影梅庵忆语》里的自述，当晚董小宛一直劝酒，执意挽留，在冒辟疆的再三推脱下才愿意放他走，还嘱咐他明天再来。

等到冒辟疆要离开的时候，董小宛跟他一起上了船，坚持要送别他。痴情的董小宛足足送了他二十七天，在冒辟疆的再三劝说下才肯离去。然而董小宛如此这般的主动，却并没有很打动冒辟疆。送走董小宛之后，他还大出一口气，觉得如释重负。

由于董小宛当时欠了别人太多债，她这样放下矜持与尊严，难免会让人怀疑她是想让男人帮他还债。但不管冒辟疆怎么想，董小宛一意孤行，一心要嫁给他。她一个人从苏州划船去找他，遇到强盗在草丛躲了三天，差点饿死。到了苏州，冒辟疆此时刚刚落榜，心烦的他一味赶她回去。冒辟疆的朋友们都指责他不知好歹，一个如此美貌痴情的女子这样追求他，他却一意推脱不解风情。直到冒辟疆的朋友钱谦益出钱帮董小宛还清债务，把她送到了冒辟疆身边。时年董小宛19岁，冒辟疆32岁。

董小宛做了冒辟疆的小妾后，侍奉一家老小尽职尽责。她努力学习纺织刺绣，为冒家老小缝制衣衫。平日里对待冒家家人比婢女丫鬟还尽职，并时刻服侍在一家老小左右。董小宛才华横溢，当时已经是个大名人的冒辟疆常有人求字索画，董小宛便用漂亮的小楷为她写扇面。冒辟疆收集唐诗，她便为他整理抄写。

董小宛还查索典籍，写了一本描述女子化妆服饰及生活细节的《奁艳》，堪称古代女子的百科全书，可惜没有流传下来。董小宛努力地相夫教子，经常为孩子讲解功课。董小宛是个很会过日子的女人，灵气逼人的她对诗歌无所不通，她常读《楚辞》以及李白、杜甫、李商隐的作品，心思细腻而又贤惠有加的她使琐碎的生活充满了情趣。她还挖空心思地为冒家人做好吃的，普通的食材一到了她手里就变成了极品美味。她苦心钻研厨艺，练就了一手好厨艺，像"董糖""走油肉"都出自董小宛之手。董小宛细心地为冒家理财，节省开支，合理支出，常年下来，可谓为冒家呕心沥血。

可即便是这样，冒辟疆还是对董小宛十分薄情。后来冒家逃难，冒辟疆一手搀着母亲，一手扶着原配夫人，对董小宛大声呵斥，甚至在途中打算将她托付给友人以免拖累。冒辟疆生病了，董小宛日夜守护，即使他发脾气她也哄着。几个月下来，冒辟疆康复了，董小宛却因为劳累差点病倒。董小宛对冒辟疆痴情一片，但冒辟疆却很明确的表示，董小宛在他心目中的分量并不重。董小宛这样一心追随他，他却如此无情，也只有董小宛这样非一般的痴情女人能够承受。

由于长时间的劳累，董小宛最终积劳成疾，一病不起，并于1651年病逝。失去董小宛的冒辟疆还悲痛地吟诗一首："梦幻尘缘，伤心情动，莺莺远去，盼盼楼空。倩女离魂，萍踪莫问。扬钩海畔，谁证前盟；把臂林边，难忘往事。金莲舞后，玉树歌余，桃对无踪，柳枝何处？嗟嗟，萍随水，水随风，萍枯水尽；幻即空，空即色，幻灭全灵。能所双忘，色空并遣；长歌寄意，缺月难圆。"

像董小宛这样的才女，在别人眼中应该是高傲不凡的。但面对自己爱的人，或许就会甘愿变得卑微。对于小心处世的冒辟疆，或许就是像她说的"敬君之心，实逾于爱君之身"，董小宛心里满存感恩和敬慕。在她对冒辟疆的爱慕中，董小宛甘愿疲惫劳累。她在二十五岁那年为冒辟疆买了一个灵巧的十岁小女孩扣扣在身边，就好像她早料到自己红颜薄命一样，早早地为冒辟疆准备了代替自己的接班人。董小宛二十八岁芳年早逝，死的时候还握着冒辟疆的"比翼""连理"四字金钗。葬在影梅庵，被一群梅花簇拥陪伴。痴情一生，她将对冒辟疆的爱意带进了泥土里。

冒辟疆在董小宛死后又活了四十二年，一直到八十二岁去世。董小宛买来的扣扣也真的成了冒辟疆的小妾，但不到二十岁就病死了。冒辟疆接连娶了蔡氏金氏张氏等妾侍，虽都称得上才女，但跟才色双绝的董小宛比起来还是差远了。

冒辟疆晚年是惨淡度过的，靠贩卖书画为生。深爱这位先生的董小宛若是看到这般光景，定会伤心落泪。董小宛这样才貌双全的人，甘愿一生位妾，足见其对冒辟疆的深情，而有关她一生的爱情故事也被后人传为佳话。

"惊为神女"的贺双卿

▶ 人物名片

贺双卿（1715—1735），江苏金坛人，名庄青，字秋碧。她容貌秀美绝伦，令人"惊为神女"。贺双卿出生于一户普通农家，但却天资聪颖，诗情才华禀赋天成，举世无双。被后世誉为"清代的李清照""清代第一女词人"。她的一生都被婚姻牵绊并打压，由于封建思想束缚，至死都没有冲破束缚，默默忍受劳苦而暗无天日的生活。

人物风云

贺双卿最初的名字叫卿卿，因为名字里有两个卿，便称为双卿。贺双卿小的时候，虽然家里穷，可是她的童年是很温暖快乐的，父母勤勤恳恳，把她视若珍宝。贺双卿从小便聪慧过人，灵巧聪慧。她还有个在乡间私塾教书的舅舅，舅舅常常带她到课堂上让她旁听受教，也就在这段时期里，小双卿听说了旷古绝伦的才女李清照，听到了她那"莫道不消魂，帘卷西风，人比黄花瘦"的千古佳句，给贺双卿留下了深刻印象。三年过去了，双卿学会了读书写字吟诗作文，成了附近闻名的小才女。但父母眼光短浅，到了一定年纪，就不准她出门，等待找到合适人家后将她嫁人。

贺双卿的不幸是从十八岁时她的父亲去世开始的。

当时贺父临终前，将贺双卿母女托付给了自己的弟弟照顾。这个粗俗无知的叔父实在可恶，他以三石谷子的聘礼将贺双卿许配给了一户贫穷樵民家中。丈夫周大旺是个粗俗暴躁的樵夫，动不动就呵斥殴打双卿。双卿的婆母老刁氏是个心肠狭窄的恶毒老妇，双卿嫁过来便做了苦力，家里的苦活、累活、脏活都包在她身上，这使她孱弱的身体一度难以承受。丈夫只会上山砍柴，回来就要吃可口的饭菜，稍有不顺就会对贺双卿拳打脚踢。贺双卿常常在劳累一天之后还要被丈夫蹂躏，几近崩溃。老刁氏每天也不停地唧唧哇哇骂个不停。每天经受这样的痛苦，时间长了，贺双卿也就忍了。

贺双卿唯一快乐的时光就是在闲暇之余，她摆好桌案，铺上宣纸，研墨蘸笔写上几首词，抒发心中感受，也能在此得到安慰。但恶毒的婆婆看不下去了，她觉得一个农村妇女学什么书香门第舞文弄墨！她摔毁了贺双卿的用具，撕碎写着诗词佳作的宣纸。可怜的双卿只能眼睁睁看着自己唯一的精神寄托被这恶毒的老刁氏摧毁，却无能为力。因为作品经常被摧毁，导致贺双卿流传至今的词作不过十几首。这些作品中包含了双卿所受的重重折磨，从中也能读出双卿的血泪。

如果丈夫稍微温柔体贴，婆婆仁慈宽厚，那么在这静僻乡下山清水秀，也算是一种美好。可惜事与愿违，贺双卿只能每日每夜经受着折磨，一刻不停地干活，不敢有一丝懈怠。即使是初夏到了，一派生机勃勃的美好景象，双卿也开心不起来，还要随时在家中经受丈夫和婆婆的呵斥与鞭打。双卿只能把满腔幽怨化作词作，并偷偷用笔写在叶子上，免得被婆婆发现。也就是这样，贺双卿找到了一点点情感寄托。正如她在《浣溪沙》中写得那样：

暖雨无晴漏几丝，牧童斜插嫩花枝。小田新麦上场时。

汲水种瓜偏怒早，忍烟炊黍又嗔迟。日长酸透软腰肢。

双卿的日子没有温暖没有关怀，只有劳苦和责骂。满腹哀怨无可倾诉，贺双卿满眼含泪写下了《湿罗衣》：

"世间难吐是幽情，泪珠咽尽还生。手捻残花，无言倚屏。镜里相看自惊，瘦亭亭。春容不是，秋容不是，可是双卿！"

最终在肉体和精神的双重折磨下，双卿病倒了。在病中她想起了舅舅说的才女卓文君、杨素歌姬红拂为爱情与知音私奔之事，心想，自己若有了知音，会不会有勇气私奔？但她想想就诸多顾虑。

这天双卿在病中为一只受伤的孤雁包扎，被婆婆看到后，硬逼着她拖着衰弱的身体下地干活。深受折磨的她含着悲伤的眼泪写下了这首孤雁词：

惜黄花慢·孤雁

碧尽遥天，但暮霞散绮，碎剪红鲜。听时愁近，望时怕远，孤鸿一个，去向谁边？素霜已冷芦花渚，更休倩、鸥鹭相怜。暗自眠，凤凰纵好，宁是姻缘。

凄凉劝你无言，趁一沙半水，且度流年。稻粱初尽，网罗正苦，梦魂易警，几处寒烟。断肠可似婵娟意，寸心里、多少缠绵。夜未阑，倦飞误宿平田。

双卿在词作中进行着血泪控诉，患着疟疾的她一直被虐待，有时连饭都吃不上，衰弱的身体从未痊愈过。

故友韩西与双卿相逢，同情双卿，双卿受尽苦辱，在这故友面前失声痛哭，痛诉心中伤愆。韩西常来探望她，还向她请教字词。双卿有人作陪，难得一笑韩西临走时双卿十分痛心,连作多首词表达心中的不舍,并写在芦苇叶上相赠。两人分别时,双卿心情沉重,失声痛哭,认为此次一别,她再无知音朋友。

凤凰台上忆吹箫

寸寸微云,丝丝残照,有无明灭难消。正断魂魂断,闪闪摇摇。望望山山水水,人去去,隐隐迢迢。从今后,酸酸楚楚,只似今宵。

青遥,问天不应,看小小双卿,袅袅无聊。更见谁谁见,谁痛花娇?谁望欢欢喜喜,偷素粉,写写描描?谁还管,生生世世,夜夜朝朝。

贺双卿的这篇词奠定了她清代第一女词人的地位。堪与李清照的"寻寻觅觅,冷冷清清,凄凄惨惨戚戚"相媲美。整首词如泣如诉,浓愁如怨如慕。只可惜,贺双卿仍然要经受生活的煎熬。

贺双卿也遇到过知音,但始终没有勇气冲破封建藩篱。《西青散记》中记载,贺双卿有一个知音叫史震林,江苏金坛人,是乾隆初年的进士,著作颇丰。雍正十一年(1733)四月,史震林与友人郊游,刚好见到正在倒垃圾的贺双卿,为之惊艳。几人对这穷乡僻壤出此美女颇感兴趣。他们发现贺双卿所倒的垃圾尽是树叶,上面点点墨迹。拿起来一看,上面全是词作。众人为双卿的才华所惊叹。史震林在了解双卿的苦命生涯后,纷纷表示同情。他常常与贺双卿诗词唱和,同时想救她于水火之中,但却被守礼的贺双卿拒绝。

可怜一代才女佳人,有人要带她逃离牢笼,深受世俗礼教影响的她却以粗俗鄙陋的"田舍郎"辩解,断然拒绝,悲剧的命运自此不可改写但在她深沉的内心世界中是对史震林无限眷念的,只是她不敢于冲破世俗束缚。在史震林离开去参加科考后,她因为极度思念,便写下一首词:

终日思君泪空流,长安日远,一夜梦魂几度游。堪笑辛苦词客,也学村男村女,晨昏焚香三叩首。

求上苍保佑,天边人功名就,早偕鸾俦。应忘却天涯憔悴,他生未卜,此生已休!

史震林考中进士后还专程探望过贺双卿,但贺双卿始终不愿打破禁锢。丈夫与婆婆知道后,变本加厉地虐待她,终于在她进入周家第二年,年仅二十岁就含恨离世了。

贺双卿是一位极具天赋才气的女子，若她有勇气冲破封建束缚，逃离那个虐待她的家，人生路途便能截然不同，也就不会遗留这么多空悲恨。

女性小说家顾太清

人物名片

顾太清（1799—1877），名春，字梅仙，又字子春。她原姓西林觉罗，是满洲镶蓝旗人。清代著名的女词人。其文采非同凡响，著有小说《红楼梦影》，以此成为中国第一位女性小说家。雍正朝有位大权臣名叫鄂尔泰，顾太清是他的曾孙女辈。顾太清的祖父鄂昌，是鄂尔泰的亲侄儿。到了乾隆朝，鄂尔泰因与张廷玉争权斗势获罪被杀，西林家族遭遇惨重打击。后来，顾太清之祖鄂昌因门生胡中藻的文字狱受到牵连，家产抄没，最后赐死。鄂昌死后，家道中衰。顾太清之父鄂实峰娶京西富察氏之女，举家遂迁往西山居住。一年两载之后，富察氏便产下一男二女，长女便是顾太清。

人物风云

顾太清早有才名，是才色双绝。她以词名重于士林，人们推其为易安居士之次，足见其文采风流。然而就是这样一位大才女，她的早年经历却十分坎坷。顾太清的出生注定了她的不凡，刚出生就背上了历史包袱。原来她家是宦门之后，不过不是正规的官宦之后，而是罪臣之后，最不幸的是还是那种永不翻身的罪臣。在清朝是有这样的惯例的。如果祖上有罪，后代很难翻身。顾太清就是带着沉甸甸的祖先"遗赠"出生的，她坎坷的早年经历也由此开始。

顾太清的父母视女儿为掌上明珠，可是无奈家境窘困，想给她太好的生活环境那也是爱莫能助。等到了顾太清十岁时，她的父母先后亡故，她就被姑父母带到苏州。从此，开始了寄人篱下的生活。顾太清在江南虽说是寄人篱下，但其实并没有吃过太多的苦头。她的姑父母无儿无女，对顾太清照顾得很是用心，没有丝毫的冷待。只是她的内心总是思念故土，想念幼时的家，想念她的父亲母亲，因此每到夜里常独自流泪，满怀愁思。顾太清的姑父是个汉族人，也是读书万卷、腹内颇有华彩锦绣文章的人。在姑父的耳濡目染下，顾太清也对诗词渐渐地产生了浓厚兴趣。她的姑父也乐得将满腹学识倾囊相授。顾太清找到了另一种寄托，在姑父的苦心教导下，不出两年光景，顾太清便小有成就，声名鹊起。

顾太清虽然是旗人女子，但却受到江南山灵水秀的浸润与熏陶，她入乡随俗，说得一口流利的吴侬软语。再加上本身生得是窈窕秀丽，就是放在江南女人堆里，也没有人会想到这位美女是旗人闺秀，她展现的全是汉家女儿风情。这一天，是农历二月十二日，也是传统的花神节。这在苏州，无论大家闺秀，还是小家碧玉，都要聚集在一处，赏花观景，吟咏赋诗。顾太清就与邻近的几位小姐聚在虎丘外一个名叫绘春园的园子里庆贺花朝。绘春园里，假山重叠，修竹掩映，花朵竞放，鸟语花香，是一个真正的赏心悦目的好地方。顾太清与几位小姐难得出来放风游玩，心情很好，不时地有佳作流出。园外专有一些书院学生徘徊侍候，一旦有佳作传出，不消片刻就传布各个坊间学馆，对其品高论低。

顾太清那日沉醉于眼前早春景色，心中感慨颇多。当她看到这一派旖旎春光和满园的春色，忽然生出一种惜春怜花的感觉。这么好的景色，可惜时光太短暂了，要是能够挽留逝去的脚步，那该是多美的事情啊！因此在别人都在赏春、赞春的时候，她却写出了这首惜春、叹春、悲花的《江城子·落花》：

　　花开花落一年中，惜残红，怨东风。恼煞纷纷，如雪扑帘栊。坐对飞花花事了，春又去，太匆匆。

　　惜花有恨与谁同？晓妆慵，特愁侬。燕子来时，红雨已濛濛。尽有春愁街不去，无端底，是游蜂。

毋庸置疑，顾太清是多愁善感的。别人面对着无限春光，都是在喜悦、在高兴，无忧无虑，没有那么的烦恼。可是，顾太清却烦恼多于喜悦。她的词作一传到外边，立刻引起极大的轰动。首先是立意新奇，其次是语句精妙如珠，再有是她的感情真挚，让人品读之余，心有戚戚之感，忽然生出一种落寞寂寥的情感。

当时，正好从京城里来了一位宗室贝勒，他也无意间得到这副手抄，读后不禁拍案称奇。不禁想，能写出这样出众文字的小姐，该是什么样呢？他在幻想着此人一定是那种让人看了之后让你心生怜爱的人，他顿时生出要见这位小姐的想法。于是当即就前往绘春园。那时候闺中雅集，男儿是不能参加的，他却不顾世俗的眼光，闯入绘春园中与顾太清相会。

看到外男闯入园中，这可是吓走了在场的众位小姐。不过，唯独顾太清沉稳自如，稳坐钓鱼台。贝勒恭敬地施礼向顾太清询问《江城子》的作者是哪位，顾太清见眼前这位男子言辞恳切，不见一丝冒犯，长得也是眉目清秀，丰神俊逸。似乎有些像自己的一个老相识，便问他找那位小姐做什么。而贝勒听到回话后，才抬起头来看，也发现亭子上的这位小姐，眼角眉梢，貌似在哪里见过，感觉非常熟悉。他很是搜肠刮肚地找了一番后，突然灵光一现地想起来了，就问顾太清是不是西林家的春妹，并且还让她仔细看看自己是谁。顾太清刚听他喊的那一声春妹，就心中一惊，再凝神打量一遍，便泪如雨下，泣不成声，她认出了这是自己小时候的绘哥哥，两人在京城里也是一同长大的。只是后来分别，再没有联系。顾太清问他为什么来苏州。贝勒一激动，也是泪流满面。之后，两人自是一番你问我答。说道伤感之处，两人都是纷纷垂泪。最后，顾太清竟泪如泉涌，如见到了亲人一般的，不顾一切地扑到贝勒怀中放声悲哭。这一哭，把她这十余年乡愁与思旧的伤怀都哭了出来，压抑许久的感情此刻终于得以释放。泪眼蒙眬间，小时候的情景一幕幕一件件的又重新地涌到了眼前，那是一段令她至今仍无法忘记的美好岁月。

要说起这位贝勒，那也是颇有一番来历的。他名叫奕绘，可是风流皇帝乾隆的曾孙，他的祖父就是乾隆第五子永琪。其实，奕绘与顾太清还有一层亲戚关系，顾太清就是永琪的妻子西林觉罗氏的内侄孙女。这样一来就有些跟《红楼梦》中贾宝玉与史湘云的关系相同了。而奕绘与顾太清之间的童年交往，也确实跟宝湘相类似。当年，奕绘府邸与西林家离得很近，都在西山的健锐营。平常两家也是多有往来，奕绘与顾太清经常见面，一起玩耍。正是郎骑竹马来，绕床弄青梅。他们之间是两小无猜、青梅竹马的感情。后来，要不是西林家突然发生了变故，说不定这亲事早就成了。可是谁知道世事难料，变数横生。

如今，奕绘与顾太清两人在苏州重逢，自然是感慨万千，难分难舍。奕绘本来到苏州游赏，就是利用公事的空档，自然时间不多。但是，他又因为与顾太清再次重逢，心底里藏着的那份爱恋再次燃起，因而迟迟不肯离去。此时，奕绘早已娶了妻室，可他仍然想着要把顾太清带回北京，娶她作侧室。为什么不娶其为正室，而只是作个侧室呢？其实，这也是有原因的。首先，那年代，正室可都是要听父母之命，媒妁之言的，都是与家族门当户对的，于家族利益有关。一旦将正室离弃，另娶顾太清为正室，不但会引起奕绘父母的强烈反对，就是家族也不会允许他这样做。更何况，还会遭到社会舆论的谴责。或许，奕绘早就被批判得体无完肤，永无抬头之日了。另外，还有最重要的一点就是顾太清是戴罪之身。她本身虽然没有罪行，但其祖先的罪责一直影响到她。奕绘能够冒天下之大不韪了娶她作侧室，已经是困难重重，何谈娶她做正室？在她看来，奕绘能够提出来娶她作侧室，她就已经十分感动，心满意足了。现实情势不得不让她低头，退而求其次，侧室也行，只要两人能够长相厮守，她别的也不多求了。虽然有小小的遗憾，但顾太清却并不后悔。

奕绘再次见到顾太清很是兴致高昂，他为了显示对顾太清的深深的爱恋，写了不少饱含浓情的词作。这些词最后都收入到了一个专门为顾太清所作的集子里面，名叫《写春精舍集》。其中有一首《念奴娇》这样写着：

十分怜爱，带七分羞涩，三分犹豫。彤管琼琚留信物，难说无凭无据。眼角传言，眉头寄恨，约略花间遇。见人佯避，背人携手私语。

谁料苦意甜情，酸离辣别，空负琴心许。十二碧峰何处是，化作彩云飞去。璧返秦庭，珠还合浦，缥缈神仙侣。相思寤寐，梦为蝴蝶相聚。

这首词是在奕绘要离开苏州返回北京的时候写的。当时，奕绘已经下定决心无论如何也要迎娶顾太清。这里不得不说一下宗人府的规矩，宗人府规定罪臣之后是不能嫁入宗室的。如果奕绘想娶顾太清，还必须先回北京到宗人府打点一番才行，否则一切免谈。再难舍，也要分开。好在这次短暂的分手，是为了长久的相聚。奕绘也不那么的难过了，他现在恨不得马上回到北京，把问题解决后来迎娶顾太清。相比奕绘的轻松来说，最难舍的就是顾太清，短暂相聚，匆匆别离，也不知道前路如何。百感交集，心里颇不是滋味。顾太清亲自到码头为奕绘送别，她含着泪，心里明白奕绘的一片苦心，虽千万难舍，也只好心酸的分别。顾太清望着远去的船影，泪水迎风而落，她的人虽然站在这里，但是她感觉到她的心似乎跟着奕绘一同回到了北京。

再说，奕绘回到京城后，那是马不停蹄的找人拉关系，花费重金才将宗人府打点好。最后得以在宗人府的簿册上，让顾太清随了姑父的姓氏，然后洗清了罪臣之后的案底，这才算完。宗人府打理完了，顾太清有了新的身份，可是她还不能嫁过来。因为奕绘父母和妻子的工作还没有做好呢。后来，奕绘是绞尽脑汁，费尽唇舌，才让家里人同意。可以说，奕绘娶顾太清是顶着社会舆论和家庭的双重压力下完成的。

北京这边的障碍都在奕绘的努力下一一扫平了，这回他高高兴兴的再次来到苏州，同上回来苏州不一样，上次是游玩，这次可是接顾太清进京，所以他是精神焕发，神采奕奕。顾太清知道自己能够得偿所愿，心里自然也欣喜异常。两人辞别了姑父母，登船北上。一路上游玩，一路上谈情，赏不尽这沿途的美景，看不够这碧海蓝天。顾太清心有所属，心有所安。不再像以前那样感到飘零无依，她知道自己找到了那个可以停靠的港湾。到了北京后，两人举行了一个简单的仪式，奕绘便正式迎娶顾太清为侧室。不久之后，奕绘的正妻去世，奕绘没有再续娶。以奕绘对顾太清的宠爱，实际上也与正室无异，足见奕绘对顾太清的情深义重。婚后不久，顾太清为奕绘生下二男。奕绘的全副心思也都放在了顾太清身上，对于顾太清的感情他没有丝毫的辜负。奕绘与顾太清的婚姻生活，自然是美满幸福，时人都道他们过着神仙般的日子，是神仙眷属的典范。他们的新府邸就坐落在北京西城太平湖畔，两人每天不是吟风弄月，就是悠游林泉，时常的还会聚友文会，是酌饮酬唱，飘然世外，过着洒脱悠闲的小日子。

其实，要说缘分这个东西，真的是妙不可言。细心的人会发现奕绘和顾太清他们两人的名字，早就定了两人的缘分。顾太清名春，奕绘名绘，他们再次重逢的地方正是绘春园，这人生哪有这样巧的事情？再有顾太清号太清，奕绘号太素。两人的诗词集，奕绘的诗集名曰《流水篇》，顾太清的则是《落花集》。奕绘的词稿名曰《南谷樵唱》，顾太清的则称《东海渔歌》。"流水"对"落花"，"南谷"对"东海"，"樵唱"对"渔歌"。如果说这不是机缘巧合，那么一定是两人心有灵犀，合该他们成为夫妻，原来三生石上早已镌刻他们的名字。两人伉俪情深，兴趣相投。在平淡的生活中，他们非常珍惜相处的时光，从不虚度人生。因为他们知道，他们之间等待的太久，相爱的太难，则更加显得两人相处时间的弥足珍贵。一次，南谷清风阁新建落成，夫妻之间诗词唱和，往来不绝，为平静的生活平添了许多乐趣，也为后人平添了一段佳话。

奕绘先写了一首词：

山楼四面敞清风，俯深林、户牖玲珑。雨后一凭栏，直望尽海云东。栏干外、影接垂虹。夕阳转，满壑松涛浩浩，花露濛濛，拥邺侯书架，老我此楼中。

从容。启云窗高朗，微凉夜、秋纬横空。襟袖拂星河，鸡三唱、晓日通红。同志者、二三良友，侍立青童。问茫茫宇宙，屈指几豪雄。

顾太清就接着韵和道：

群山万壑引长风，透林皋、晓日玲珑。楼外绿阴深，凭栏指点偏东。浑河水、一线如虹。清凉极，满谷幽禽啼啸，冷雾溟濛。任海天寥阔，飞跃此身中。

云容。看白云苍狗，无心者、变化虚空。细草络危岩，岩花秀媚日承红。清风阁，高凌霄汉，列岫如童。待何年归去，谈笑各争雄。

顾太清的词自然利落，丝毫没有女儿忸怩造作之态，仿佛浑然天成。就连同为诗词大家的奕绘也对她是刮目相看。如果拿出来放到某个豪放派大家的集子里，谁也说不出这是别人的作品。

有人还说，他们夫妻俩常常并马而行，到西山故地游览。顾太清是"作内家装，于马上拨铁琵琶，手白如玉，见者咸谓王嫱重生"。可见，他们婚后的生活多么风光惬意风光。有一首《鹧鸪天》就专门描写夫妻同游之乐的，词中这样写着：

南郭同游上巳天，小桥流水碧湾环。海棠娴娜低红袖，杨柳轻盈荡绿烟。

花艳艳，柳翩翩，断魂花柳又春残。夕阳影里双飞蝶，相逐东风下菜田。

如此只羡鸳鸯不羡仙的日子，让顾太清忘却了忧愁和烦恼。可是，天总是有不测之风云的。他们婚后的第九年，奕绘忽然得了一场重病，仅短短不到一个月的时间，他便不能饮食，挨过了一两天光景，就离开了他深爱着的人，那时奕绘还不满四十。这场突如其来的变故，把顾太清一下子从幸福的云端摔下了万丈深渊，她一下子感觉生活再也没有光辉，再也没有意义了。是不是老天太嫉妒他们的生活，所以收走了她的爱人？顾太清每天不做别的，只是沉浸在往昔的回忆中，甜蜜、痛苦、凄楚、忧伤，如海啸般阵阵袭来，让她无从招架，无所适从。她就这么浑浑噩噩地过了好长时间，直到时间把她的伤痛抚平。虽然伤能抚平，可是伤痕永远会在，她不会因为时间的消逝而抹去。可是风雨欲来风满楼，树欲静而风不止。就在奕绘故去的第二年，一件事情打破了顾太清平静哀思的生涯，这就是清朝有名的"丁香花公案"。

要说这件事，还要从杭州文人陈文述向顾太清索诗一事谈起。陈文述本是杭州一介文士，最喜欢吟风弄月，他还专收闺中女儿或青楼艺伎为弟子，教授她们一些吟诗填词的技艺。有一年，一时兴起的他出资重新修葺了葬于西湖畔诸位才女的坟茔，这在当地引起不小的轰动。他的这些女弟子纷纷题诗对其进行赞咏，而陈文述也把这些诗词收集起来，编成了《兰因集》。可是，这集子毕竟不是什么名人大家所作，他为了抬高集子的身价和名望，陈文述就特意给顾太清写了一封信，索要大作。在当时，顾太清的词名卓著，可与纳兰性德并列。要是能将她的作品收入集中，自然为陈文述的集子大为增色。可是，顾太清本人十分的洁身自好，她看到陈文述的来信，得知情况后不愿将自己的作品与艺伎之作放在一起。因此，就拒绝了陈文述。但是顾太清没有想到，等《兰因集》刊刻行世后，她发现陈文述竟在她不允许的情况下，还是载录了她的《春明新咏》。这让顾太清是大为恼火，她入文陈文述很是无力，于是就写诗讥诮。当陈文述看到顾太清这首诗后，气得差点儿没有背过气去，他也因此对顾太清怀恨在心，总要伺机报复。两人之间，怨恨的种子已经悄悄地埋下。

光阴似箭，转眼又过去一年。顾太清慢慢地从丧夫之痛中缓解出来，她重新开始往日的生活。她与京中文人雅客往来唱和，与之相交为朋友。其中，她与做出"我劝天公重抖擞，不拘一格降人才"的大诗人龚自珍关系很好。龚自珍是浙江人，顾太清也在江南待过，两人之间的话题更多，更谈得来。龚自珍才华横溢，诗作独步一时，顾太清对其很是欣赏。龚自珍曾作"落红不是无情物，化作春泥而护花"，此句更是被顾太清引为知己。当时，龚自珍供职于宗人府，每日没有什么事做，很是清闲。于是，龚自珍就寄情于诗词中。因为与顾太清的关系很好，就经常出入她的家中。顾太清虽然是孀居，但因其秉性纯洁，家中常有文人来往，一时间之间，到没有流言蜚语传出。可是，这只是暴风雨前的宁静。有人在窥视着，在伺机而动。

龚自珍在己亥年做了一组杂诗，其中有这样一首："空山徒倚倦游身，梦见城西阆苑春。一骑传笺朱邸晚，临风递与缟衣人。"诗后有一个小注写着，忆宣武门内太平湖之丁香花。

原来，在距离奕绘府邸不远的地方，有一个太平湖，湖畔坡堤上种满了丁香树。每当花开的时节，花香袭袭，空气中充满了丁香花怡人的味道。每到这个时节，龚自珍都会在公事之余，在此驻足观赏，流连忘返，也因此有了这篇诗作。

当时，陈文述正在京中，刚好让他得到了这首诗，他知道，他等待的机会来了。于是，他纠集一帮与他臭味相投的文人，对这首诗展开了仔细的、认真的研究。最后，他们得出结论，诗中的"缟衣人"指的就是顾太清；而"朱邸"是的就是贝勒府；阆苑春中的"春"字就正好是顾太清的名字。这梦见城西阆苑春，这不正是吐露出龚自珍与顾太清之间的暧昧关系么？这首诗，就被他们这样的歪解研究完毕。之后，陈文述便将他们的研究结果公布了出去，后来，以讹传讹，竟传成了一桩绯闻公案。

顾太清也因此被奕绘的嫡子载钧赶出了贝勒府，她只能靠租房居住，生活十分艰辛。而另一位主角龚自珍，也在强大的社会舆论压力下，黯然离京。其实，顾太清与龚自珍之间根本就是清白的，这不过是因为顾太清的清高，引来了无耻之徒的报复，纯属无稽之谈。不过，事情到这里还没有结束。二十年后，奕绘的嫡子载钧病逝，因其身下无子嗣，就过继了顾太清的孙子为嗣，顾太清得以重返贝勒府。那时，顾太清已经五十九岁。她晚年多病，但仍笔耕不辍，曾以"云槎外史"之名，著成二十四回《红楼梦影》，她成为第一个续写《红楼梦》的人。她在续书中借凤姐之口，强烈地抨击了那些口中无德、坏人名节的无耻文人，她这样写着，"色之一字，更是要紧。只图一时之乐，坏了他人的名节，坏了自己的行止。还有那嘴角儿上的阴鸷，更是要紧，断不可谈论人家闺阁暧昧。"这些话就像一把利剑，直接刺向了无事生非者。

顾太清在七十九岁时病逝，她死后就葬于奕绘坟墓之侧。两个相爱的人总算能够以这样的方式长相厮守了。

清高孤傲的寂寞美人吴藻

> 人物名片

吴藻（1799—1862），字苹香，自号玉岑子，杭州人。吴藻的父亲是一个商人，家资巨万，富甲一方。吴家几代都是从商者，家族中没有出过一个读书人，男女皆是如此。不过，这样的情况到了吴藻这一代，终于有了变化。吴藻从小就喜欢读书，酷爱诗词，之后更是著有《香南雪北庐集》《花帘书屋诗》《花帘词》《读骚图曲》，成为清代数一数二的女词人。

> 人物风云

吴藻从小生活在商业氛围浓厚的家庭里，但她却不喜欢这样的生活，觉得这不是她想要的生活。有诗有酒，悠闲自在，恣意潇洒，就像魏晋名士那样才是她想拥有的生活。因此，自她懂事后就经常埋怨自己是个女儿身。因为，在封建社会女人的地位是十分低下的，吴藻就对此很悲哀，她所悲的不是生死离别式的小悲，而是终极的生不逢时的大悲。这样的情愫始终萦绕在吴藻的心中。虽然吴藻不喜欢家里的生活，但不可否认，正是因为家里经商才带给她一个甜美幸福的童年时光，没有让她过早的见识到生活的艰难困苦。像她这样的女儿家如果是生在贫困人家早就迫于生计，年纪小小的就要干活，或是嫁人或是流落青楼，只有她二十几岁了还优渥地养在家中，每日里只是以读书填词作画为乐。

吴家有一位名叫厉鹗的邻居，是清代著名的大词人。吴藻有这样一个大名鼎鼎的芳邻，自然受到熏陶不浅，她的词风就深受厉鹗的影响。在她的心目中，能够成为厉鹗一样的诗词大家是她一生的理想。不过，等到吴藻渐渐长大后，才发现周围的世界与自己的理想人生相差甚远。父母经商,商人逐利,跟她没有共同语言,就是平常也很少有闲暇的时光跟女儿一起谈心说话。然后,家里的仆人侍女都是粗人,就更加无话可说。因此,她渐渐的郁闷了起来,理想和现实为什么会存在这样的差距?吴藻每每从书上看到,古代的文人墨客常常聚到一起品诗论词,扫雪煮茶,她便心生羡慕,还常常感叹自己为什么不生在那个时代。艳羡之余,再看看自己生活的小天地,不免又是一阵惆怅。都说书中自有颜如玉,书中自有清凉境,可那些都是存在书中,不是现实。可是,吴藻偏要在现实世界中寻找理想的乌托邦的世界,难怪她会郁闷。只能说,家人也把她保护的太好,让她始终不能面对现实,她是生活在梦中的女人。

吴家所在的小县,信息不是畅通,文风不兴,很少举行诗文会。即便是举行了,也大多是男儿参加,很少有女儿家抛头露面,那样是会被笑话的。心灵上的孤独和寂寞让吴藻写出了一首《苏幕遮》,她在中倾诉自己的心声:"曲栏干,深院宇,依旧春来,依旧春来去。一片残红无著处,绿遍天涯,绿遍天涯树。柳花飞,萍叶聚,梅子黄时,梅子黄时雨。小令翻香词太絮,句句愁人,句句愁人语。"即使吴藻过得再不开心,日子也悠悠地转了过去。已经二十二岁的吴藻仍待字闺中,可是那个时代的黄金剩女了,也因此愁坏了她的父母。要知道在那个年代,女子十五岁之前要是嫁不出去,父母便急得火烧眉毛了。吴家有钱好,就是再养吴藻十年八载,也照样养得起。可是关键是舆论压力多大啊,那可是众口铄金,口水成河,是会淹死人的。到了这时,吴藻的父母也开始真正地着急起来。

不过,相比她父母的着急,吴藻自己倒是不着急。她只是为自己愁闷,自怨自怜,吴藻心灰意冷,她决定听天由命,由父母做主。很快,吴藻的父母就给她物色了一个好老公。此人姓黄,是当地行商辈的后起之秀,手中掌握着巨额的丝绸贸易,家中资产颇丰,能与吴家相媲美。这些条件吴藻父母都很满意,毕竟门当户对。父母满意了,可吴藻却有一点不满,就是这位她未来的丈夫不读书,身上充满了铜臭市侩的味道。可是,已经到了这个地步,她也只好认了。如果时光倒退六七年,吴藻是无论如何也不会同意的。

白居易有句诗"老大嫁作商人妇",吴藻深有感触,她虽没有沦落风尘的经历，出身富家，但却也是个可怜的命，在"老大"的年纪嫁给了商人。商人有一点最不好，他们经常要到各地跑来跑去，经常是一年三百六十日，大部分时间都在外面，也因此诞生了一大批的闺中怨妇。不过，好在吴藻的老公不是这样的人。虽然她老公不喜读书，但为人却很体贴，尤其是对吴藻，那是关怀备至，从来不违逆她的意愿。平心而论，婚后的生活，吴藻是幸福的。每当她做出新词时，她的丈夫便会露出倾慕赞叹的眼光，为此，吴藻很受用。也许，他根本不懂什么意思。可是，他看到自己的妻子那么高兴，他也觉得满足。虽然，他们夫妻之间缺乏心灵上的共鸣，可是这并不妨碍他爱她。

吴藻的丈夫平时因忙于生意，能陪伴她的时间不多，所以他就给予吴藻极大的自由。可以说吴藻过着天堂般的生活，就是放到现在不知道要羡煞多少旁人啊！但是这位吴藻并不知足现状，她也知道丈夫很爱她，可是他们之间缺乏沟通，缺少共同语言。他虽然体贴她，爱护她，给她自由，可是她的丈夫却不知道她真正需要什么。由于吴藻不堪忍受孤单寂寞，在征得丈夫同意后，她便在家中举办文艺沙龙。她把当地爱好文艺的少女、少妇都请到家中，大家围一起谈诗论词。后来，还经常到别人家里参加类似的聚会。再后来，甚至经常女扮男装的参加男人们组织的诗文酒会，与男人一起登楼望远，一起雅谈畅饮，举杯高歌。

其实，吴藻的这些作为在现今社会看起来没有什么大不了，可是在当时，那可是超出了世俗眼光，可以说是惊世骇俗。可即便是如此，她的丈夫依然毫无怨言，对她包容体贴，只要吴藻想做愿意做，那就让她做。因为有着丈夫的纵容支持，吴藻越发我行我素起来。有时候，吴藻真的非常恨自己是个女儿身，常常感叹自己如果是个男儿那该有多好。她在一首《金缕曲》中表达了再生为男儿的诉求，她这样写道，"生本青莲界，自翻来、几重愁案，替谁交代？愿掬银河三千丈，一洗女儿故态。收拾起、断脂零黛，莫学兰台愁秋语，但大言、打破乾坤隘。拔长剑，倚天外。人间不少莺花海，尽饶他旗亭画壁，双鬟低拜。酒散歌阑仍撒手，万事总归无奈。问昔日、劫灰安在？识得无无真道理，使神仙、也被虚空碍。尘世事，复何怪。"

仔细品读吴藻的词会发现，她大多是以男儿的口气来写的。想来能写出这样文字的应该不是普通的男儿，应该是她心目中的理想男儿。吴藻生活的年代，女性是弱者，地位十分低微。吴藻的女性身份限制了她不能像男人一样去建功立业，可是她骨子里却流淌着热烈如火的热血。掩藏在内心深处的热血也会时间的消磨而最终转成一腔的绝望，于是她通过自己的笔喷发出她所有的悲愤。她在高呼男女平等，她想有自己的一片天空。

　　吴藻不仅这样写，也是这样做的。她在词中高唱《离骚》，在现实中她也将《离骚》编入杂剧，没料到一下子还成为当时非常流行的剧作。那个剧本名叫《饮酒读骚》，里面的描写洋溢着男女平等的思想，她也借此抒发了郁结于胸的愤懑之情。有这样一位大才女，名叫谢絮才，出身名门，喜欢读书论史，不过常常因自己是女儿之身而自惭形秽。她不施铅华，不弄粉黛，行为举止都与男子类似。谢絮才有着远大的志向，总是幻想着能够有一天能够翱翔万里长空，不过奈何女儿身就像笼中之鸟，没有自由，没有飞翔振翅的那一天。这位才女每天是自怨自艾，自叹自怜。有一天，她为自己作画，将镜中的女儿服色画成了男儿衣履，手中捧着离骚，旁边放着酒杯，欣然题曰《饮酒读骚图》。第二天，她真的就换穿男装，来到书斋，将这幅画张挂起来，对着画像，饮酒读骚，如画中一样，自我凭吊。而后，狂饮痛哭，霎时天灰地暗，万物萧然。

　　细细琢磨，虽然情节称不上曲折，故事也不见得多好，但这却是吴藻的自身写照。更何况她的文采之精妙，情辞之恳切，是动人心弦，吴藻满腔的不平跃然纸上。此剧一出，很快地便流行起来。当时名流许乃谷在曾赞叹："须眉未免儿女肠，巾帼翻多丈夫气。"还有艺术工作者将故事谱成曲调，四处传唱。谭正璧在《女性词话》中评价吴藻的《饮酒读骚》说，"因为丈夫的俗不可耐，于是对于一切男性俱加鄙弃。她想将这个文艺的世界，统治在女性的威权下，使一切男子俱来拜倒。可是这个时代离她很远，迎头痛赶也不是一时三刻所能赶到。于是，她茫然了，更懊丧了，在狂歌当哭百无聊赖之余，画出她的男装小影，写成她的《饮酒读骚》，以寓她的深刻伟大之志。"

　　就这样在丈夫的庇佑包容下，吴藻过得是肆意快活。后来，她的丈夫病死。吴藻发现她的丈夫虽然庸俗，却是一个这么难得的人。他对自己的那份包容与体贴是谁也给不了。吴藻后悔了，她后悔自己对丈夫没有过体贴关心，却一直在领受丈夫的关心和爱护。她真的悔恨了。她的词中首次出现了故去丈夫的身影：

"门外水潾潾，春色三分已二分。旧雨不来同听雨，黄昏，剪烛西窗少个人。小病自温存，薄暮飞将一朵云。若问湖山消领未，琴樽，不上兰舟只待君。"

后来，吴藻竟忧思过甚病倒了，她在生病时常以《红楼梦》自娱。《红楼梦》的作者曹雪芹稍早于吴藻，他的很多思想正好与吴藻引起共鸣，吴藻认为这是一部奇著、名著。曹雪芹在书中把女儿摆到了一个前所未有的高度，是绝无仅有。而这恰合吴藻的心意，她自能心领神会，感叹雪芹为隔世知己。她在一首《乳燕飞》中写道："欲补天何用。尽销魂、红楼深处，翠转香拥。呆女痴儿愁不醒，日日若将情种。问谁个、是真情种。顽石有灵仙有恨，只蚕丝、烛泪三生共。勾却了、太虚梦。喁喁话向苍苔空。似依依、玉钗头上，桐花小凤。黄土茜纱成语谶，消得美人心痛。何处吊、埋香故冢。花落花开人不见，器春风、有泪和花恸。花不语，泪如涌。"

吴藻晚年移居到了南湖，经历那么多的世事沧桑的变化后，她终于有了超然世外的想法。于是，她按照佛教经典，取香山南、雪山北之意，筑香南雪北庐，词集也以"香南雪北"为名。她想就这样青灯古佛了此残生吧！她的结局也确实如此。她曾这样总结她的晚年生活："一卷离骚一卷经，十年心事十年灯，芭蕉叶上几秋声。欲哭不成还强笑，讳然无奈学忘情，误人犹是说聪明。"可见，她真的在青灯古卷间找到了自己的归宿。